本书系中央高校基本科研业务费项目人文社科专项项目"法经济学视野下的集体建设用地使用权入市法律机制研究"(项目编号：2019CDJSK08XK19)的阶段性成果。

重大法学文库

意大利现代合同法研究

（第一卷）

谢 潇 ◎ 著

中国社会科学出版社

图书在版编目(CIP)数据

意大利现代合同法研究.第一卷/谢潇著.—北京:中国社会科学出版社,2021.3
(重大法学文库)
ISBN 978-7-5203-7734-8

Ⅰ.①意… Ⅱ.①谢… Ⅲ.①合同法—研究—意大利 Ⅳ.①D954.63

中国版本图书馆 CIP 数据核字(2021)第 018120 号

出 版 人	赵剑英
责任编辑	梁剑琴
责任校对	李　莉
责任印制	郝美娜

出　　版	中国社会科学出版社
社　　址	北京鼓楼西大街甲 158 号
邮　　编	100720
网　　址	http://www.csspw.cn
发 行 部	010-84083685
门 市 部	010-84029450
经　　销	新华书店及其他书店
印刷装订	北京市十月印刷有限公司
版　　次	2021 年 3 月第 1 版
印　　次	2021 年 3 月第 1 次印刷
开　　本	710×1000　1/16
印　　张	14.25
插　　页	2
字　　数	239 千字
定　　价	88.00 元

凡购买中国社会科学出版社图书,如有质量问题请与本社营销中心联系调换
电话:010-84083683
版权所有　侵权必究

《重大法学文库》编委会

顾　问：陈德敏　陈忠林
主　任：黄锡生
副主任：靳文辉
成　员：陈伯礼　陈　锐　胡光志　黄锡生
　　　　靳文辉　刘西蓉　李晓秋　秦　鹏
　　　　王本存　吴如巧　宋宗宇　曾文革
　　　　张　舫　张晓蓓

出版寄语

《重大法学文库》是在重庆大学法学院恢复成立十周年之际隆重面世的，首批于 2012 年 6 月推出了 10 部著作，约请重庆大学出版社编辑发行。2015 年 6 月在追思纪念重庆大学法学院创建七十年时推出了第二批 12 部著作，约请法律出版社编辑发行。本次为第三批，推出了 20 本著作，约请中国社会科学出版社编辑发行。作为改革开放以来重庆大学法学教学及学科建设的亲历者，我应邀结合本丛书一、二批的作序感言，在此寄语表达对第三批丛书出版的祝贺和期许之意。

随着本套丛书的逐本翻开，蕴于文字中的法学研究思想花蕾徐徐展现在我们面前。它是近年来重庆大学法学学者治学的心血与奉献的累累成果之一。或许学界的评价会智者见智，但对我们而言，仍是辛勤劳作、潜心探求的学术结晶，依然值得珍视。

掩卷回眸，再次审视重大法学学科发展与水平提升的历程，油然而生的依然是"映日荷花别样红"的浓浓感怀。

1945 年抗日战争刚胜利之际，当时的国立重庆大学即成立了法学院。新中国成立之后的 1952 年院系调整期间，重庆大学法学院教师服从调配，成为创建西南政法学院的骨干师资力量。其后的 40 余年时间内，重庆大学法学专业和师资几乎为空白。

在 1976 年结束"文化大革命"并经过拨乱反正，国家进入了以经济建设为中心的改革开放新时期，我校于 1983 年在经济管理学科中首先开设了"经济法"课程，这成为我校法学学科的新发端。

1995 年，经学校筹备申请并获得教育部批准，重庆大学正式开设了经济法学本科专业并开始招生；1998 年教育部新颁布的专业目录将多个部门法学专业统一为"法学"本科专业名称至今。

1999年我校即申报"环境与资源保护法学"硕士点,并于2001年获准设立并招生,这是我校历史上第一个可以培养硕士的法学学科。

值得特别强调的是,在校领导班子正确决策和法学界同人大力支持下,经过校内法学专业教师们近三年的筹备,重庆大学于2002年6月16日恢复成立了法学院,并提出了立足校情求实开拓的近中期办院目标和发展规划。这为重庆大学法学学科奠定了坚实根基和发展土壤,具有我校法学学科建设的里程碑意义。

2005年,我校适应国家经济社会发展与生态文明建设的需求,积极申报"环境与资源保护法学"博士学位授权点,成功获得国务院学位委员会批准。为此成就了如下第一:西部十二个省区市中当批次唯一申报成功的法学博士点;西部十二个省区市中第一个环境资源法博士学科;重庆大学博士学科中首次有了法学门类。

正是有以上的学术积淀和基础,随着重庆大学"985工程"建设的推进,2010年我校获准设立法学一级学科博士点,除已设立的环境与资源保护法学二级学科外,随即逐步开始在法学理论、宪法与行政法学、刑法学、民商法学、经济法学、国际法学、刑事诉讼法学、知识产权法学、法律史学等二级学科领域持续培养博士研究生。

抚今追昔,近二十年来,重庆大学法学学者心无旁骛地潜心教书育人,脚踏实地地钻研探索、团结互助、艰辛创业的桩桩场景和教学科研的累累硕果,仍然历历在目。它正孕育形成重大法学人的治学精神与求学风气,鼓舞和感召着一代又一代莘莘学子坚定地向前跋涉,去创造更多的闪光业绩。

眺望未来,重庆大学法学学者正在中国全面推进依法治国的时代使命召唤下,投身其中,锐意改革,持续创新,用智慧和汗水谱写努力创建一流法学学科、一流法学院的辉煌乐章,为培养高素质法律法学人才,建设社会主义法治国家继续踏实奋斗和奉献。

随着岁月流逝,本套丛书的幽幽书香会逐渐淡去,但是它承载的重庆大学法学学者的思想结晶会持续发光、完善和拓展开去,化作中国法学前进路上又一轮坚固的铺路石。

陈德敏

2017年4月

目 录

第一章 法律行为与合同 ……………………………………………（1）
  第一节 意大利私法中的法律行为 ………………………………（1）
    一 《意大利民法典》未采纳法律行为的原因：民法典的
      "序编"模式 ……………………………………………（1）
    二 意大利对法律行为概念与理论的继受 ………………（4）
    三 意大利继受法律行为概念及其理论的特点 …………（10）
    四 意大利私法学对法律行为的比较型继受：在纯粹继受与
      比较法之间 ……………………………………………（17）
  第二节 意大利私法中合同的概念 ………………………………（31）
    一 合同是一种协议，或曰当事人之间的合意 …………（32）
    二 合同是以财产法律关系为内容的协议 ………………（38）
    三 合同是一种导致特定财产法律关系产生、变更或者消灭的
      法律事实 ………………………………………………（39）

第二章 合同类型 ……………………………………………………（41）
  第一节 典型合同与非典型合同 …………………………………（41）
    一 典型合同的概念 ………………………………………（41）
    二 典型合同的类型 ………………………………………（42）
    三 非典型合同的概念 ……………………………………（59）
    四 区分典型合同与非典型合同的意义 …………………（59）
  第二节 其他有关合同的分类 ……………………………………（60）
    一 有偿合同与无偿合同 …………………………………（60）
    二 单务合同、双务合同与共同目的合同 ………………（63）

三　交换合同与给付不确定合同 …………………………………（66）
  　四　继续性合同与定期合同 ………………………………………（67）
  　五　诺成合同、要式合同与要物合同 ……………………………（67）
  　六　物权效力合同与债权效力合同 ………………………………（72）
  　七　预约与本约 ……………………………………………………（74）

第三章　合同的构成要件 ……………………………………………（76）
　第一节　合意 …………………………………………………………（77）
  　一　合意的概念 ……………………………………………………（77）
  　二　合意的历史 ……………………………………………………（79）
  　三　合意与意思 ……………………………………………………（83）
　第二节　合同原因 ……………………………………………………（87）
  　一　原因概念及其理论的诞生：法制史与比较法上的观察 ……（88）
  　二　意大利合同法中的原因概念 …………………………………（106）
  　三　意大利合同法中原因的类型 …………………………………（116）
  　四　不同类型合同中的合同原因：合同原因的识别 ……………（121）
  　五　动机 ……………………………………………………………（128）
　第三节　合同标的 ……………………………………………………（132）
  　一　标的之概念 ……………………………………………………（133）
  　二　标的之条件 ……………………………………………………（140）
  　三　标的作为合同构成要件之命运 ………………………………（156）
　第四节　合同形式 ……………………………………………………（156）
  　一　合同形式的概念及其一般规则 ………………………………（156）
  　二　合同形式自由原则 ……………………………………………（159）
  　三　要式合同 ………………………………………………………（166）
  　四　法定合同形式 …………………………………………………（171）

第四章　合同的成立 …………………………………………………（175）
　第一节　合意的成立 …………………………………………………（175）
  　一　要约 ……………………………………………………………（176）
  　二　承诺 ……………………………………………………………（177）
  　三　承诺转化为要约 ………………………………………………（179）
  　四　"要约—承诺"规则 ……………………………………………（180）

五　以其他方式成立合意 …………………………………………（181）
　　六　合意成立的时间 ………………………………………………（187）
　第二节　要约与承诺的撤回 ……………………………………………（192）
　　一　撤回抑或撤销：术语使用上的斟酌 …………………………（192）
　　二　要约的撤回 ……………………………………………………（197）
　　三　承诺的撤回 ……………………………………………………（198）
　　四　不可撤回的要约 ………………………………………………（198）
　　五　不可撤回的承诺 ………………………………………………（201）
　　六　对撤回通知的撤回 ……………………………………………（202）

参考文献 ……………………………………………………………………（204）

后记 …………………………………………………………………………（216）

第一章

法律行为与合同

第一节 意大利私法中的法律行为

一 《意大利民法典》未采纳法律行为的原因：民法典的"序编"模式

仅就民法典文本而言，意大利私法上并无"法律行为"之概念。《意大利民法典》分为序编、人与家庭、继承、所有权、债、劳动、权利的保护，[1] 其与《德国民法典》或者《日本民法典》不同，并未设置"总则"。居于民法典最前端的《意大利民法典》"序编"与《德国民法典》式的总则存在巨大差异。《意大利民法典》的"序编"主要规定法律渊源与法律适用之一般规则。例如，"序编"第一章为"法律渊源"，该章第1条规定，意大利的法律渊源包括法律、条例、行业性规则和惯例，然后该章的第2—9条则是对前述法律渊源的概念、内容与效力的规定；而"序编"的第二章则是"法律的一般适用"，该章的内容包括法律与条例的生效时间、法不溯及既往原则、法律解释方法、禁止以行业规则为基础进行类推、刑法与特殊

---

[1] Cfr. Francesco Caringella, Luca Buffoni, Francesca Della Valle, *Codice Civile e Delle Leggi Civili Speciali, Annotato Con la Giurisprudenza*, Dike Giuridica Editrice, 2014, pp. III - XII；费安玲等译：《意大利民法典》，中国政法大学出版社2004年版，"目录"第1—20页。

规则的效力限制、法律废除以及外国人民事待遇的相关规则。① 比较值得注意的是，意大利于1995年将"序编"第31条所规定的公序良俗原则予以废除，从而使公序良俗原则不再具有私法上一般原则之地位。②

《意大利民法典》设置"序编"的立法传统源于法国。众所周知，1796年，法兰西第一帝国皇帝拿破仑一世征服了当时还处于分裂状态的意大利，其不仅向意大利派遣了法国的军队，也为意大利带来了法国的法律。③ 在拿破仑一世统治时期，《法国民法典》，或曰《拿破仑法典》(Codice Napoleone) 被翻译为意大利语，并且为意大利地区的众多小国或者政治实体所继受。④ 1806年《适用于伟大意大利王国的拿破仑法典》(Codice di Napoleone il Grande Pel Regno D'italia) 得以颁布，该法典实质上就是《法国民法典》的意大利语官方翻译版本。⑤ 由此可见，意大利私法深受法国民法影响。法国民法的影响甚至延伸到拿破仑统治时代之后，例如，撒丁王国于1837年所制定的《阿尔贝尔迪诺民法典》(Codice Albertino)，便几乎就是《法国民法典》的意大利语译本。⑥ 职是之故，《意大利民法典》几经变迁，最终仍然选择恪守《法国民法典》设置"序编"之传统，而效仿《法国民法典》，⑦ 在民法典的开端，对法律渊源与法律的

---

① Cfr. Francesco Caringella, Luca Buffoni, Francesca Della Valle, *Codice Civile e Delle Leggi Civili Speciali*, *Annotato Con la Giurisprudenza*, Dike Giuridica Editrice, 2014, pp. 23-26; Giorgio Cian, Alberto Trabucchi, Commentario breve al Codice Civile, CEDAM, 2014, pp. 5-56; 费安玲等译：《意大利民法典》，中国政法大学出版社2004年版，第3—7页。

② 费安玲等译：《意大利民法典》，中国政法大学出版社2004年版，第7页。

③ Cfr. Giuseppe Pugliese, *La Prescrizione Nel Diritto Civile Italiano*, *Parte Seconda*, *Trattato Della Prescrizione Estintiva*, Torino: Unione Tipografico-Editrice, 1802, p. 15; 徐国栋：《〈法国民法典〉模式的传播与变形小史》，《法学家》2004年第2期。

④ Cfr. Emidio Pacifici-Mazzoni, *Istituzioni Diritto Civile Italiano*, Firenze: Eugenio e Flippo Cammelli, 1874, p. 16.

⑤ Cfr. *Codice di Napoleone il Grande Pel Regno D'italia*, Firenze: Presso Molini, Landi, e Comp., 1806, p. 1.

⑥ Cfr. Emidio Pacifici-Mazzoni, *Istituzioni Diritto Civile Italiano*, Firenze: Eugenio e Flippo Cammelli, 1874, p.115; 徐国栋：《〈法国民法典〉模式的传播与变形小史》，《法学家》2004年第2期。

⑦ 作为《意大利民法典》的效仿对象，《法国民法典》的"序编"内容与《意大利民法典》十分相似，其也主要规定了法律的一般性规则，包括法律的颁布、法律的效力、法不溯及既往原则、法律的适用范围、法官不得拒绝裁判原则、禁止法官在裁判中适用一般条款原则、公序良俗原则。参见罗洁珍译《法国民法典（上册）》，法律出版社2005年版，第1—38页。

一般规则做出了规定。

由于《意大利民法典》并未继受《德国民法典》的"总则"模式，而是采纳了《法国民法典》的"序编"范式，故而在《意大利民法典》中，并不存在《德国民法典》式的法律行为概念，其缘故在于，缘于德意志潘德克顿法学的法律行为（Rechtsgeschäft）是一项总则性概念，[1] 其乃是依"提取公因式"之方法（vor die Klammer zu ziehen），[2] 而对合同、决议、遗嘱等一切能够引起特定法律效果发生的私人意思表示（Privatwillenserklärung）所做的一般性概括。[3] 而《意大利民法典》并无"总则"，合同、遗嘱等行为分属债、继承等各编，各种行为之间也不存在更抽象的一般规则，因此，《意大利民法典》没有必要规定法律行为。

采纳"序编"范式的立法选择也在较大程度上决定了意大利私法教科书的写作模式。由于《意大利民法典》"序编"所规定的内容本质上乃是关于法律的一般性规则，故而意大利私法教科书的第一部分，所论述的通常也是关于法与法律的一般原则及规则。例如，安德里亚·托伦特（Andrea Torrente）与皮耶罗·施莱辛格（Piero Schlesinger）所著的《私法手册》一书，其第一部分"一般观念"（nozioni preliminari）中便详细地论述了法律秩序、国家法律秩序及其多样性、超国家法律规则与欧盟、法律规范、实证法与自然法、规范结构、法律制裁、宪法性平等原则、衡平等。[4] 而皮埃特罗·特里马齐（Pietro Trimarchi）所著的《私法制度》一书，其第一章"法律秩序与法律渊源"中，也精致阐述了法律规范、意大利法律渊源、司法审判、法律解释、类推方法、一般条款、法官与法律等内容。[5] 严格来说，上述内容并非私法所独有的内容，甚至堪称"法的一般理论"。职是之故，由于《意大利民法典》中作为一般规则的"序编"仅涉及法律的一般规则，而欠缺私法的一般规则，故而在意大利私法

---

[1] Vgl. Reinhard Bork, *Allgemeiner Teil des Bürgerlichen Gesetzbuchs*, 4. Aufl., 2016, S. 169ff.

[2] Vgl. Konrad Zweigert/Hein Kötz, *Einführung in die Rechts-vergleichung*, 3. Aufl., 1996, S. 144-145.

[3] Vgl. Bernd Rüthers/Astrid Stadler, *Allgemeiner Teil des BGB*, 18. Aufl., 2014, S. 113ff; Reinhard Bork, *Allgemeiner Teil des Bürgerlichen Gesetzbuchs*, 4. Aufl., 2016, S. 169ff.

[4] Cfr. Andrea Torrente, Piero Schlesinger, *Manuale di Diritto Privato*, Giuffrè Editore, 2013, pp. 3-19.

[5] Cfr. Pietro Trimarchi, *Istituzioni di Diritto Privato*, Giuffrè Editore, 2014, pp. 1-14.

理论中，也不存在于总则范畴内讨论法律行为之可能。

二 意大利对法律行为概念与理论的继受

尽管《意大利民法典》中并不存在"总则"，也不存在"法律行为"这项概念，但受德意志私法学影响，意大利私法学界仍然接受了法律行为（negozio giuridico）之概念，并在此基础上继受并发展了具有意大利特色的法律行为理论。

（一）以专著形式研究法律行为

在继受法律行为概念之后，意大利涌现出一系列以法律行为为主题的研究性著作，其中最具有代表性的是路易吉·卡里奥塔·费拉拉（Luigi Cariota Ferrara）与弗朗切斯科·加尔加诺（Francesco Galgano）的研究。

1. 费拉拉：《意大利私法中的法律行为》

意大利法学家费拉拉乃意大利关于法律行为研究的集大成者，其于1948年（2011年重印）出版了《意大利私法中的法律行为》（Il Negozio Giuridico Nel Diritto Privato Italiano）一书。在该书中，费拉拉认为，尽管《意大利民法典》中并无法律行为概念，也没有关于法律行为的一般规则，但由于《意大利民法典》第1324条规定："除法律另有规定外，调整合同的规范以能够适用为限，可以适用于行为人生前所为的具有财产内容的单独行为（atti unilaterali）"[1]，因此在某种程度上，由于《意大利民法典》第三编"债"的第二章"合同的一般规则"既可以适用于作为双方法律行为的合同，又可以适用于作为单方法律行为的单独行为，故而在意大利私法上，"合同的一般规则"之规定便可以被视为意大利私法中法律行为的一般规定。[2] 在此实证法规范解释的基础上，费拉拉便径行接受了德意志私法中的法律行为，并以法律行为为核心概念，渐次研究了法律事实理论、私法自治理论、法律行为的构成要件、法律行为的形式、法律行为的类型、法律行为的无效、法律行为中的意思与表示、原因与动机、

---

[1] Cfr. Giorgio Cian, Alberto Trabucchi, *Commentario Breve al Codice Civile*, CEDAM, 2014, p. 1436；费安玲等译：《意大利民法典》，中国政法大学出版社2004年版，第322页。

[2] Cfr. Luigi Cariota Ferrara, *Il Negozio Giuridico Nel Diritto Privato Italiano*, Edizioni Scientifiche Italiane, 2011, p. 113.

私法上的能力、法律行为的效力、代理以及法律行为的解释。[①] 费拉拉以法律行为概念为理论工具，以意大利私法规范及司法实践为实证素材，构造了以意大利实证法为基础的法律行为大厦。

2. 加尔加诺：《法律行为论》

意大利法学家加尔加诺于2002年出版了其不朽名著《法律行为论》（Il negozio giuridico）。在该书中，加尔加诺首先探讨了法律事实（fatto Giuridico）与法律上行为（atto giuridico）的概念，认为所谓法律事实就是能够引起一定法律效果（在私法中就是能引起一定私法效果）的事实，而其中，倘若该事实系人的行为，则人的行为便系属法律上行为。[②] 然后，加尔加诺将法律上行为分为依据意思而做出的行为或者表示（gli atti o dichiarazioni di volontà）、纯粹行为或者表示（gli atti o dichiarazioni di scienza）以及通知或者通信行为（le parecipazioni e comunicazioni），[③] 并在此分类中，认为所谓法律行为，即依据意思（volontà）所做出的，能够引起特定法律效果得以产生的表示或者声明（manifestazione o dichiarazione）。[④] 在加尔加诺看来，法律行为这一概念是舶来品，所谓意大利语中的"negozio giuridico"（法律行为），就是对应德语中的"Rechtsgeschäft"，而意大利语中的"dichiarazione di volontà"（意思表示）就是对应德语中的"Willenserklärung"（意思表示）。[⑤] 最后，在明晰法律行为概念的基础上，加尔加诺较为详细地研究了合同自由原则、合同的要件、期限与条件、合意与事实、原因、具有财产内容的生前单独行为、决议行为、法律行为的有效与无效、虚伪行为与表见行为、代表制度、合同的解释与补充、委托、诚信原则与权利滥用、合同公平、婚姻与遗嘱。[⑥] 与费拉拉相比，加尔加诺更为重视比较法上的因素，同时，加尔加诺的研究更为分散一些，其在明晰了法律行为的概念之后，便着重于分别对合同、单独行为、婚姻、遗嘱等具体法律行为展开专题性质的研究。

---

① Cfr. Luigi Cariota Ferrara, *Il Negozio Ciuridico Nel Diritto Privato Italiano*, Edizioni Scientifiche Italiane, 2011, pp. 761-762.

② Cfr. Francesco Galgano, *Il Negozio Giuridico*, Dott. A. Giuffrè Editore, 2002, pp. 1-2.

③ Ibid., pp. 3-6.

④ Ibid., p. 7.

⑤ Ibid.

⑥ Ibid., pp. XIII - XXI.

(二) 私法教科书中的法律行为

对法律行为概念及理论的继受，不仅体现为专题式著作的诞生，更为突出的彰显，乃是采纳法律行为概念及理论的意大利私法教科书，尤其是体系性教科书的大量涌现。兹选取部分具有代表性的意大利私法教科书予以精要观察。

1. 马西莫·比安卡（C. Massimo Bianca）：《私法制度》

意大利著名私法学家比安卡在《私法制度》（*Istituzioni di Diritto Privato*）中提及了法律行为。在比安卡看来，法律上行为（atti giuridici）应当首先分为合法行为（atti lectti）与不法行为（atti illeciti），其中，合法行为又可以类型化为事实行为（atti materiali）与表示行为（dichiarazioni），前者是对事物做出的物理性改变，如交付货物或者制造物品；后者则是关于意思的交换行为或者主体的意志行为，如接受遗产的表示、对选择性债务做出抉择的表示等。[①] 在此基础上，比安卡认为，法律行为系表示行为之一种，其是得以产生特定法律效果的意思表示（dichiarazioni di volontà）。值得注意的是，在关于法律行为的术语表述方面，比安卡不仅使用了"negozio giuridico/negozi giuridici"之表述，也使用了"dichiarazioni negozi"之概念，由此表明，在比安卡看来，所谓法律行为，本质上就是"交易性表示行为"。[②]

2. 皮埃特罗·特里马齐：《私法制度》

意大利私法学者特里马齐在其体系教科书《私法制度》（*Istituzioni di Diritto Privato*）一书中十分简明扼要地阐述了法律行为。根据特里马齐的见解，对于私法而言，首先，应当明晰法律关系（rapporti giuridici）的概念；[③] 其次，在法律关系的框架下，将一切能够依据法律规范，创设、变更或者消灭法律关系之事实定义为法律事实（fatti giuridici）；[④] 最后，在法律事实的范畴内，特里马齐首先将法律事实区分为法律上的纯粹事实与法律上行为，然后指出，法律上行为（atti giuridici）有两种分类：其一，可以分为合法行为（atti leciti）与违法行为（atti illeciti）；其二，可以分

[①] Cfr. C. Massimo Bianca, *Istituzioni di Diritto Privato*, Dott. A. Giuffrè Editore, 2014, pp. 50 - 51.

[②] Cfr. C. Massimo Bianca, *Istituzioni di Diritto Privato*, Dott. A. Giuffrè Editore, 2014, p. 51.

[③] Cfr. Pietro Trimarchi, *Istituzioni di Diritto Privato*, Giuffrè Editore, 2014, p. 44.

[④] Ibid., p. 52.

为交易性行为（atti negoziali），或者法律行为（negozio giuridico）与非交易性行为（atti non negoziali），即事实行为（atti materiali/atti reali）与通知行为（comunicazione）。① 在此基础上，特里马齐认为，所谓法律行为，是依据私法自治（autonomia privata）而做出的，意欲创设、变更或者消灭法律关系，以便调整与他人交往时自身利益的意思表示（manifestazioni di volontà）。②

值得注意的是，与比安卡不同，特里马齐认为法律行为与非交易性行为的分类是对法律上行为的分类，而比安卡则认为，法律行为与非交易性行为的区分，仅仅是对合法行为的类型化。

3. 安德里亚·托伦特与皮耶罗·施莱辛格：《私法手册》

意大利私法学者托伦特与施莱辛格在《私法手册》（*Manuale di Diritto Privato*）一书中，于法律关系的框架中，较为详细地对法律行为进行了论述，该书第 9 章名为"事实、行为与法律行为"，在这一章中，托伦特与施莱辛格详细论述了法律事实、法律上行为的分类、法律行为的概念、法律行为的分类、无偿法律行为与有偿法律行为、抛弃行为、法律行为的形式、登记、广告。③ 托伦特与施莱辛格指出，意大利私法中的法律行为系自德意志私法理论，尤其是潘德克顿法学继受而来，其是对合同行为、遗嘱行为、婚姻行为等行为的一种概括与抽象。④ 由于《意大利民法典》第 1324 条规定，行为人生前所为的具有财产内容的单独行为，以能够适用为限，可以适用合同的相关规定，故而在托伦特与施莱辛格看来，《意大利民法典》中的"合同的一般规则"即法律行为的规则，⑤ 这部分规则相当于《德国民法典》总则中的法律行为相关规范。

4. 马里奥·贝松（Mario Bessone）：《私法制度》

在贝松所主编的《私法制度》（*Istituzioni di Diritto Privato*）一书中，法律行为处于法律事实中最为重要的地位。该书指出，法律行为系表示行为中最为重要的一种法律事实，其是具有鲜明的"经济—社会意义上的自

---

① Cfr. Pietro Trimarchi, *Istituzioni di Diritto Privato*, Giuffrè Editore, 2014, p. 52.

② Ibid.

③ Cfr. Andrea Torrente, Piero Schlesinger, *Manuale di Diritto Privato*, Giuffrè Editore, 2013, pp. 196-208.

④ Ibid., p. 198.

⑤ Ibid., p. 199.

治功能"（funzione economico-sociale di autoregolamentazione）的意思表示，例如合同行为、遗嘱行为、单方允诺行为、以沉默的方式接受遗产、抛弃或者占有动产等。① 该书认为，根据《意大利民法典》第 1372 条之规定，一项有效的法律行为将在法律行为各方之间产生法律上的强制力（forza di legge），② 这意味着当事人可以通过蕴含自身意思的法律行为来调整个人与个人之间的相互利益，因此，法律行为本质上乃是《意大利民法典》第 1322 条规定之合"私法自治"（autonomia privata）原则的具体彰显。③ 当然，必须指出的是，实际上，《意大利民法典》第 1322 条所规定的仅仅是"合同自由"原则，而第 1372 条也只是明确规定合同双方当事人之间具有法律上强制力，不过在意大利私法理论上，基于《意大利民法典》第 1324 条关于合同规范得以类推适用于单独行为的规定，意大利学界一般认为《意大利民法典》合同的一般规范部分，或者说合同总则部分可以作为法律行为的一般规范对待。之后，该书简要地论述了法律行为的撤销，法律行为的无效，生前行为与死因行为，间接法律行为，单方法律行为、双方法律行为与多方法律行为，合同的基本规则，法律行为的效力，合同效力转换理论，单方允诺，债券以及其他导致债之关系的事实。④

5. 阿尔贝托·特拉布基（Alberto Trabucchi）：《民法制度》

意大利著名民法学家阿尔贝托·特拉布基在其不朽巨著《民法制度》（*Istituzionni di Diritto Civile*）中，以富有体系性的方式，阐述了法律行为。《民法制度》第 2 章名为"法律行为与合同"（il negozio giuridico e il contratto），在该章中，特拉布基详尽地论述了法律行为的概念及其一般规则。⑤ 特拉布基认为，所谓法律行为，即"以创设、变更或者消灭某种为法律所保护的状态为目的之意思表示"⑥，其是实现私法自治的法律工具

---

① Cfr. Mario Bessone, *Istituzioni di Diritto Privato*, G. Giappichelli Editore-Torino, 2013, p. 80.

② Cfr. Giorgio Cian, Alberto Trabucchi, *Commentario Breve al Codice Civile*, CEDAM, 2014, p. 1590.

③ Cfr. Mario Bessone, *Istituzioni di Diritto Privato*, G. Giappichelli Editore – Torino, 2013, pp. 80-81.

④ Ibid., pp. 82-96.

⑤ Cfr. Alberto Trabucchi, *Istituzioni di Diritto Civile*, CEDAM, 2013, p. 100.

⑥ Ibid.

(strumento giuridico)，① 享有法律能力与行为能力者，② 可以做出多种法律行为，如订立合同、做出授权委托行为、订立遗嘱等，这些行为能够产生移转自身财产所有权、设立代表、处分自己遗产的法律效果。③ 当然，依据私法自治的法律行为也意味着，实施法律行为者，不仅享有处置自己利益的权力（potere），同时，其也必须承受自己所为行为之法律后果。④ 在明晰了法律行为的概念之后，特拉布基十分详细地论述了法律行为的分类、法律行为的内容与要件、法律行为的或然性要件以及法律行为的瑕疵⑤，随后则转入了关于合同一般规则的阐述。⑥

6. 弗朗切斯科·卡林格拉（Francesco Caringella）：《民法手册·合同》

意大利私法学家弗朗切斯科·卡林格拉的《民法手册·合同》（Manuale di Diritto Civile, II. Il contratto）堪称鸿篇巨著，该书达到了 2172 页的篇幅，十分详尽地论述了意大利合同法的方方面面。尽管该书是一本合同法体系教科书，但该书仍然较为详尽地论述了法律行为相关内容。卡林格拉在该书的第一章"法律行为与合同"着重讨论了法律行为的问题，其一针见血地指出，在《意大利民法典》中，法律行为的概念是"沉默的"，因为《意大利民法典》中根本就不存在法律行为这一概念。⑦ 自词源学的角度而为观察，"negozio giuridico"（法律行为）来源于罗马法中的"negotium"一词，其与"affare"同义，仅蕴含交易、协议、处理之意义，而罗马法中也存在其他具有类似含义的词汇，如"contratus"与"conventio"，不过前者适用于罗马人订立协议的情形并不多，后者或多或少只是适用于具有庄严形式的法律上拘束关系的建立上，与法律行为的真正意涵

---

① Cfr. Alberto Trabucchi, *Istituzioni di Diritto Civile*, CEDAM, 2013, p. 101.

② 意大利私法将德意志私法中的权利能力表述为"la capacità giuridica"，直译便是法律能力，不过行为能力的意大利语表述为"la capacità di agire"，而对这一表述进行直译的确可以翻译为行为能力。Cfr. Alberto Trabucchi, *Istituzioni di Diritto Civile*, CEDAM, 2013, p. 101.

③ Cfr. Alberto Trabucchi, *Istituzioni di Diritto Civile*, CEDAM, 2013, p. 101.

④ Ibid.

⑤ Ibid., pp. 102-164.

⑥ Ibid., p. 167.

⑦ Cfr. Francesco Caringella, *Manuale di Diritto Civile*, II. Il contratto, DIKE Giuridica Editrice, 2011, p. 4.

都相去甚远。在卡林格拉看来,"法律行为"一词系德意志潘德克顿法学的创造,并于1896年被《德国民法典》总则所正式采纳。① 而仅就立法而言,意大利并无法律行为传统,1865年《意大利民法典》所承继的,是无民法总则的《法国民法典》传统,有关法律行为的内容主要规定于合同部分,而1942年《意大利民法典》在法律行为的立法方面,仍然采纳的是以合同为中心的立法模式,即并无法律行为的一般规则,而只有合同的一般规则。② 不过,卡林格拉也指出,由于《意大利民法典》第1324条承认合同的一般规则可以有条件地类推适用于单独行为,故而合同的一般规则事实上充当着法律行为一般规则的角色。③ 最后,卡林格拉采纳了德意志法学家萨维尼关于法律行为的定义,即所谓法律行为,即"依据法律规范得以产生现实法律效果的依据自由意志所做出之表示"④。随后,卡林格拉简单论述了意思与表示的区别、法律行为的功能以及单独行为之后,便转入了合同的论述。⑤

三 意大利继受法律行为概念及其理论的特点

(一) 私法学上的继受:以德意志潘德克顿法学为继受对象

在意大利私法史上,"negozio giuridico"(法律行为)一词在19世纪以前并未诞生,意大利学者仅仅会直接关注合同等具体法律行为,而未进一步在抽象意义上构造法律行为的概念与规则体系。法律行为概念与理论的引入,与德意志潘德克顿法学传入意大利具有关联。

例如,德意志法学巨擘萨维尼的成名作《论占有》便于1840年被翻译为意大利语,在该书的意大利语译本中,便已经出现了"negozio giuridico"(法律行为)之表述,⑥ 随后,德意志法学家普赫塔的罗马法作品也于1858年被翻译为意大利语,在该译本中,也使用了"negozio giuridico"

---

① Cfr. Francesco Caringella, *Manuale di Diritto Civile, II. Il contratto*, DIKE Giuridica Editrice, 2011, p. 5.

② Ibid., p. 6.

③ Ibid.

④ Ibid.

⑤ Ibid., pp. 13-26.

⑥ Cfr. Federigo Carlo di Savigny, *Il Diritto del Possesso*, tradotto dal Tedesco in Iltaliano dall-'avv. Pietro Conticini, Napoli:Dalla Stamperia di Francesco Masi, 1840, p. 196.

作为德语"Rechtsgeschäft"(法律行为)的意大利语翻译。① 最具标志性意义的,是萨维尼的体系性著作《当代罗马法体系》被翻译为意大利语。在《当代罗马法体系》第三卷的意大利文版本中,萨维尼关于法律行为与意思表示的理论以意大利文的形式被得以精确表述,法律行为(negozi giuridici)与意思表示(dichiarazioni di volontà)的意大利文表述获得了较为固定的形式,② 而法律行为理论也随着萨维尼等人著作的意大利文化逐渐为意大利法学界所熟知,并且为意大利学者所应用。

在意大利学者接受了法律行为概念以及理论之后,许多学者开始以法律行为为主题展开研究,例如,托马斯·克拉普斯(Tommaso Claps)的《法律行为中意思表示的条件》③、维托里奥·斯西亚洛亚(Vittorio Scialoja)的《法律行为中的责任与意思》④、卡尔洛·曼尼迪(Carlo Manenti)的《法律行为中意思表示的庄重性》⑤、托马斯·克拉普斯的《法律行为的原因与前提》⑥、朱塞佩·萨塔(Giuseppe Satta)的《法律行为的转换》⑦、弗朗切斯科·费拉拉(Francesco Ferrara)的《法律行为中的虚伪行为》⑧、乔瓦尼·巴蒂斯塔·富奈里(Giovanni Battista Funaioli)的《受胁迫而形成的法律行为》⑨。这种专题性质的研究极大地丰富了意大利私法学界对于法律行为概念及其理论的理解,自此之后,法律行为开始作

---

① Cfr. G. F. Puchta, *Corso Delle Istituzioni Presso il Popolo Romano*, Vol.III, Milano: Stabilimento Civelli Giuseppe, 1858, p. 258.

② Cfr. Federico Carlo di Savigny, *Sistema Del Diritto Romano Attuale*, Volume Terzo, traduzione dall'originale Tedesco di Vittorio Scialoja, Torino: Unione Tipografico-Editrice, 1891, p. 5.

③ Tommaso Claps, *I Presupposti Della Dichiarazione di Volontà Nei Negozi Giuridici*, Tip. dello stabilimento S. Lapi, 1897, p. 1.

④ Vittorio Scialoja, *Responsabilità e Volontà Nei Negozi Giuridici*, Stabilimento tipografico italiano, 1887, p. 1.

⑤ Carlo Manenti, *Sulla Serietà Della Dichiarazione di Volontà Nei Negozi Giuridici*, Tip. A. Garagnani e figli, 1896, p. 1.

⑥ Tommaso Claps, *Intorno Alla Teoria Della Causa e Della Presupposizione Nei Negozi Giuridici*, Unione tip.-editrice, 1901, p. 1.

⑦ Giuseppe Satta, *La Conversione Dei Negozi Giuridici*, Società editrice libraria, 1903, p. 1.

⑧ Francesco Ferrara, *Della Simulazione Dei Negozi Giuridici*, Società editrice libraria, 1905, p. 1.

⑨ Giovanni Battista Funaioli, *La Coazione Del Volere Nella Forma Dei Negozi Giuridici*, Circolo giuridico della R. Univ., 1925, p. 1.

为一项法学术语而为意大利私法学界普遍接受,甚至开始进入私法体系教科书之中,例如,弗朗切斯科·费拉拉早在 1934 年出版的私法体系教科书中,其中一卷便是《民法教程:法律行为与不法行为》。①

职是之故,借由对潘德克顿法学的继受,意大利私法学界接受了法律行为的概念及其理论,在实证法尚未采纳法律行为的情况下,对法律行为进行了仔细的研究,并将之应用于教科书,以便为私法学提供更为完整的从抽象到具体的逻辑体系,从而助力于私法之教学。

(二) 民法典框架下的创造性解释:实证法上的法律行为概念及规则的发现

由前述可知,意大利私法中的法律行为系自德意志继受而来,且这种继受纯粹来源自学术层面上的继受,因为在实证法律层面,意大利并未采纳"法律行为"这一术语,也未设置法律行为的一般规则。

而在意大利私法学界大规模继受法律行为概念及其理论的时代,意大利所通行的民法典系 1865 年《意大利民法典》,该法典几乎照搬了《法国民法典》的编制体例,而分为"序编""人法""财产法"以及"取得财产的各种方法"。② 在"取得财产的各种方法"这一编中,各种具体法律行为星罗棋布,以列举方式详尽地予以规范,例如,在"取得财产的各种方法"编第 4 题"债与合同的一般规则"中,便于第 1097—1139 条详细规定了合同的基本定义、合同的有效要件、合同的效力、合同的解释,③ 而在该法典的第 903—922 条,④ 作为单独行为的遗嘱,⑤ 则以与合同毫不相关的形式予以单独规定,合同与遗嘱之间并无共同的上位规定。这与《德国民法典》模式可谓大相径庭,在《德国民法典》中,"总则"部分详尽地规定了法律行为的一般规则,而这些有关法律行为的规则,作为合同、遗嘱等具体法律行为的上位规则,而可以直接适用于合同与遗嘱

---

① Francesco Ferrara, *Corso di Diritto Civile: Negozi Giuridici ed Atti Illeciti*, Ufficio dispense del Gruppo Universitario Fascista, 1934, p. 1.

② Cfr. *Codice Civile Del Regno D'italia*, Torino: Tipografia eredi botta, Firenze: Tipografia reale, 1865, pp. vi-xvi.

③ Ibid., pp. 197-202.

④ Ibid., pp. 165-169.

⑤ Cfr. Felice Voltolina, *Commento al Codice Civile Del Regno D'Italia 25 Giugno* 1865, Tipografia Municipale di Gaetano Longo, 1873, p. 1118.

之中。由于 1865 年《意大利民法典》中并未采纳法律行为概念，也未设置法律行为的一般规则，因此，尽管私法学界已经将法律行为接纳为一项具有普适性的法学概念，但这种继受仍然因缺乏实证法上的支撑而处于纯粹的学术层面，而未产生实质性的法律继受。

真正具有里程碑意义的转折点是 1942 年《意大利民法典》的颁行。尽管 1942 年《意大利民法典》诞生于墨索里尼的法西斯政权时期，不过该民法典从内容上看却几乎没有受到任何法西斯主义的侵蚀，其缘故在于，意大利保有自罗马法以来两千余年的良好的私法文化，这种私法文化造就了相当成熟的私法法学理论以及富有专业精神与理论素养的法学家群体。[1] 借由意大利私法学家及实务界的共同努力，1942 年《意大利民法典》得以在吸收《德国民法典》与《法国民法典》优良基因与排除法西斯主义的影响的基础上诞生。[2] 尽管《意大利民法典》有许多创新之处，例如实行体系化的民商合 ，[3] 将证据作为实体法规范规定于民法典中等，[4] 但最终，1942 年《意大利民法典》既没有设置"总则"，也没有采纳法律行为的概念。倘若对 1942 年《意大利民法典》作纯粹文义解释，那么可以说，即使在 1942 年《意大利民法典》中，也并不存在意大利继受法律行为概念及其理论的实证法规范基础。

不过，睿智的意大利私法学者们，却借由对 1942 年《意大利民法典》条文进行客观意义上的规范解释（interpretare norme），[5] 在不超过立法文本意涵的限度内，"发现"了法律行为；而这项发现的关键性规范基础便是 1942 年《意大利民法典》第 1324 条。1942 年《意大利民法典》第 1324 条位于该法典第四编"债"项下的第二章"合同的一般规定"之中，仅从法典编排体例上看，第 1324 条理应只是一项合同法规范，而从其临近条款来看，也的确只涉及合同法规范，例如，第 1321 条所规定的，是合同的概念；第 1322 条所规定的，是合同自由原则；第 1323 条所规定

---

[1] 费安玲：《1942 年〈意大利民法典〉之探研》，中国私法网：http://www.privatelaw.com.cn/Web_P/N_Show/? PID=2757，2004 年 6 月 14 日。

[2] 同上。

[3] 同上。

[4] Cfr. Giorgio Cian, Alberto Trabucchi, *Commentario Breve al Codice Civile*, CEDAM, 2014, p. 3427.

[5] Cfr. Riccardo Guastini, *Interpretare e Argomentare*, Giuffrè Editore, 2014, p. 8.

的，则涉及合同一般规定所使用的范围。① 因此，倘若不考虑《意大利民法典》第1324条，那么这些规范也仅仅是合同法规范，而绝无一般意义上法律行为规则之性质。不过，《意大利民法典》第1324条却在合同法的规范体系下做出了如斯规定："除非法律另有规定，合同规范准用于行为人生前所为之具有财产内容的单方行为"②，而依据该条文之规定，所有合同规范原则上均可以被视为具有财产内容的非遗嘱行为的单方行为的一般规范，这就使得《意大利民法典》第四编第二章的"合同的一般规定"乃至其他合同规范成为合同与除遗嘱行为以外财产性单方行为的共同规范，由于法律行为主要分为单方行为与作为双方行为的合同（多方法律行为常常类推适用合同之规则），故而在意大利私法学界看来，凭借《意大利民法典》第1324条之准用规定，尽管《意大利民法典》的合同规范在形式上只关涉合同，但实质上，其在适用方面却是不折不扣的法律行为的规范，而其中"合同的一般规定"则更是实质意义上的法律行为一般规则。③ 职是之故，借由对《意大利民法典》第1324条之创造性解释，意大利私法学界成功地从《意大利民法典》中抽象出了具有实证法基础的法律行为概念及其规则，并在此基础上构造出了意大利的法律行为理论。

（三）法律行为概念及其理论继受过程中的自主性与批判性

值得注意的是，尽管意大利私法学界很早就已经接触到了法律行为的概念及其理论，并且也运用法律行为的概念进行了法学思考与研究，但这种继受并非对德意志法律行为概念及其理论的全盘继受。

---

① Cfr. Giorgio Cian, Alberto Trabucchi, *Commentario Breve al Codice Civile*, CEDAM, 2014, pp. 1321-1436；费安玲等译：《意大利民法典》，中国政法大学出版社2004年版，第322页。

② Cfr. Art. 1324： "Norme applicabili agli atti unilaterali. *Salvo diverse disposizioni di legge, Le Norme Che Regolano i Contratti si Osservano, in Quanto Compatibili, Per Gli Atti Unilaterali Tra Vivi Aventi Contenuto Patrimoniale.*" Giorgio Cian, Alberto Trabucchi, *Commentario breve al Codice Civile*, CEDAM, 2014, p. 1436.

③ Cfr. Andrea Torrente, Piero Schlesinger, *Manuale di Diritto Privato*, Giuffrè Editore, 2013, p. 199；Francesco Caringella, *Manuale di Diritto Civile, II. Il Contratto*, DIKE Giuridica Editrice, 2011, p. 6；Giorgio Cian, Alberto Trabucchi, *Commentario Breve al Codice Civile*, CEDAM, 2014, p. 1436；Mario Bessone, *Istituzioni di Diritto Privato*, G. Giappichelli Editore - Torino, 2013, pp. 82-96.

例如，在德意志法律行为理论中，负担行为与处分行为、债权行为与物权行为的区分以及物权行为的抽象性，是法律行为理论的支柱性理论之一，然而，尽管意大利私法学界对无因性理论十分熟悉，比如，费拉拉便详尽地探讨过法律行为中原因行为（negozi causali）与抽象行为（negozi astratti）的理论问题，[①] 但对于整体性地继受物权行为理论，仍然持反对态度。意大利主流的私法学说认为，德意志私法关于物权行为抽象性的学说具有保障交易安全的巨大价值，却不宜将之上升为私法的一般性原则，而广泛应用于一切处分行为。例如，对于支付允诺（promessa di pagamento）或者债务承认（ricognizione di debito）而言，意大利私法认为，应当有条件地承认抽象性理论，在有相反证据之前，推定支付允诺或者债务承认行为具有合法原因，而在反证出现之前，则令支付允诺与债务承认与其原因实现分离，不问是否存在合法原因，均推定其具有合法原因基础，换言之，支付允诺或者债务承认，以及《意大利民法典》第 969 条所规定的确认行为，均可视为意大利私法上的抽象行为。[②] 不过，抽象性理论的应用并非一般性原则，原则上，法律行为，尤其是涉及所有权或者其他财产权的移转行为，均应遵循有因原则（il principio di causalità），[③] 倘若法律行为欠缺《意大利民法典》第 1325 条所规定的原因要件，[④] 或者虽然具有原因，但该原因系《意大利民法典》第 1343 条所规定的不法原因，[⑤] 则根据《意大利民法典》第 1418 条之规定，该法律行为即应归于无效。[⑥] 由此可见，尽管意大利私法学界已经继受了法律行为概念，也熟知德意志的物权行为抽象原则，但仍旧认为，抽象性理论尽管具有其理论与实践价值，但不应当与有因原则一道，上升为处分行为的一般原则，而只能适用于诸如支付允诺、债务承认等特例。

[①] Cfr. Luigi Cariota Ferrara, *Il Negozio Giuridico Nel Diritto Private Italiano*, Edizioni Scientifiche Italiane, 2011, pp. 191-195.

[②] Cfr. Francesco Galgano, *Il Negozio Giuridico*, Dott. A. Giuffrè Editore, 2002, pp. 114-115.

[③] Ibid., p. 116.

[④] Cfr. Giorgio Cian, Alberto Trabucchi, *Commentario Breve al Codice Civile*, CEDAM, 2014, p. 1438.

[⑤] Ibid., p. 1490.

[⑥] Ibid., p. 1715.

再如，德意志法律行为理论所奉行的物权形式主义认为，倘若当事人意欲将物权移转至他人名下，则不仅需要当事人之间形成物权合意，而且嗣后必须具有交付或者登记的公示外观，方可导致物权变动之发生。而意大利立法者与私法学界尽管继受了法律行为的概念，但却对物权形式主义持商榷态度。《意大利民法典》第1376条规定："以特定物所有权的转让、设定物权或者移转其他物权为内容的契约，因当事人之间的合法意思表示所生之合意而发生权利转让或者权利设立的效力"①，此即意大利私法上的"物权合同"（contratto con effetti reali），不过此物权合同与德意志私法上的物权合意乃至物权行为大异其趣，在意大利私法学界看来，此处的所谓物权合同，本质上系具有移转物权或者设立物权效力之合同，其并非与债权行为相区分的合同，若以德意志私法为参照，则毋宁说意大利私法上的物权合同系债权行为与物权行为同一的合同，该合同与其他合同的区别仅仅在于其具有移转物权或者设立物权效力罢了。② 对于物权变动这一问题而言，尽管意大利私法学界已经继受了法律行为的概念，并且也对德意志私法中的物权形式主义观念十分熟悉，不过意大利私法学界基于契约自由与交易便捷之考虑，仍然认为，借由当事人之间的合意，便足以导致物权变动。当然，持德意志物权形式主义观念的学者常常攻讦物权变动的合意原则对于一些交易范例处于法理解释阙如的境地，例如，在未来物买卖、出卖他人之物的情形中，倘若不承认负担行为与处分行为的区分、债权行为与物权行为的区分，则未来物买卖合同与出卖他人之物的合同在效力判断上便会陷入困境。③ 对此，意大利私法的回应则是，即使维持合意原则，也并不一定无法应对未来物买卖与出卖他人之物的法效安置问题。就未来物买卖而言，《意大利民法典》的处理方式非常简洁明了——《意大利民法典》第1472条规定："以未来物为标的物的买卖，买受人自物开始存在时取得物的所有权"，这意味着，倘若当事人之间系以未来物为标的而订立买卖合同，那么物的所有权因物尚未诞生而无法因合意而移

---

① Cfr. Adolfo Di Majo, *Codice Civile, Con la Costituzione, I Trattati U.E., e le Principali Norme Complementari, Con la Collaborazione di Massimiliano Pacifico*, Dott. A. Giuffrè Editore, 2014, p. 386.

② Cfr. Francesco, Caringella, Luca Buffoni, Francesca Della Valle, *Codice Civile e Delle Leggi Civili Speciali, Annotato Con la Giurisprudenza*, Dike Giuridica Editrice, 2014, pp. 1009-1011.

③ 参见孙宪忠《中国物权法总论》，法律出版社2014年版，第281页以下。

转，则法律规定，此时物权变动的时间延迟至未来物转变为现存物之时。① 此项规定一方面维持了合意原则的一般规则地位，另一方面也肯定未来物买卖的合法性，颇具匠心。而就出卖他人之物的买卖而言，由于出卖他人之物的出卖人并无对标的物的所有权，故而物权变动不可能依出卖人与买受人之间的合意而发生。不过，《意大利民法典》第1478条第1款规定："出卖人在订立合同时对标的物不享有所有权的，则负担使买受人取得物的所有权的义务"，此项规定意味着，倘若出卖人出卖标的物时该标的物系他人之物，出卖人并无所有权，则买卖合同的订立与出卖人、买受人之间的合意也并不导致物的所有权的移转，而仅仅使出卖人负担使买受人取得标的物所有权的义务。② 如此一来，作为一般规则的合意原则在此特殊情况下进行了损益，即以使出卖人负担使买受人取得标的物所有权的义务替代了依合意而发生的物权变动，出卖人应当履行使买受人在买卖合同订立后取得所有权的义务，倘若不履行该义务，则须承担债务不履行的违约责任。③ 因此，意大利私法仍然坚持认为，合意原则应当作为物权变动的一般规则，至于未来物买卖或者出卖他人之物的情形，则只需附加一些特殊规则即可，而无须必须采纳物权形式主义。

职是之故，意大利私法对法律行为概念与理论的继受具有极强的自主性与批判性，尽管意大利私法承认法律行为对于整合私法体系的重要意义，但在具体的规则构造方面，意大利立法者与私法学者更倾向于在意大利私法传统的背景下，设计出契合民众需求与法理逻辑的私法规则，而非简单地对德意志法律行为理论予以继受。

四　意大利私法学对法律行为的比较型继受：在纯粹继受与比较法之间

相对于"法律继受"（legal reception）而言，我国学界更为熟知的术语应系"法律移植"（legal transplant）。所谓法律移植，一言以蔽之，即

---

① Cfr. Francesco Caringella, Luca Buffoni, Francesca Della Valle, *Codice Civile e Delle Leggi Civili Speciali, Annotato Con la Giurisprudenza*, Dike Giuridica Editrice, 2014, p. 1251.

② Ibid., pp. 1255-1256.

③ Cfr. Giorgio Cian, Alberto Trabucchi, *Commentario Breve al Codice Civile*, CEDAM, 2014, pp. 1881-1882.

将他国之法律转变为本国之法律，[1] 这一术语隐含着落后法律文化与先进法律文化的分野，以及落后法律文化向先进法律文化的学习与模仿，[2] 恰如罗道尔佛·萨考所言，"真实情况是法律的创新只占很少的数量，而借鉴和模仿则应被视为法律变化过程中最为重要的部分"[3]，因此，在部分学者看来，法律移植不仅是可行的，而且是必要的，其乃是全球法律趋同化的完美工具，甚至在一定程度上可以实现"法律共振"（legal formants），即世界各国法律趋同并且相互影响之高级形态。[4] 而从术语使用方面来看，"法律移植"与"法律继受"也常常被视为同义词而被使用，例如，贝克斯特罗姆在研究埃塞俄比亚对西方法律的继受问题时，便将移植与继受等同视之。[5] 不过总体而言，法律继受仍然与法律移植存在微妙差异，其最为突出的差异性在于，法律继受常常表现为一国对他国法律的主动模仿与学习，而法律移植则还存在宗主国向殖民地输出法律这种模式。恰如德国著名私法学家汉斯·施洛瑟（Hans Schlosser）所言，"【法律】继受必须被作为一个复杂的文化史与社会学过程而被理解"[6]，对于法律继受的解释应当超越纯粹的制度与器物移植语境，转而在历史与社会的维度中获得更为深邃与宽广的视野。

就此而言，真正具有法律继受完整属性的历史事件当属德意志对罗马法的继受。倘若对德意志继受罗马法而为细致观察，则会发现，严格意义上的法律继受具有如下特点：

第一，历史维度上的先后相继关系。对于德意志法律学者，尤其是日耳曼学派学者看来，罗马法乃不折不扣的外国法。在日耳曼学派看来，源

---

[1] See Edward M. Wise, "The Transplant of Legal Patterns", *The American Journal of Comparative Law Supplement*, Vol.38, 1990, p. 1.

[2] 参见於兴中《法理学前沿》，中国民主法制出版社2014年版，第118页以下。

[3] 参见［意］罗道尔佛·萨考《法律共振峰：比较法的一个动态视角》，《美国比较法评论》1991年第39卷，第394页，转引自王晨光《法律移植与转型中国的法制发展》，《比较法研究》2012年第3期。

[4] See Alan Watson, "From Legal Transplants to Legal Formants", *The American Journal of Comparative Law*, Vol.43, 1995, pp. 469-476.

[5] See John H. Beckstrom, "Transplantation of Legal Systems: An Early Report on the Reception of Western Laws in Ethiopia", *The American Journal of Comparative Law*, Vol.21, 1973, pp. 557-583.

[6] H. シュロッサー『近世私法史要論』（有信堂，1991年）3頁。

远流长的德意志民族最古老的法律渊源主要为缘于民族共同生活的民众法（Volksrecht），① 恰如德意志日耳曼学派学者埃希霍恩（Eichhorn）所言，"那些由古迹所展现的、古老的德意志部落法律，乃是借由民族特点（Nationaleigenthümlichkeit）与民族习俗（Volkessitte）所产生的"②，纯粹的德意志法应限于日耳曼法，而罗马法（也包括教会法、伦巴第封建法），则系属外国法（fremden rechte），其并非真正意义上的德意志法。③ 不过，罗马法却又并非如同法国法、英国法那样的外国法，尽管罗马法在历史上曾经十分活跃，其历经古风时期、程式主义时期、古典时期、后古典时期与优士丁尼统治时期五大发展阶段，可谓源远流长，不过，在德意志继受罗马法之时，罗马法却已经伴随罗马国家的解体而基本成型，停止了发展，而优士丁尼的法典则是罗马法的"最终形式"（final form）。④ 因此，虽然在性质上，罗马法与其他国家的法律都被定位为外国法，但法国、英国等外国法不仅没有法律渊源的地位，同时其也处于不断的发展变化之中；而作为外国法的罗马法则以德意志共同法（ius commune）的名义而得享德意志正式法律渊源之地位，⑤ 并且在历史维度上形成与德意志法鲜明的前后相继关系。申言之，在德意志继受罗马法的过程中，作为法律渊源的罗马法属于纯粹的古代法，而不像其他国家法律那样，仍然处于发展与变化之中。

第二，接受外来法律上的主动性。与法律移植中的殖民地模式不同，德意志继受罗马法并非被迫之举，而系主动为之。罗马法在自身的发展进程中，常常并非为意大利以外的其他地区所主动接受，而主要借由奠基于武力征服之上的文化同化实现传播，早期罗马法仅仅是罗马城邦之法，其只适用于建立在血缘关系基础上的、生活于罗马城中的各氏族成员，《十

---

① Vgl. Karl Türk, *Historisch-dogmatische Vorlesungen Über Das Deutsche Privatrecht*, 1832, S. 25ff.

② Karl Friedrich Eichhorn, *Einleitung in Das Deutsche Privatrecht: Mit Einschluß des Lehenrechts*, Dritte Verbesserte Ausgabe, 1829, S. 3.

③ Vgl. Wilhelm Theodor Kraut, *Grundriß zu Vorlesungen Über Das Deutsche Privatrecht mit Einschluß des Lehns und Handelrechts Uebst Beigefügten Quellen*, 1856, S. 110ff.

④ See H. F. Jolowicz and Barry Nicholas, *Historical Introduction to the Study of Roman Law*, Third Edition, Cambridge University Press, 1972, pp. 4-7.

⑤ See Franz Wieacker, *A History of Private Law in Europe: With Particular Reference to Germany, Translated by Tony Weir*, Oxford University Press, 1995, p. 177.

二表法》(*XII Tavole*) 是这一时期的代表性立法, 其号称"一切公法与私法的渊源", 本质上系"罗马—萨宾"部落习惯法的汇纂;[①] 不过, 伴随罗马的对外征服与版图扩张, 罗马法开始适用于被征服地区, 及至"安东尼努斯敕令"(Constitutio Antoniniana) 赋予罗马全境自由人罗马市民权之后, 罗马法便成为整个地中海地区的共同法,[②] 恰如罗马法学家乌尔比安所言,"那些生活在罗马世界的人已经借由安东尼努斯敕令而成为罗马市民"[③]。而及至德意志继受罗马法之时, 西罗马帝国早已湮灭无闻, 东罗马帝国也早已希腊化, 断无罗马世俗政权强迫或者诱使德意志采纳罗马法, 德意志对罗马法的继受完全出于主动, 这不仅是因为德意志在神圣罗马帝国时期, 自视为罗马帝国的继承者, 故而将罗马法视为皇帝法 (Kaiserrecht) 与 "帝国普通法"(des Reiches gemenes Recht);[④] 也缘于罗马法自身的高度发达与精细所带来的学术声誉。由于罗马法素材的高度理性与完备性, "罗马法即法之本身"(das römischen Rechte war ihr das Recht) 的观念得以确立, 继受时代的德意志法学家们普遍将罗马法视为获取理性之法的正途, 正如潘德克顿法学家德恩堡所言, "当代潘德克顿法学之发展乃以形成私法之一般理论 (allgemeinen Theorie des Privatrechts) 为目标。这一问题的解决必须以罗马法为媒介实现; 因为它是私法之所以存在的原因与基础"[⑤], 这说明对于德意志而言, 采纳罗马法并非缘于外在压力, 而是基于德意志对于罗马法的内在需求。

第三, 法律继受过程中的创造性。在中世纪, 对于欧洲各国 (英国除外) 而言, 罗马法均被视为古代文化的一部分, 只是罗马法对欧洲各国的

---

① Cfr. Aldo Petrucci, *Nozioni Elementari di Diritto Romano*, Edizioni Il Campano, Arnus University Books, 2014, pp. 21, 29.

② Cfr. Aldo Pettrucci, *Corso di Diritto Pubblico Romano*, G. Giappichelli Editore–Torino, 2012, p. 461.

③ D. 1. 5. 17 "in orbe Romano qui sunt ex constitutione imperatoris Antonini cives Romani effectisunt" [coloro che vivono nel mondo romano sono diventati cittadini romani in base ad una constituzione dell'imperatore Antonino 〈Caracalla〉], Cfr. Aldo Pettrucci, *Corso di Diritto Pubblico Romano*, G. Giappichelli Editore–Torino, 2012, p. 461.

④ Vgl. Richard Schröder, *Lehrbuch der Deutschen Rechtsgeschichte*, 1889, S. 72; ミッタイス、リーベッヒ『ドイツ法制史概說』(創文社, 昭和 49 年) 243、244 頁。

⑤ Heinrich von Dernburg, *Pandekden*, *Ester Band*, *Allgemeiner Teil und Sachenrecht*, 7. Aufl., 1902, S. 1.

影响程度各异，而真正发生罗马法继受（Rezeption des römischen Rechts）现象的地区，主要为德意志，其主要表现是德意志较为系统地继受了罗马法中的法律制度及其概念。① 不过德意志对于罗马法的继受并非奴隶般模仿，事实上，德意志对罗马法的继受具有突破罗马法藩篱的创造性特点。在德意志继受罗马法的早期阶段，法官与学者们在对待罗马法的问题上便采取了十分务实的态度，他们认为尽管罗马法十分精细与理性，但也并非可以直接适用于德意志现状之法律渊源，而是必须审时度势，对罗马法予以损益取舍，以便契合德意志的社会实际，这种观念被称为"潘德克顿的现代运用"（usus modernus pandectarum），② 其所构造出的法律也绝非原汁原味的罗马法，而是经过取舍与改造的"现代潘德克顿法"（Modernes Pandektenrecht）。③ 即使后期的历史法学与潘德克顿法学认为"潘德克顿的现代运用"有将原本完美的罗马法庸俗化与混乱化之虞，转而借由历史方法力图正本清源，还原罗马法的原貌，但同时也凭借体系方法在罗马法素材的基础上实现了学术上的创新，④ 最为典型的例证便是历史法学与潘德克顿法学在罗马法素材的分析基础上，创造了罗马法中并不存在的，作为一般概念的法律行为。⑤

---

① Vgl. Konrad Zweigert/Hein Kötz, *Einführung in die Rechtsvergleichung: Auf Dem Gebiete des Privatrechts*, 3. Aufl., 1996, S. 131.

② Vgl. Karl Kroeschell, *Deutsche Rechtsgeschichte*, Band 3: Seit 1650, 5. Aufl., 2008, S. 2ff.

③ Vgl. Hans Hattenhauer, *Europäiche Rechtsgeschichte*, 4. Aufl., 2004, S. 483.

④ 这种方法为德意志法学家萨维尼所倡导，包含三大要点：第一，法学是一门历史性的科学（historische Wissenschaft）；这意味着法学必须关注法律的历史，或者说法律在时间维度上所展现出的现象；第二，法学是一门哲学性的科学（philosophische Wissenschaft），这意味着法律现象，尤其是制定法（Gesetzgebung），应当借由哲学慎思而获得关联，并最终形成以一般内容（allgemeinen Inhalt）为顶端的法律体系（Systeme der Jurisprudenz）；第三，在此基础上，法学不可偏废任何一方，必须同时重视法的历史（训诂）因素与法的体系因素（des exegetischen und systematischen Elements），并在此基础上形成统一的法学方法论，最后在这一统一方法论的基础之上完成法学的三大任务，即规范解释（Interpretation）、历史考察（Historie）以及体系构建（System）。Vgl. Friedrich Carl von Savigny, *Vorlesungen Über Juristische Methodologie* 1802-1842, Herausgegeben und eingeleitet von Aldo Mazzacane, Neue, Erweiterte Ausgabe, 2004, S. 91-93.

⑤ 罗马法中并无"法律行为"这一概念，即使采用现代眼光回溯观察罗马法，即运用既有的法律行为理论去诠释罗马法，也只能认为罗马法上存在一些具体法律行为，例如买卖、要式口约、遗嘱等。Vgl. Max Kaser/Rolf Knütel/Sebastian Lohsse, *Römisches Privatrecht: Ein Studienbuch*, 21. Aufl., 2017, S. 49.

德意志继受罗马法的历史事实使得两种法学流派得以诞生，一种法学流派是偏向自然法思想的理性法学派，另一种法学流派是偏向历史主义的历史法学派，其又有两个分支，即日耳曼法学派与罗马法学派。理性法思潮认为，德意志之所以能够继受罗马法，乃是因为尽管罗马法是一种外来法律渊源，却因其乃"书面理性"，故而可以从中汲取符合理性与正义的法，而以此为推论，倘若存在比罗马法更为优越的法律渊源，则不妨改弦易辙，继受他种法律渊源，甚至越过整理法律素材的阶段，直接凭借人之理性去发现法。理性法思潮的代表人物是蒂堡、普芬道夫与沃尔夫。尽管蒂堡本是一位具有颇高造诣的德意志罗马法学家，[①] 不过蒂堡却认为，在《法国民法典》颁行后，德意志不应过分拘泥于罗马法，而应当转而以《法国民法典》为效仿对象，编纂一部属于德意志的民法典。在蒂堡看来，仅就民法而言，"许多部分可以说只是纯粹的法律数学"（Viele Derselben sind so zu sagen nur eine Art reiner juristischer Mathematik）[②]，因此，研究罗马法之旨趣，并非为了在德意志复活罗马法本身，而仅仅是以罗马法为媒介，获取潜藏于罗马法背后的法、理性与正义。与蒂堡相比，普芬道夫与沃尔夫则更为笃信理性的力量，两者均运用哲学与体系的方法，以鸿篇巨制的方式将伦理、理性与法融为一体，在观念层面上塑造了契合理性的法与正义。[③] 尽管理性法思潮对于罗马法继受产生了一定的阻滞作用，申言之，理性法思潮中存在摒弃罗马法，选择其他法律渊源乃至直接诉诸理性的倾向，但耐人寻味的是，理性法思潮恰好是罗马法继受的逻辑顺延产物，正是因为罗马法中存在可以与罗马时代背景相分离的法律理性，所以罗马法才可以被德意志所继受，而德意志所继受的，也并非罗

[①] 蒂堡的罗马法作品相当丰富，最为突出的作品是两卷本的《潘德克顿法体系》与《罗马法逻辑解释论》。Vgl. Anton Friedrich Justus Thibaut, *System des Pandekten-Rechts*, Erster Band, 1846, S. 3ff; Anton Friedrich Justus Thibaut, *System des Pandekten-Rechts*, Zweiter Band, 1826, S. 3ff; Anton Friedrich Justus Thibaut, *Theorie Der Logischen Auslegung des Römischen Rechts*, 1799, S. 7ff.

[②] Vgl. Anton Friedrich Justus Thibaut, *Ueber Die Nothwendigkeit Eines Allgemeinen Bürgerlichen Rechts Für Deutschland*, 1840, S. 54.

[③] 普芬道夫以八卷本的《自然法与万民法》，将其所认定的实体性伦理（法）予以体系性整理，而沃尔夫则同样以八卷本《自然法》的形式，将数学式的体系方法，用于对法的全面整理、抽象与条理化。参见［德］格尔德·克莱因海尔、扬·施罗德主编《九百年来德意志及欧洲法学家》，许兰译，法律出版社2005年版，第342—346、455—463页。

马法本身，而是蕴藏于罗马法中的理性法。从这一点上来说，历史法学中的罗马学派其实与理性法思潮并无根本性分歧，两者均承认抽象的一般理性法的存在，只不过前者认为应当先行对罗马法素材予以彻底研究，方可进入体系整理阶段，而后者则认为罗马法并非唯一可依赖之法律素材，并且即使不依赖法律素材，凭借人类理性亦可发现一般理性法。

真正对德意志继受罗马法予以实质性商榷的，是历史法学派中的日耳曼法学派。历史法学派中的罗马法学派认为通行于德国的"罗马—普通法"（römisch-gemeine Recht）可以被视为德意志习惯法（Gewohnheitsrecht）的一部分，因此，倘若意欲理解德意志法，则必须对罗马法规则予以认真审视。[1] 而日耳曼法学派则更为坚信历史法学派的基本立场，即"法律本质上是由整个国家的历史所给定的，而非以随意或者其他方式产生；法律来源于国家本身及其历史的精髓"[2]，其真正的至高无上的渊源乃德意志的"民族精神"，而相较于外来的罗马法，日耳曼法才是真正意义上德意志"民族精神"的彰显，因此，日耳曼法应当被置于比罗马法更为重要的地位，在日耳曼法学派学者看来，罗马法学派仅仅关注罗马法，尤其是潘德克顿法，这是一种典型的选择性忽视，因为除了作为德意志普通法的罗马法之外，大量地方法、商法、票据法、团体法等，都带有鲜明的日耳曼法色彩，[3] 罗马法仅仅是一种因历史机缘而被适用的外来法律渊源，而倘若意欲恢复契合德意志"民族精神"的法律，那么便应当回到日耳曼法之中，其缘故在于，尽管在德意志的司法实践中，存在着罗马法，但罗马法本质上只是没有民众生活基础的法学家法（Juristenrechts），[4] 其只是借由法学家的权威，而非民众生活本身而成为法的，[5] 而事实上，唯有日耳曼法才是源于民众生活的民众法，至于罗马

---

[1] Vgl. Jan Schröder, *Recht als Wissenschaft: Geschichte Der Juristischen Methodenlehre*, 2. Aufl., 2012, S. 208-209.

[2] Vgl. Uwe Wesel, *Geschichte Des Rechts: Von Den Frühformen Bis zur Gegenwart*, 4. Aufl., 2014, S. 444.

[3] See Franz Wieacker, *A History of Private Law in Europe: With Particular Reference to Germany*, Translated by Tony Weir, Oxford University Press, 1995, p. 300.

[4] Vgl. Georg Beseler, *Volksrecht Und Juristenrecht*, 1843, S. 300.

[5] Vgl. Bettina Scholze, *Otto Stobbe (1831-1887): Ein Leben Für die Rechtsgermanistik*, 2002, S. 133.

法，则德意志民族对罗马法之继受实乃"民族之不幸"（nationales Unglück）。①

其实总体而言，德意志继受罗马法至少在一点上具有天然优势，即德意志的继受对象——罗马法本质上乃是已经停止发展的纯粹古代法，由于罗马国家已然湮灭，故而罗马法的素材不会因罗马国家的继续存在而增加乃至改弦易辙，对于德意志的法学家们来说，继受罗马法在某种程度上是一种有利于后进者的"纯粹继受"，申言之，一方面，由于罗马法素材，尤其是优士丁尼所给定的罗马法素材的有限性，因此，于学术上穷尽罗马法，并对其予以较为彻底的研究是可能的；另一方面，对于德意志的法学家们而言，以这些素材为基础抽象出法的一般原理，并在此基础上塑造出罗马人闻所未闻的新颖法律概念，以及富有条理性的法律体系，在法学上也是可行的，并且这一创造性的举措也不会遭遇被继受者的反驳与指摘。然而即便如此，在德意志继受罗马法的整个历史进程中，仍然遭遇了各种反思与诘问，尽管这种继受因后续法学与立法工作的伟大，尤其是《德国民法典》的横空出世，而逐渐消弭了质疑的声音，但作为法制史上最为著名的法律继受现象，其所承受的诸如违背"民族精神"，脱离民众，将法学家的傲慢彰显得淋漓尽致的批评仍然镌刻于历史之中。

以"历史维度上的先后相继关系""接受外来法律上的主动性"以及"法律继受过程中的创造性"三大标准进行衡量，则意大利对于法律行为概念及其理论的引入无疑具有严格意义上的法律继受性质。不过，相比之下，意大利对法律行为概念及理论的继受较之于德意志继受罗马法而言存在更多障碍。

首先，意大利自身拥有悠久的法学史，对德意志式法律行为概念及其理论的全面继受有损意大利法学的声誉。从德意志的角度来看，德意志对罗马法的继受无疑是对非日耳曼的异质外来法的接受，但是，对于意大利而言，罗马法则不能被视为外来法，由于意大利系罗马历史的现代承担者，② 故而罗马法在一定程度上应当被视为广义意大利法的一部分，而系

---

① Vgl. Karl Ferdinand Schulz, *Die Reception Des Römischen Rechts*, 1875, S. 93.
② 尽管罗马国家的疆域遍布整个地中海地区，但由于罗马缘起于意大利半岛中隶属于拉丁文化圈的罗马城，故而意大利的历史学家通常将罗马史（东罗马帝国除外）视为意大利历史的一部分。Cfr. Cesare Cantù, *Manuale di Storia Italiana*, Ulrico Hoepli, Editore Libraio, Milano, Napoli, Pisa, 1879, p. 11.

属意大利之古代法，意大利法学学者们也乐于宣称从中世纪到现代，欧陆法律传统的基石便是作为罗马法汇纂的优士丁尼《民法大全》，① 其中所蕴含的民族自豪感溢于言表。而在1942年《意大利民法典》的编纂过程中，意大利私法学界也十分注重从罗马法中汲取营养，民法典的诸多条文与罗马法相似甚至相同。② 此外，早在德意志继受罗马法之前，中世纪意大利的注释法学派与评论法学派便已经在罗马法文献与研究方面颇有建树，③ 故而让原本作为先驱的意大利反过来去主动继受德意志法的概念与理论，难免会存在抵触心理。

其次，除了作为古法的罗马法之外，在德意志法学兴盛之前，意大利便已经在法国大革命的浪潮中接受了法国法传统。④ 之前已经提及，意大利因为继受法国法的缘故，故而一方面，其民法典并无"总则编"，而只有"序编"；另一方面，在具体的规则方面，《意大利民法典》中仍然保留了较为浓厚的法国法色彩，最为典型的便是在物权变动方面，现行《意大利民法典》仍然保留了与法国相同的物权变动仅依当事人的合意即可发生的规则。因此，意大利倘若意欲全面继受德意志法律行为概念及其理论，则势必全面改弦更张，彻底抛弃已经经久惯行之法律传统，这对于素

---

① Cfr. Andrea Lovato, Salvatore Puliatti, Laura Solidoro Maruotti, *Diritto Privato Romano*, G. Giappichelli Editore-Torino, 2014, p. 1.

② 参见《〈意大利民法典〉与〈罗马法原始文献〉之比较》，载费安玲等译《意大利民法典》，中国政法大学出版社2004年版，第788页以下。

③ 这一点从德意志法学家萨维尼的名著《中世纪罗马法史》中小可看出端倪。在《中世纪罗马法史》第1卷中，萨维尼在总括性地论述了法源问题与各日耳曼王国中罗马法的基本情况；而在第2卷中，则十分详尽了论述了勃艮第、西哥特、法兰克这三个日耳曼王国中罗马法的存续与发展；第3卷则梳理了罗马法的文献以及在意大利的罗马法教育史；第4、5卷论述了早期罗马法学者（主要是注释法学派学者，如伊纳留斯和阿库修斯）的工作与成就；第6卷主要论述后期注释法学派（如巴托鲁斯）的工作、著作与成就；第7卷则主要是查缺补漏的内容。总体而言，根据萨维尼的研究，整个中世纪的罗马法研究几乎主要由意大利的学者所推动。Vgl. Friedrich Carl von Savigny, *Geschichte Des Römischen Rechts im Mitteralter*, Erster Band, 1834, S. XVIIII - XX; Friedrich Carl von Savigny, *Geschichte Des Römischen Rechts im Mitteralter*, Zweiter Band, 1834, S. XV-XVI; Friedrich Carl von Savigny, *Geschichte Des Römischen Rechts im Mitteralter*, Dritter Band, 1822, S. XI-XVI; Friedrich Carl von Savigny, *Geschichte Des Römischen Rechts im Mitteralter*, Vierter Band, 1826, S. XII-XX; Friedrich Carl von Savigny, *Geschichte Des Römischen Rechts im Mitteralter*, Füfter Band, 1850, S. VIIII-XII; Friedrich Carl von Savigny, *Geschichte Des Römischen Rechts im Mitteralter*, Sechster Band, 1831, S. XI-XIV; Friedrich Carl von Savigny, *Geschichte Des Römischen Rechts im Mitteralter*, Siebenter Band, 1851, S. VII.

④ 这种接受具有被动性，与德意志主动继受罗马法不同。

有保守名声的法律与法学而言显然既不经济也不现实。

最后，与德意志继受罗马法不同，意大利所继受的德意志法律行为概念与理论并非停止发展的法律素材，而是在德意志本土上仍然处于发展与嬗变之事物，因此，倘若意大利全面继受德意志的法律行为概念及其理论，那么必然会在继受之后面临一个理论上的困境，即是否应当选择亦步亦趋，在德意志本土理论与实践发生改变时，便立即继受与模仿？倘若选择这一路径，并且预设德意志作为法律行为概念及其理论的诞生地，则德意志学者必然拥有该领域的学术权威性，那么，意大利在继受之后，最终只能匍匐于德意志之后，一点一滴地学习与吸收，却难有超越之日。事实上，同为继受法律行为概念及其理论的国家，日本在法律行为理论方面便难谓独具建树，从日本民法学者的作品来看，德意志学者关于法律行为的研究仍然具有无可置疑的学术权威性。[①] 职是之故，倘若意大利全面继受法律行为概念及其理论，则难以避免陷入类似日本的困境。

因此，意大利在对待法律行为概念及其理论的问题上，并未采取德意志继受罗马法或者日本继受法律行为的态度，而是倾向于在自身所固有的法律传统基础之上，有限度且有选择地对法律行为概念及其理论予以继受。这种态度可以称为"比较型继受"。

所谓比较型继受，主要包含两个面向，即比较法意义上的考察与法律

---

① 尽管从立法史上看，日本受法国法的影响也颇为深厚，并且从当今日本民法的研究来看，奠基于本土判例的民法研究也十分繁荣与细致，但在法律行为的理论层面，日本并未深刻改变"以德为师"的传统。纵览日本的民法教科书的法律行为部分，从法律行为的概念，到意思表示规则，再到法律行为的成立与生效，以及法律行为的解释，均在不同程度上可以被视为德意志法律行为理论与规则的翻版（星野英一『民法概論Ⅰ 序論・総則』（良書普及会，1971年）167頁以下；幾代通『現代法律学全集（5）民法総則』（青林書院，1969年）177頁以下；四宮和夫『民法総則』（弘文堂，昭和61年）142頁以下；林良平『民法総則』（青林書院，1986年）97頁以下；石田喜久夫『現代民法講義1民法総則』（法律文化社，1985年）93頁以下；高森八四郎『民法総則』（法律文化社，1996年）77頁以下；加藤雅信『新民法大系Ⅰ民法総則』（有斐閣，2005年）189頁以下；田山輝明『民法総則』（成文堂，2009年）139頁以下；齋藤修『現代民法総論』（信山社，2013年）201頁以下；石田穣『民法総則』（信山社，2014年）461頁以下）。仅有少数学者扬弃了法律行为这一概念，例如内田贵便在其体系书中弃用了法律行为概念，而以契约与意思表示为中心构造总则，但事实上即便如此，其所运用的意思表示理论也是德意志法律行为理论的核心（内田貴『民法Ⅰ 総則・物権総論』（東京大学出版会，2008年）33頁以下。）这是作为继受法国家所必须接受的无可奈何的现实。

继受意义上的展开。倘若仅仅将意大利法与德意志法视为两个独立的法律系统，则意大利法便应首先将法律行为视为一种比较法意义上的研究对象。但是，历史的复杂性在于，对于意大利而言，法律行为概念及其理论并非一种单纯的比较法研究对象，其缘故在于，法律行为这一概念及其理论的最初作用域，乃是罗马法，其所发挥的主要作用系对罗马法中的契约、单独行为等予以一般性的概括，故而，在此背景下，早在《德国民法典》出台之前，意大利便已经在学术层面对德意志的法律行为概念及其理论（也包括历史法学与潘德克顿法学的其他概念与理论）进行了研究与吸收。[1] 因此，仅就法学层面而言，意大利私法学界对于法律行为概念及其理论并不陌生。不过，与罗马法之于德意志不同的是，在意大利继受法律行为概念及其理论之前，意大利已经完成了自身的"法律继受"任务，申言之，由于在1861年意大利完成统一之前，意大利便已经全盘接受（并非主动继受）了法国法的理论与传统，[2] 因此，历史并未赋予意大利较为全面地继受法律行为概念及其理论的时机与条件，甚至在1942年意大利编纂新民法典的时代，法国法的传统仍然深刻地影响了民法典编纂——在1942年《意大利民法典》中，无论是"序编"的编制体例，还是物权变动的基本规则，均无一例外地遵循了法国法的传统。

不过，在理论层面与比较法意义上，意大利也从未忽视过法律行为概念及其理论的存在。从之前意大利学者关于法律行为的论述可知，尽管《意大利民法典》中并不存在法律行为这一概念，但意大利学者在探究德意志法的过程中，深刻地认识到法律行为作为一项极具概括性的抽象概念，有助于将契约、单独行为等私法自治行为予以体系化整理，从而实现在法律关系框架内，对作为法律关系原因的法律事实的合理分类。因此，在学术层面上，法律行为仍然作为一种普适性概念而获得了广泛运用。同时，借由对《意大利民法典》第1324条之创造性解释，意大利私法学者们也以《意大利民法典》文本为基础诠释并发现了法律行为之存在，这进一步为意大利继受法律行为奠定了实证法基础。但值得注意的是，意大

---

[1] See Elisabetta Grande, "Development of Comparative Law in Italy", in Mathias Reimann and Reinhard Zimmermann eds., *The Oxford Handbook of Comparative Law*, Oxford University Press, 2006, pp. 108-109.

[2] Ibid., p. 108.

利对法律行为的继受具有鲜明的比较法色彩。

第一,在法律适用层面,《意大利民法典》中并不存在一般性的法律行为规范,真正具备一般性规范特点的,乃契约规则,而单独行为,则依其性质而类推适用契约之规范,而无须上溯至法律行为的一般规则。对于意大利而言,源自德意志的法律行为概念及其理论的主要作用,在于为宏观层面上阐明私法自治(autonomia privata)的一般原理提供抽象的理论分析工具,而在此之后,有关具体规则的分析则不再借助法律行为概念,而径行在契约、遗嘱等具体法律行为的范畴中予以展开即可。[1]

第二,在意大利私法理论层面(dottrina italiana),意大利私法学界则基本继受了法律行为概念及其理论,只是在运用法律行为概念及其理论的问题上,意大利具有自身的特点。首先,借由法律行为的概念及其理论,意大利学者得以展开以严格的实证法为基础的隐秘的扩张;其次,在契约规范所不及之处,借助法律行为概念及其理论,意大利学者可以不通过类推适用契约规范体系,而依据法律行为理论而为法律推理;最后,依据法律行为理论展开法律解释不会像严格解释(interpretazione restrittiva)那样受制于具体的法律渊源,而可以借由规范的体系性思考形成一般性理论的适用空间,例如,结合《意大利民法典》第1325条、第1418条与第1427条而为解释,可以分析出"意思"(volontà)与"同意"(consenso)是契约的实质性要件,倘若契约欠缺当事人的真实意思所构成的同意,那么与之相对应的法律效果便是契约为无效,而如果当事人之间存在同意,但该同意存在意思层面上的瑕疵(vizi del consenso)如错误、胁迫、欺诈等等,则与之相对应的法律效果则为相对无效,即可撤销,而在这些规范之中,可以抽象出"意思"(volontà)与"同意"(consenso)这一上位因素,并将之与法律行为理论中作为意思对外连通方式的"表示"(dichiarazione)相连接,则可以构造出"意思表示"(manifestazione di volontà)之上位概念,从而使法律行为概念及其理论获得适用于法律解释之可能。[2] 借由此种方法,尽管《意大利民法典》中并不存在法律行为这一概念,但意大利私法学者仍旧可以将源自德意志的法律行为概念及其理论运用于意大利语境下的私法问题分析之中。

---

[1] Cfr. Francesco Galgano, *Il Negozio Giuridico*, Dott. A. Giuffrè Editore, 2002, pp. 24-27.

[2] Ibid., pp. 27-28.

第三，意大利在对待法律行为概念及其理论的问题上并不迷信与崇拜德意志法学的权威，而是倾向于在情境比较法（kontextuellen Rechtsvergleichung）的视阈下，① 审视德意志法与意大利法各自的特点与共性，并在基础上对德意志的法律行为理论与规则做出取舍。例如，在意大利私法学界看来，法律行为在德意志的最为突出的表现是将法律行为作为立法范畴（categoria legislativa），② 但其实法律行为仅仅是一种纯粹的抽象性存在，而不宜直接将之作为法律概念置于民法典之中，况且从比较法的角度来看，世界上在民法典中明确规定法律行为的国家和地区只有德国、荷兰、捷克、斯洛伐克、阿尔巴尼亚、希腊、挪威、瑞典、芬兰、丹麦、冰岛、巴西、秘鲁、巴拉圭、阿根廷、苏联各国、蒙古国、中国、日本、泰国、葡萄牙，而法国、瑞士、西班牙以及其他欧陆国家、伊斯兰法系国家、普通法系国家、撒哈拉以南的非洲各国以及绝大多数拉丁美洲国家均未在民法典中采纳法律行为，这表明法律行为并非民事立法所不可或缺之概念。③ 因此，在立法上，《意大利民法典》遵循立法上的"经济方法"（metodo dell'economia），拒斥在立法中采纳抽象的法律概念（concetti giuridici astratti），而将各种具体法律行为，如契约、遗嘱等予以类型化规定；在意大利立法者看来，尽管法律行为具有抽象意义上的体系建构功能，但实际上，真正承担私法自治功能的法律工具主要是契约，而所谓法律行为只不过是契约与单独行为的进一步抽象罢了，故而在具体规范适用层面上，不宜以法律行为概念为中心展开思考，而应当在各种具体的法律行为框架内，寻求妥当的法律渊源并予以适用。④ 不过，须予以提示的是，尽管法律行为并非意大利法上的法律概念，但却普遍存在于法学家的言说（linguaggio dei giuristi）之中，诸如"法律行为的意思"（volontà negoziale）、"法律行为的效果"（effetti negoziali）、"法律行为性的表示行为"（dichi-

---

① 所谓情境比较法（kontextuellen Rechtsvergleichung）是对传统的功能比较法（funktionale Rechtsvergleichung）的一种损益，其主张正义的多元化，法律思维方式的多样化，认为比较法应当将法律规范置于特定的法律文化背景中予以思考，而不能只在功能意义上对不同法律体系中的相似规范作简单比较。Vgl. Uwe Kischel, *Rechtsvergleichung*, 2015, S. 95, 164-165.

② Cfr. Francesco Galgano, *Diritto Privato*, CEDAM, 2013, p. 235.

③ Ibid., pp. 264-265.

④ Cfr. Francesco Galgano, *Diritto Privato*, CEDAM, 2013, pp. 235-236; Francesco Galgano, *Il Negozio Giuridico*, Dott. A. Giuffrè Editore, 2002, p. 27.

arazione negoziale)、"非法律行为性的表示行为"(dichiarazione non negoziale)、"法律行为责任"(responsabilità negoziale)等概念得到了广泛运用，从而使意大利一方面避免了《德国民法典》将法律行为作为立法概念的抽象性痼疾，令民法典仍然保持相对通俗易懂的特点，另一方面在法学层面也并未忽视法律行为，而是在法学的范畴内较为积极地继受并使用法律行为概念，以收法学层面上的术语精练之效。① 又如，德意志法律行为理论认为，债务关系领域与物权领域各自具有独立的法律行为形式，债务关系领域的法律行为形式为负担行为，仅导致债务关系的发生，而物权领域（也包括其他财产法领域）的法律行为形式则为处分行为，仅导致物权（或者其他财产权）变动的发生；② 而意大利在继受法律行为的过程中则认为，负担行为与处分行为的区分缘于德意志法对无因性原则的普遍性认同，而对于意大利而言，物权变动的有因性原则仍然在普适性意义上具有合理性，在引入未来物买卖规则、出卖他人之物买卖规则等特别规则，并在支付允诺、债务承认等少数领域承认无因性原则的情形下，意大利并无必要在一般意义上继受德意志法上关于负担行为与处分行为的区分及其无因性原则。③

一言以蔽之，在对待法律行为及其理论的问题上，意大利在比较法与法律继受两大视阈之下，区分了法律渊源（Rechtsquellen）与法律方法（Methoden）两大范畴，④ 在法律渊源的问题上，意大利立法者与法学家群体认为，并无必要亦步亦趋地将德意志法全面予以继受；但在法律方法方面，意大利学者大多承认法律行为概念及其理论对于私法的体系整理功能以及强大的解释功效，故而在理论层面接受了法律行为的概念及其理论，不过，在具体运用法律行为概念及其理论的过程中，因受制于意大利所固有的法律渊源，故而法律行为只能作为一种法律方法范畴而对意大利的法律渊源施加影响，从而使因遵循"经济方法"而有失体系性的《意大利民法典》在法律行为概念及其理论介入的情形下，呈现出有利于学术研究与司法裁判

---

① Cfr. Francesco Galgano, *Diritto Privato*, CEDAM, 2013, p. 236.
② Vgl. Detlef Leenen, *BGB Allgemeiner Teil: Rechtsgeschäftslehre*, 2. Aufl, 2015, S. 33ff.
③ Cfr. Francesco Galgano, *Il Negozio Giuridico*, Dott. A. Giuffrè Editore, 2002, p. 114.
④ 将法律问题区分为法律渊源问题与法律方法问题系德国法学家 Jan Schröder 的一种学术范式。Vgl. Jan Schröder, *Recht Als Wissenschaft: Geschichte Der Juristischen Methodenlehre*, 2. Aufl., 2012, S. 9, 25.

的条理性与清晰性。但在这一过程中，作为法律渊源的德意志法律行为规则，则基本被排斥在外。意大利正是以这种独特的方式，既继受了德意志法律行为法中有利于自己的因素，又保持了自身的法律传统，最终让在民法典中难觅其迹的法律行为及其理论彻底融入了意大利私法之中。南美洲西班牙语诗人胡安·雷蒙·西蒙内斯曾谓："立足于祖国的土地，而把你的思想和心灵置于世界的天空之中！"① 而意大利对待法律行为的态度则与该名言颇为契合：在继受外来法律之时，无论如何，须以立足于本国的法律渊源为前提，而将外来法律中的方法因素作为整理本国法律渊源以及提供合理法教义学解释的强大工具，从而促进本国法学的繁荣与发展。

反躬自省，对于我国这样一个后进的法治国家而言，参酌意大利之经验，则应认为，关于法律行为的研究，既不可沉迷于外国法，而以全面继受外国法为目标；亦不可单纯以国情为圭臬，而纯粹寄希望于本土资源。对于外国法（主要是德意志法）的妥当性继受，应当以熟悉国内法律者之比较法研究为前提方可实现——恰如德国著名比较法学家伯恩哈德·格罗斯菲尔德所言，"比较法永远不能成为研究外国法律的那些专家们的独占领地，它理当掌握在那些对国内法律文化负责的人们的手中。"②

第二节 意大利私法中合同的概念

对于意大利私法而言，合同不仅是一项法学概念，同时也是一项由民法典所清晰界定的法律概念。《意大利民法典》第 1321 条规定："所谓合同，即两个或者两个以上主体设立、变更或者消灭其相互之间财产法律关系的协议。"③ 据

---

① ［德］伯恩哈德·格罗斯菲尔德：《比较法的力量与弱点》，孙世彦、姚建宗译，中国政法大学出版社 2012 年版，第 58 页。

② 同上。

③ "1321. Nozione［prel. 25］. - Il contratto è l'accordo di due o più parti［1420］per costituire, regolare o estinguere tra loro un rapporto giuridico patrimoniale［1174］." Cfr. Adolfo Di Majo, Codice civile, con la constituzione, I trattati U. E., e le principali norme complementari, con la collaborazione di massimiliano pacifico, Dott. A. Giuffrè Editore, 2014, p. 380. 亦有中译本将《意大利民法典》第 1321 条翻译为 "契约是双方或多方当事人（1420、1446、1459、1466）关于彼此之间财产法律关系的设立、变更、或者消灭的合意。" 参见费安玲等译《意大利民法典》，中国政法大学出版社 2004 年版，第 322 页。

此，在意大利私法中，合同概念包含三大要素：第一，两个主体或者两个以上主体之间的协议（accordo tra due o più parti）；第二，财产法律关系（rapporto giuridico patrimoniale）；第三，作为财产法律关系产生、消灭或者变更的发生事由（incidenza）。① 兹对合同概念中所蕴含的三种要素予以分析。

一 合同是一种协议，或曰当事人之间的合意

合同是一种协议意味着，合同本质上是两个或者两个以上的适格主体依循自身的自由意志，通过平等协商所形成的合意。恰如意大利私法学安德里亚·托伦特与皮耶罗·施莱辛格所言，"合同是整个私法体系中最为核心的制度构造，也是最为重要的法律行为类型"②，其是私法体系实现私法自治的制度工具，借由合同，市民社会成员得以在特定的主体范围内，相互创设契合自己利益的特别法律效力（appositi effetti giuridici）。③ 依据理性自然法学说，主体是自己利益的最佳判断者，因此，由当事人之间，依据相互之间的意思往来，最终所形成的合意，便是合同要义之所在。

不过，须予以提示的是，自法制沿革角度而观之，其实合同与协议，乃至合意之间，最初并无直接联系。例如，在作为古典罗马法时代作品的《盖尤斯法学阶梯》中便有如下法言：

Gai. 3, 89. 首先，让我们看看那些产生于合同的债。能够导致债产生的合同一共分为四种，即借由物而形成的合同、凭借言辞而缔结的合同、依靠文书而成立的合同以及通过合意所订立的合同。④

---

① Cfr. Francesco Caringella, *Manuale di Diritto Civile，II. Il Contratto*, DIKE Giuridica Editrice, 2011, p. 26.

② Cfr. Andrea Torrente, Piero Schlesinger, *Manuale di Diritto Privato*, Giuffrè Editore, 2013, p. 481.

③ Ibid.

④ "Et prius videamus de his quae ex contractu nascuntur. Harum quattuor genera sunt: aut enim re contrahitur obligation, aut verbis, aut litteris, aut consensus." See T. Lambert Mears, *Institutes of Gaius and Justinian, the Tewlve Tables, and the CXVIIth and CXXVIIth Novels, with Introduction and Translation*, London: Stevens and Sons, 119, Chancery Lane, 1882, pp. 155, 452. 中文翻译同旨参见〔古罗马〕盖尤斯《法学阶梯》，黄风译，中国政法大学出版社1996年版，第226页。

无独有偶，东罗马帝国优士丁尼皇帝时期所编订的《优士丁尼法学阶梯》中，也存在非常相似的法言：①

I.3,13,2。接下来，债可以分为四种类型：合同之债、准合同之债、侵权之债以及准侵权之债。首先，我们来考察那些源于合同的债。能够导致债产生的合同一共有四种，即通过物的交付所成立的合同、借由言辞所达成的合同、凭借文书所订立的合同以及依靠当事人之间的合意所形成的合同，让我们来对这些合同的具体类型一一进行分析。②

由上述两段法言可知，对于罗马法而言，当事人之间的合意并非合同的必备要素。在罗马法上，缔结合同的方式非常丰富，罗马人既可以通过物的交付及其所有权的移转，例如消费借贷（mutuo）或者非债清偿（in-debito pagamento）的方式缔结合同之债，③ 也可以借由言辞，例如要式口约（stipulatio）的方式，通过程式化的言辞订立合同。④ 罗马人甚至可以文书记载的方式缔结合同之债（obbligazioni contratte mediante scrittura），⑤ 在这种合同之债中，最为重要的是文书本身，而非当事人之间合意是否存在

---

① 当然，这种相似性自然源于《优士丁尼法学阶梯》对《盖尤斯法学阶梯》的继承与借鉴（参见徐国栋《从盖尤斯〈法学阶梯〉到优士丁尼〈法学阶梯〉》，载徐国栋《优士丁尼〈法学阶梯〉评注》，北京大学出版社2011年版，第15—20页），不过这也说明，从古典时代到后古典时代，罗马法在合同分类方面，具有稳定的观念与认知。

② "Sequens diviso in quattuor species deducitur: aut enim ex contractu sun taut quasi ex contractu aut ex maleficio aut quasi ex maleficio. prius est ut de his, quae ex contractu sunt, dispiciamus. harum aeque quattuor species sunt: aut enim re contrahuntur aut verbis aut litteris aut consensus. de quibus singulis dispiciamus." See Thomas Erskine Holland, *The Institutes of Justinian*, Oxford: At the Clarendon Press, 1873, p.143; J. B. Moyle, *The Institutes of Justinian*, Oxford: At the Clarendon Press, 1889, p.132; 中文翻译同旨参见徐国栋《优士丁尼〈法学阶梯〉评注》，北京大学出版社2011年版，第393页。

③ 当然，"非债清偿"这种形式可能更应当被视为准合同，而非合同本身，尽管它在体系上被置于合同之债中。Cfr. Andrea Lovato, Salvatore Puliatti, Laura Solidoro Maruotti, *Diritto Privato Romano*, G. Giappichelli Editore-Torino, 2014, p.479.

④ Cfr. Andrea Lovato, Salvatore Puliatti, Laura Solidoro Maruotti, *Diritto Privato Romano*, G. Giappichelli Editore-Torino, 2014, p.453.

⑤ Ibid., p.474.

以及债务是否真实。① 在以上这三种合同缔结方式中，当事人的合意因素均处于不受关注的状态，换言之，只要存在客观上可以识别的一系列外观，如物的移转、程式化言辞过程的完成或者正式文书的记载，那么合同即告成立，至于当事人之间是否存在真实合意，在所不问。从以上分类可以看出，罗马法意义上的合同，概念意涵非常宽泛。例如，在现代私法中，非债清偿其实系属不当得利的范畴，而在《优士丁尼法学阶梯》中，非债清偿却是一种通过物所订立的合同。在笔者看来，非债清偿之所以能够被纳入合同范畴之内，与其说是因为罗马法将非债清偿拟制为消费借贷合同，① 不如说是由于对罗马法上的合同而言，合意并非必备要素。因此，非债清偿这项移转物之所有权的行为之所以与消费借贷一道被纳入"通过物而缔结的合同"之中，主要还是由于两者在罗马法上所被关注的重点，均系物之移转，并且罗马法承认这种单纯的物之移转行为可以成立合同之债。

但是，合意因素也并非完全为罗马法所排斥。事实上，罗马法上也存在借由合意所订立的合同，其不需要物的移转、程式化言辞以及文书，而仅仅通过当事人之间所达成的协议即可成立，并对缔约各方产生拘束力。② 不过这种通过合意所缔结的合同，仅仅是一种具体的合同类型，而

---

① 正如优士丁尼所言："从前，以书面文件作成的债被说成是由于记账作成的，这样的记账今天已不使用。显然，如果某人写他自己欠着从未对他偿付过的金钱，在很长的时间后，他不能提出未对他偿付任何金钱的抗辩。事实上，这一原则很经常地在敕令中得到规定。（转下页）
（接上页）在今天也是这样处理，只要债务人不能提出争辩，书面文件就有债之约束力。而这种书面文件产生了要求给付之诉，不消说，口头之债是没有的。过去对这一抗辩之行使的时间，根据元首们的敕令，确实给得很长，直至5年，但为免债权人可能被骗走其金钱的时间过长，这一期间由朕的敕令予以缩短，这样，超过了两年的期限，完全不能提出这种抗辩。"参见[古罗马]优士丁尼《法学阶梯》，徐国栋译，中国政法大学出版社1999年版，第378页。

① 有观点认为，非债清偿是被拟制为了消费借贷。证据在于 I. 3, 14, 1 法言中有"从因错误为偿付者接受了债额的人，也通过物缔结了债……事实上，可对他提起'如果他显然必须给付'的要求给付之诉，完全如同他已接受消费借贷一样"之表述（参见徐国栋《优士丁尼〈法学阶梯〉评注》，北京大学出版社2011年版，第397页），不过笔者认为，这一表述仅仅是在提示非债清偿与消费借贷之间的相似性罢了，还不能说非债清偿被直接拟制为了消费借贷。

② See W. W. Buckland, *A Manual of Roman Private Law*, Cambridge: At the University Press, 1953, p. 277.

非具有抽象性的一般合同概念,换言之,对于罗马人而言,蕴含合意因素的合同仅仅是各种具体合同中的一部分,而非全部。同时,还须注意的是,罗马法上的合意合同,只适用于买卖(emptio venditio)、租赁(locatio conductio)、合伙(societas)与委任(mandatum)四种情形,其适用范围非常狭窄。①

除此以外,在罗马法对简约的保护中,也蕴含着对当事人合意的尊重。所谓简约(pactum),是一种非要式的合意性声明,《学说汇纂》中记载了罗马法学家乌尔比安对于简约的说明:

D.2,14,1。简约源于协议(这一词汇与和平具有同一渊源)。②

D.2,14,2。并且简约是两个或者两个以上主体所达成的约定与合意。③

由此可见,在罗马法上,简约本质上是当事人之间所达成的合意,是当事人纯粹依各方意思表示之合致而形成的协议。事实上,在罗马法的语境中,简约几乎可以涵盖任何协议,故而在一定程度上,简约可谓协议的同义词。④ 不过,须予以提示的是,简约在罗马法体系中并不属于合同范畴。在早期罗马法中,简约只能产生不具有法律上强制效力的自然债务(naturalis obligatio),而不能获得市民法上的保护,故而被形象地称为"裸体简约"(nuda pacta)。⑤ 不过,伴随罗马法的发展,部分简约逐渐可以依据古典时期市民法、裁判官法以及皇帝法获得法律上的救济,这部分

---

① Cfr. Antonio Guarino, *Diritto Privato Romano*, Editore Jovene Napoli, 2001, p. 877.

② "Pactum autem a pactione dicitur (inde etiam pacis nomen appellatum est)." See Jusitinian, *The Digest of Justinian*, Latin Text edited by Theodor Mommsen, with the Aid of Paul Krueger, English Translation Editioned by Alan Watson, Vol. I, University of Pennsylvania Press, 1985, p. 62.

③ "Et est pactio duorum pluriumve in idem placitum et consensus." See Jusitinian, *The Digest of Justinian*, Latin Text edited by Theodor Mommsen, with the Aid of Paul Krueger, English Translation Editioned by Alan Watson, Vol. I, University of Pennsylvania Press, 1985, p. 62.

④ See Barry Nicholas, *An Introduction to Roman Law*, Oxford: University Press, 1962, p. 192.

⑤ Cfr. Andrea Lovato, Salvatore Puliatti, Laura Solidoro Maruotti, *Diritto privato romano*, G. Giappichelli Editore - Torino, 2014, p. 560; See Rudolf Sohm, *The Institutes of Roman Law*, Translated by James Crawford Ledlie, Oxford: At the Clarendon Press, 1892, p. 321.

简约被称为"穿衣简约"(pacta vestita)。① 就法律性质而言,简约与合意合同其实并无本质性差异,只是由于合意合同只限于买卖、租赁、合伙与委任四种情形,故而在此四种情形之外所形成的合意性协议,便无法得享合同资格,而只能被冠以简约之名。② 尽管在罗马法上,对于非要式的合意与协议的保护已经初露曙光,不过,合同仍然未能与合意与协议形成观念上的整体性融合,严格来说,合同与协议、合意之间,仅仅是概念意涵上存在交叉的关系而已。

而及至中世纪,教会法则认为,在合同中,真正处于核心地位并且应受重视的因素应当是当事人所做出的允诺以及当事人之间的合意,在此基础上,教会法提出"简约应予严守"(pacta sunt servanda)之格言,从而突破了罗马法的藩篱,而在一定程度上将当事人之间的合意,而非合同形式、物的移转等外观认定为合同之本质。③ 至此,合同作为一种协议,即当事人之间合意的观念便得以初步成形,并逐渐为近代奉行私法自治的欧陆民法所采纳。

当然,部分意大利私法学者认为,在意大利私法上,其实也存在没有协议与合意因素的合同(contratto senza accordo),例如,《意大利民法典》第 1333 条规定:"一项旨在缔结只对要约人产生义务的合同而由要约人所发出的要约,一旦为受要约人所知晓,便具有不可撤回的效力。受要约人可以在事物本质或者习惯所要求的期间内拒绝该要约。受要约人未拒绝的,该合同成立。"④ 根据该条款,"要约人单方债务合同"(contratto con

---

① See Rudolf Sohm, *The Institutes of Roman Law*, Translated by James Crawford Ledlie, Oxford: At the Clarendon Press, 1892, p. 321.

② See Reinhard Zimmermann, *The Law of Obligations: Roman Foundations of the Civilian Tradition*, Oxford University Press, 1996, p. 508.

③ See Harold J. Berman, *Law and Revolution: The Formation of the Western Legal Tradition*, Harvard University Press, 1983, p. 247.

④ "la proposta diretta a concludere un contratto da cui derivino obbligazioni solo per il proponente è irrevocabile appena giunge a conoscenza della parte alla quale è concluso. Il destinatario può rifiutare la proposta nel termine richiesto dalla natura dell'affare o dagli usi. In mancanza di tale rifiuto il contratto è concluso." Cfr. Adolfo Di Majo, *Codice Civile, Con la Costituzione, I Trattati U. E., e le Principali Norme Complementari, Con la Collaborazione di Massimiliano Pacifico*, Dott. A. Giuffrè Editore, 2014, p. 382. 另有中文译本参见费安玲等译《意大利民法典》,中国政法大学出版社 2004 年版,第 324 页。

obbligazioni del solo proponete)① 在受要约人未做出拒绝意思表示时即告成立的情形中,合同中事实上并不存在当事人之间的合意而仅有要约人单方面的意思表示,因此该合同应当系属无合意因素的合同。② 不过,这项解释在《意大利民法典》体系中却难谓妥当。首先,根据《意大利民法典》第 1321 条之规定,合同系属当事人之间的合意与协议,乃法律所明文规定之定义,因此,在规范意义上,合同中必须蕴含合意;③ 其次,《意大利民法典》第 1325 条将当事人之间的合意明文规定为合同的构成要件,这意味着,欠缺合意的合同,并非真正意义上的合同;④ 最后,《意大利民法典》第 1418 条第 2 款则在法律效果层面上规定,倘若合同欠缺合意,则合同便会归于无效,这进一步凸显了在意大利私法中,合意对于合同的不可或缺性。⑤ 一言以蔽之,在意大利私法上,合同必须蕴含合意,无合意即无合同。

因此,在法律解释层面上,《意大利民法典》第 1333 条所规定之要约人单方债务合同,在受要约人未做出拒绝意思表示即告成立的情形中,应当理解为受要约人以沉默的方式做出了接受要约人要约的意思表示,从而与要约人就合同成立达成了合意,而不应将其解释为无合意因素的合同。受要约人沉默所隐含的意思表示源于规范意义上的拟制,其目的是在合意原则的框架下通过特殊的技术手段补正欠缺合意的合同。恰如意大利私法学家弗朗切斯科·卡林格拉所言,在意大利私法上,欠缺合意的事物不是合同——严格来说,欠缺合意的合同并非无效合同,而是根本就不存在的合同,当然,在法律所许可的范围内,合意可以借由特殊的程序或者其他手段予以补正。⑥

---

① Cfr. Adolfo Di Majo, *Codice Civile, Con la Costituzione, I Trattati U. E., e le Principali Norme Complementari, Con la Collaborazione di Massimiliano Pacifico*, Dott. A. Giuffrè Editore, 2014, p. 382.

② Cfr. Francesco Caringella, *Manuale di Diritto Civile, II. Il Contratto*, DIKE Giuridica Editrice, 2011, p. 27.

③ Cfr. Giorgio Cian, Alberto Trabucchi, *Commentario Breve al Codice Civile*, CEDAM, 2014, p. 1424.

④ Ibid., p. 1438.

⑤ Ibid., p. 1715.

⑥ Cfr. Francesco Caringella, *Manuale di Diritto Civile, II. Il Contratto*, DIKE Giuridica Editrice, 2011, pp. 28-29.

二 合同是以财产法律关系为内容的协议

在意大利私法上，尽管合同是一种协议，但却不可以据此认为一切协议均为合同。根据《意大利民法典》第 1321 条之规定，合同乃是以财产法律关系为限的协议，换言之，合同仅以财产法律关系为内容，故而当事人以非财产法律关系为标的所达成之合意，不在合同之列。[1]

所谓财产法律关系，是指以财产为中心所展开的法律关系。在意大利私法上，财产（i beni），系指"能够充当权利客体的物[2]（le cose che possono oggetto di diritti）"，在解释上既包括有体财产，即动产与不动产；也包括无体财产，如专利、外观设计、实用新型等。[3] 须予以提示的是，与日本和我国台湾地区不同，意大利并未将债权直接纳入财产的范畴之中，[4] 在《意大利民法典》中也只有合同转让（cessione del contratto），而没有债权让与之提法，而所谓合同转让，其旨趣在于维持合同同一性的前提下，令合同外第三人得以进入特定合同关系中，成为合同当事人，享有特定权利或者承担特定义务。[5] 严格来说，依意大利私法，合同转让的并非作为财产的债权，而系合同当事人处于特定合同之下的法律地位或者说法律状态。

此外，在意大利私法上，还有所谓"未来物（i beni futuri）"（或称"未来财产"）的概念。[6] 依据意大利私法理论，未来物是指目前尚未

---

[1] Cfr. Francesco Caringella, *Manuale di Diritto Civile*, *II. Il Contratto*, DIKE Giuridica Editrice, 2011, p. 31.

[2] Cfr. Francesco Caringella, Luca Buffoni, Francesca Della Valle, *Codice Civile e Delle Leggi Civili Speciali*, *Annotato Con la Giurisprudenza*, Dike Giuridica Editrice, 2014, p. 299.

[3] Cfr. Francesco Caringella, *Manuale di Diritto Civile*, *V. I Diritti Reali*, DIKE Giuridica Editrice, 2014, p. 3.

[4] 在日本与我国台湾地区，债权常常作为与物权并立的财产权类型。比较有意思的是，尽管日本与我国台湾地区以继受德意志私法为特征，但现代德意志私法并不强调债权概念，而更为强调"债务关系"之概念。参见於保不二雄《債権総論》，有斐閣 1972 年版，第 4 页；施启扬：《民法总则》，三民书局 2015 年版，第 53 页；Vgl. Hans Brox/Wolf-Dietrich Walker, *Allgemeiners Schuldrecht*, 38. Aufl., 2014, S. 7ff.

[5] Cfr. Guido Alpa, *Il Contratto in Generale*, Giuffrè Editore, 2014, pp. 136-137.

[6] Cfr. Stefania Cervelli, *I Diritti reali*, Giuffrè Editore, 2014, p. 5.

产生，但在可预见的将来会产生之物，① 如尚未生产但按计划能够生产出来的工业品，尚未产生但在可预见的将来会产生的水果等。而根据《意大利民法典》第1348条之规定，民事主体能够以未来物为标的订立合同，只不过依据《意大利民法典》第1472条之规定，在以未来物为标的物的买卖合同中，唯有未来物转化为现实物之际，买受人方可取得物的所有权。职是之故，对于意大利私法而言，能够成为合同内容的财产法律关系包括动产法律关系、不动产法律关系、知识产权等无体财产法律关系，以及较为特殊的未来物法律关系。当然，以合同本身为对象的合同转让法律关系，亦属财产法律关系之范畴，只是其属于广义的财产法律关系（rapporto giuridico patrimoniale），而非"beni"意义上的财产法律关系。

三 合同是一种导致特定财产法律关系产生、变更或者消灭的法律事实

市民社会中人与人之间的关系具有丰富多彩的特点，其可以涉及情感，也可能涉及利益、便利或者满足文化需求等内容，不过有一种关系，譬如债权人与债务人之间的关系，人们却能够本能地发现这种关系与其他社会生活关系并不相同。② 与其他社会生活关系不同，债之关系受客观法律（diritto oggettivo）的支配，在这一框架中，债权人享有要求债务人偿付债务的主观权利（diritto soggettivo），同时债务人也负有义务向债权人清偿债务。③ 以此类推，类似债之关系的一切法律关系（raporto giuridico），其实本质上都是法律秩序所调整的主体之间的关系。④

不过，人与人之间的社会生活关系也并非都是法律关系，法律关系的诞生与嬗变必须依赖于一定的法律事实，唯有特定法律事实（fatti giuridici）之发生，方可导致特定法律关系的产生、变更与消灭。⑤

在意大利私法上，通常认为，法律事实作为引起特定法律关系产生、

---

① Cfr. Stefania Cervelli, *I Diritti reali*, Giuffrè Editore, 2014, pp. 5-6.
② Cfr. Andrea Torrente, Piero Schlesinger, *Manuale di Diritto Privato*, Giuffrè Editore, 2013, p. 73.
③ Ibid.
④ Ibid.
⑤ Cfr. Pietro Trimarchi, *Istituzioni di Diritto Privato*, Giuffrè Editore, 2014, p. 52.

变更或者消灭的特定事实，可以大致分为两类，即严格意义上的事实（i fatti in senso stretto）与人之行为（atti umani）。① 所谓严格意义上的事实，即不以人之意志为转移的纯粹事实，例如，出生、河道的自然更改、建筑物的倒塌等；而所谓人之行为，则是人类基于自身的主观意志而实施的一系列行为，如轻率驾车行为、通知债务人清偿的行为等。② 对于人之行为而言，还可以进一步作细化分类，分为不法行为（atti illeciti）与合法行为（atti leciti），所谓不法行为，是指违反法定义务（doveri giuridici）的行为；而所谓合法行为，则是指与法律秩序相契合的行为（atti conformi alle norme dell'ordinamento giuridico）。③ 其中，合法行为又可以分为交易性行为（atti negoziali）与非交易性行为（atti negoziali），所谓交易性行为，是指个人依据私法自治，而借由意思表示与他人设立、变更或者消灭法律关系，从而调整自身与他人之间利益的行为；交易性行为有时仅因个人的单方意思表示即可发生预期的法律效果，如《意大利民法典》第1989条所规定的对普罗大众所做出的承诺（promessa al pubblico），④ 有时则需要多个意思表示的参与。⑤ 交易性行为在很大程度上便是意大利私法理论所言之"法律行为"（negozio giuridico）。⑥ 而所谓非交易性行为，则是指不以创设、变更或者消灭法律关系为目的，但会产生一定具有法律意义的事实的行为，如住所或者经常居住地的变更行为、对物的占有、对物的加工行为、拾得遗失物的行为等。⑦

在此法律事实的框架中，合同属于交易性行为（法律行为），其作为一项法律事实，乃双方或者多方当事人，以设立、变更或者消灭特定财产法律关系为旨趣所达成的协议。⑧

---

① Cfr. Pietro Trimarchi, *Istituzioni di Diritto Privato*, Giuffrè Editore, 2014, p. 52.

② Ibid.

③ Ibid.

④ Cfr. Adolfo Di Majo, *Codice civile, Con la Costituzione, I Trattati U. E., e le Principali Norme Complementari, Con la Collaborazione di Massimiliano Pacifico*, Dott. A. Giuffrè Editore, 2014, p. 454.

⑤ Cfr. Pietro Trimarchi, *Istituzioni di Diritto Privato*, Giuffrè Editore, 2014, p. 52.

⑥ Ibid.

⑦ Ibid., pp. 52-53.

⑧ Cfr. C. Massimo Bianca, *Istituzioni di Diritto Privato*, Dott. A. Giuffrè Editore, 2014, p. 357.

第二章

合同类型

合同法是意大利私法核心内容之一。仅就《意大利民法典》而言，从第1321条到第1986条，共计666条的内容，均与合同直接相关，若加上与合同密切相关的债之总论部分的条文（第1173—1320条），则宽泛意义上的合同法条文多达814条，规模堪称巨大。[①] 不过，与丰富的合同实践相比，合同法条文反而相形见绌，其缘故在于，合同法所直接规定的内容，主要涉及合同事项的指引性与禁止性内容，合同的具体内容，仍然主要依循合同自由原则确定。[②] 合同在诸多领域，诸如买卖、租赁、委托等等，均获得广泛运用，而依据不同标准，则可以对意大利私法上的各种合同予以合理分类。

第一节 典型合同与非典型合同

一 典型合同的概念

所谓典型合同（contratti tipici），是指由法律所提供并且规定的一系列经常出现的、有特定名称的合同，如买卖合同、委任合同、租赁合同等；而所谓非典型合同（contratti atipici），是指当事人依据合同自由原则，所

[①] Cfr. Adolfo Di Majo, *Codice Civile*, Con la Costituzione, I Trattati U. E., e le Principali Norme Complementari, Con la Collaborazione di Massimiliano Pacifico, Dott. A. Giuffrè Editore, 2014, pp. 365-454.

[②] Cfr. Francesco Galgano, *Il Negozio Giuridico*, Dott. A. Giuffrè Editore, 2002, p. 44.

订立的典型合同以外的其他合同。①

在意大利私法上,典型合同主要规定于《意大利民法典》之中。《意大利民法典》在第四编第三章"特别的各种合同"一章中,总共规定了26种典型合同,包括买卖合同、附证券返还义务的证券转让合同、互易合同、估价合同、供应合同、租赁合同、承揽合同、运输合同、委托合同、代理合同、居间合同、存管合同、基于合意的第三人保管合同、使用借贷合同、消费借贷合同、往来账户合同、银行合同、永久年金合同、终身年金合同、保险合同、赌博合同、保证合同、委托贷款合同、不动产典质合同、和解合同以及财产让与债权人合同。② 除民法典以外,部分民事特别法也会规定典型合同,例如消费合同(规定于单独的消费条例中)、农业合同(规定于单独的耕地发展条例中)等。③ 一言以蔽之,凡是由实证法律所命名的,由实证法提供具体规范的合同,均为典型合同。

二 典型合同的类型

(一) 买卖合同

在意大利合同法上,所谓买卖合同(vendita/compravendita),是指一方移转物的所有权或者其他权利给对方,而对方报之以价款的合同,换言之,买卖合同,是一方以移转物的所有权或者其他权利,从而获得价款为目的;另一方则是以支付价款,从而获得物的所有权或者其他权利为目的的合同。④ 根据《意大利民法典》的规定,买卖合同包括动产买卖合同、不动产买卖合同、遗产买卖合同、权利买卖合同以及未来物买卖合同。⑤ 其中,须予以释明的是,所谓权利买卖合同,是指合同标的并非物

---

① Cfr. Pietro Trimarchi, *Istituzioni di Diritto Privato*, Giuffrè Editore, 2014, p. 255.

② Cfr. Adolfo Di Majo, *Codice Civile, con la Costituzione, I Trattati U. E., e le Principali Norme Complementari, Con la Collaborazione di Massimiliano Pacifico*, Dott. A. Giuffrè Editore, 2014, pp. 395-454; 费安玲等译:《意大利民法典》,中国政法大学出版社2004年版,第356—464页。

③ Cfr. Adolfo Di Majo, *Codice Civile, Con la Costituzione, I Trattati U. E., e le Principali Norme Complementari, Con la Collaborazione di Massimiliano Pacifico*, Dott. A. Giuffrè Editore, 2014, pp. 805, 877.

④ Cfr. Giulio Perrotta, *Manuale di Diritto Privato*, Pe Primiceri Editore, 2016, p. 540; Giorgio Cian, Alberto Trabucchi, *Commentario Breve al Codice Civile*, CEDAM, 2014, p. 1861.

⑤ Cfr. Adolfo Di Majo, *Codice Civile, Con la Costituzione, I Trattati U. E., e le Principali Norme Complementari, Con la Collaborazione di Massimiliano Pacifico*, Dott. A. Giuffrè Editore, 2014, pp. 400-405.

之所有权,而是其他权利(如除所有权以外的其他物权或者债权等)的买卖合同。① 而所谓未来物买卖合同,是指以现在不存在,但将来会产生之物为标的物的买卖合同,对于未来物买卖合同而言,自未来物转变为现实存在之物时起,买受人方可取得物之所有权,而倘若未来物是树木或者土地出产物,则自树被砍伐或者出产物被收割时起,买受人取得物之所有权。②

(二) 附证券返还条件的证券让与合同

所谓附证券返还条件的证券让与合同,是指出让人将某种有价证券的所有权以特定价格出让给受让人,同时,受让人负担在规定期间届满时,返还出卖人相同数量并且相同种类之有价证券的所有权的义务的合同。③ 其中,买受人向出卖人返还相同数量并且相同种类的有价证券相当于买受人所支付的价款,而该价款,可以根据约定而增加或者减少。④ 此外,根据《意大利民法典》第1549条的规定,附证券返还条件的证券让与合同可以通过证券的交付而使合同得到补正。⑤

(三) 互易合同

根据《意大利民法典》第1552条之规定,所谓互易(permuta),是指合同一方当事人与另一方当事人所缔结的,以相互让与自己之物的所有权或者其他权利为目的之合同。⑥ 互易合同与买卖合同十分相似,只不过在买卖合同中,存在金钱这种一般等价物;而对于互易合同而言,金钱并未参与其中,互易合同的双方当事人只是各自以自己所有的特定物所有权或者其他权利,去交换对方所有的特定物所有权或者其他权利罢了。也正因为如此,《意大利民法典》第1555条规定,买卖合同的规则,可以在不与互易合同的规则或者性质相抵触的情况下,适用于互易合同,换言

---

① Cfr. Giorgio Cian, Alberto Trabucchi, *Commentario Breve al Codice Civile*, CEDAM, 2014, p. 1661.

② Cfr. Giulio Perrotta, *Manuale di Diritto Privato*, Pe Primiceri Editore, 2016, p. 541.

③ Cfr. Massimiliano Di Pirro, *Manuale di Istituzioni di Diritto Privato (Diritto Civile)*, SIMONE, 2017, p. 591.

④ Ibid.

⑤ Cfr. Giorgio Cian, Alberto Trabucchi, *Commentario Breve al Codice Civile*, CEDAM, 2014, p. 1950.

⑥ Ibid.

之，互易合同可以类推适用买卖合同之规则。①

（四）估价合同

在意大利合同法上，所谓估价合同（contratto estimatorio），是指合同一方当事人将一个或者多个动产让与给另一方当事人，而受领交付的当事人对交付动产的当事人负担支付价款义务，但保有在约定时间内退还财产的权利的合同。② 这意味着，在估价合同中，出让人应当将约定的动产交付给受让人，而受让人则负有向出让人支付价款的义务，只是与普通的买卖合同相比，估价合同中的受让人享有在约定时间内退还财产的权利，而一旦受让人退还财产，其也将被免除相应的价款支付义务。不过，根据《意大利民法典》第 1558 条之规定，倘若受让人所受领的财产受到损害，以至于受让人尽管想返还财产，却也无能为力，则即使财产受损是因不可归责于受让人的原因所致，受让人也将继续负担价款支付义务，③ 换言之，一旦出让人所交付之物在受让人支配期间存在毁损灭失的情形，则受让人将因无法完好无损地返还财产而必须支付价款给出让人，这意味着受让人将会丧失货物退回权。不过，受让人将继续享有该动产的所有权。

（五）供应合同

所谓供应合同（sommistrazione），根据《意大利民法典》第 1559 条之规定，是指合同一方当事人自合同相对人处获得一定数量的价款，从而定期或者持续性地向合同相对人提供特定货物的合同。④ 供应合同分为定期供应型合同与长期供应型合同，所谓定期供应（prestazioni periodiche），是指供应人在合同约定的特定时间，向接受供应的合同相对人提供特定货物的情形，例如，饲料供应商每周给牧场供应一定数量与规格的饲料；而所谓持续供应（prestazioni continuative），是指供应人在合同约定的期间内持续不断地向接受供应的合同相对人提供特定货物的情形，例如，天然气

---

① Cfr. Giorgio Cian, Alberto Trabucchi, *Commentario Breve al Codice Civile*, CEDAM, 2014, p. 1952.

② Ibid., p. 1953.

③ Cfr. Francesco Caringella, Luca Buffoni, Francesca Della Valle, *Codice Civile e Delle Leggi Civili Speciali, Annotato Con la Giurisprudenza*, Dike Giuridica Editrice, 2014, p. 1285.

④ Cfr. Giorgio Cian, Alberto Trabucchi, *Commentario Breve al Codice Civile*, CEDAM, 2014, p. 1954.

公司向用户提供天然气的情形，或者电力公司向用户供应电的情形。[1]

（六）租赁合同

《意大利民法典》第1571条规定："所谓租赁，是指一方负担将某一动产或者不动产在一定期间内交给另一方使用的义务，并获得一定数量费用的合同"[2]，据此可知，与买卖合同不同，租赁合同仅仅以在一定期间内出租人将动产或者不动产的使用权让与承租人，而承租人以一定数量的金钱作为回报为内容，而并不以移转物的所有权为旨趣。

不过，值得注意的是，在罗马法上，租赁合同本身却是脱胎于买卖合同。例如，《盖尤斯法学阶梯》便指出，租赁规则类似于买卖，[3] 而《优士丁尼法学阶梯》也提道："租赁合同，与买卖合同一道，受相同法律规则的支配"[4]，优士丁尼甚至指出，在特定情况下，买卖合同与租赁合同事实上是难以区分的，例如，倘若以租赁合同的名义约定出租人将自己所有的土地永久性的出租给承租人，那么此时租赁合同究竟是一种租赁合同，还是买卖合同便存在疑问。[5] 当然，与罗马法相比，现代民法意义上的租赁概念所涵盖的范围更为狭窄。较之于现代民法中的租赁而言，罗马法上的租赁（locatio et conductio）在内涵方面更为丰富，其包含现代民法意义上的承揽、雇用等内容。在拉丁语中，"locatio"源于"locare"，意思是"安放"，而"conductio"源于"conducere"，意思是"取走"，因此，"locatio et conductio"也就引申为安放者（locator），即出租人，将租赁之物安放于某处，而供取走者（conductor），即承租人驱策之意。[6] 意

---

[1] Cfr. Massimiliano Di Pirro, *Manuale di Istituzioni di Diritto Privato (Diritto Civile)*, SIMONE, 2017, p. 592.

[2] Cfr. Giorgio Cian, Alberto Trabucchi, *Commentario Breve al Codice Civile*, CEDAM, 2014, p. 1961.

[3] Vgl. Ulrich Manthe (Hrsg.), *Gaius Institutiones (Die Institutionen Des Gaius)*, 2. Aufl., 2010, S. 276-277; See T. Lambert Mears, *The Institutes of Gaius and Justinian, the Tewlve Tables, and the CXVIIth and CXXVIIth Novels, with Introduction and Translation*, London: Stevens and Sons, 119, Chancery Lane, 1882, p. 172.

[4] Vgl. Rolf Knütel/Berthold Kupisch/Sebastian Lohsse/Thomas Rüfner, *Corpus Iuris Civilis, Die Institutionen: Text und Übersetzung*, 3. Aufl., 2013, S. 194.

[5] Ibid., S. 195-196.

[6] See Reinhard Zimmermann, *The Law of Obligations: Roman Foundations of the Civilian Tradition*, Oxford University Press, 1996, pp. 338-339.

大利罗马法学者安东尼奥·瓜里诺（Antonio Guarino）认为，罗马法上的租赁是指：第一，出租人负有一项债务，这项债务的内容是维持承租人在一定期间内得以对特定法律客体（determinato oggeto giuridico）予以使用的状态；第二，承租人负有一项债务，这项债务的内容是，在租赁期间届满后，无论是为了自己的利益，还是出于对出租人利益之考虑，均须按照约定的时间与方式将租赁客体归还给出租人；第三，在租赁合同中获益的一方负有向另一方支付一定报酬（该报酬相当于其获益）的债务。① 仅就基本内容来看，罗马法上的租赁与现代民法并无太大差异，真正的差异其实主要在租赁的客体方面。现代民法通常认为，租赁的客体为有体物，包括动产与不动产；② 而罗马人则认为，租赁的客体，不仅可以是有体物，也可以是无形之物，如服务、劳动等，故而现代民法语境中的服务合同、雇用合同等在罗马法中也被纳入了租赁的范畴。③ 也正因为如此，德国学者克努特尔等人将拉丁语"locatio et conductio"一词翻译为"Miete, Pacht, Dienst-und Werkvertrag"，意为出租、承租、服务与雇用合同。④

在《意大利民法典》中，除普通的动产、不动产租赁之外，还具体规定了城市不动产租赁与可以产生孳息的物之租赁两种租赁类型。所谓城市不动产租赁（la locazione di fondi urbani），是指以城市住宅为租赁客体的租赁，其最大特点在于不同于一般租赁的租赁期间。⑤《意大利民法典》第1573条规定，除法律另有规定外，租赁期间不得超过30年，即使当事人之间根据约定所达成的租赁期间超过30年，甚至是永久租赁，法律也只承认该租赁合同的租赁期间为30年，换言之，超过30年的部分无效。⑥ 由此

---

① Cfr. Antonio Guarino, *Diritto Privato Romano*, Editore Jovene Napoli, 2001, pp. 901-902.

② Cfr. Massimiliano Di Pirro, *Manuale di Istituzioni di Diritto Privato (Diritto Civile)*, SIMONE, 2017, p. 595.

③ See Reinhard Zimmermann, *The Law of Obligations: Roman Foundations of the Civilian Tradition*, Oxford University Press, 1996, p. 338.

④ Vgl. Rolf Knütel/Berthold Kupisch/Sebastian Lohsse/Thomas Rüfner, *Corpus Iuris Civilis, Die Institutionen: Text und Übersetzung*, 3. Aufl., 2013, S. 194.

⑤ Cfr. Giorgio Cian, Alberto Trabucchi, *Commentario Breve al Codice Civile*, CEDAM, 2014, p. 2025.

⑥ Cfr. Adolfo Di Majo, *Codice Civile, Con la Costituzione, I Trattati U. E., e le Principali Norme Complementari, Con la Collaborazione di Massimiliano Pacifico*, Dott. A. Giuffrè Editore, 2014, p. 407.

可见，意大利合同法上的一般租赁期间最长不得超过30年。不过，倘若租赁客体为城市住宅，则根据《意大利民法典》第1607条之规定，该租赁合同的租赁期间可以延续至承租人死亡后2年，换言之，对于城市住宅租赁而言，倘若承租人能够活到合同成立生效之日起30年以上，则该租赁合同期间不受30年期间的限制。①

而所谓可以产生孳息的物之租赁（l'affitto），是指承租人自出租人处租赁可以产生孳息的物（包括动产或者不动产），根据物的经济用途与自身的生产性利益，对租赁物予以管理，并且取得租赁物的孳息或者其他利益的租赁。所谓可以产生孳息的物（cosa produttiva），是指能够产生其他物或者收益的物，例如，能够分娩小马的母马，能够产出牛奶的奶牛，能够结出苹果的苹果树等。在《意大利民法典》中，最为重要的可以产生孳息的物是农业用地（fondi rustici），因为农业用地能够生产粮食等农作物，对于佃农而言是其安身立命之所，故而《意大利民法典》将农业用地租赁作为可以产生孳息的物之租赁的典型情形予以规定，并设置了一系列特殊规定保护佃农的权益。例如，《意大利民法典》第1628条规定，农业用地租赁期间不得低于行业规则所确定的最低期限，倘若约定的租赁期间低于行业规则所规定的期间，则约定的租赁期间延展至行业规则所规定的期间。② 又如，《意大利民法典》第1629条规定，用于种植树木的土地的租赁，其租赁期间最长可达99年，这十分有利于树农，也有利于国家的环境保护。③ 再如，《意大利民法典》第1636条规定，倘若农业用地租赁期间为1年，而在这1年期间内，承租人因意外事件而蒙受损失，在其损失达到应收获农作物数量的1/2以上时，其可以主张减少租金，不过租金的减少额不得超过原有租金的1/2。从以上条款可以看出，农业用地租赁中的承租人在意大利合同法上受到了特别保护。④

（七）承揽合同

根据《意大利民法典》第1655条之规定，所谓承揽（l'appalto），是

---

① Cfr. Adolfo Di Majo, *Codice Civile, Con la Costituzione, I Trattati U. E., e le Principali Norme Complementari, Con la Collaborazione di Massimiliano Pacifico*, Dott. A. Giuffrè Editore, 2014, p. 410.

② Cfr. Giorgio Cian, Alberto Trabucchi, *Commentario Breve al Codice Civile*, CEDAM, 2014, p. 2033.

③ Ibid., p. 2074.

④ Ibid., p. 2082.

指合同一方当事人通过必要的经营管理，并且负担相应的经营风险，而向另一方当事人交付工作成果或者提供服务，以此获取金钱对价的合同。①承揽合同广泛存在于社会生活中，例如，玉石商人请玉石工匠将自己的一块玉石雕刻成玉龙，家具经销商请家具制造商将经销商所提供的木料加工为特定类型的家具等。在意大利合同法上，承揽合同的最大特点是，承包商依据合同而必须向合同相对人交付一定的工作成果或者提供一定的服务，并且履行合同的风险，由承包商一方承担。②

（八）运输合同

《意大利民法典》第1678条规定："运输合同是指，承运人以获取对价为目的，负担将人或者物由一地运送至另一地之债务的合同"③，由此可见，运输合同本质上属于服务合同，承运人所付出的，其实是无形的服务，具体而言，即将特定的人或者货物由某地运送至另一地的服务，而非拥有实体形态的商品。此外，由《意大利民法典》第1678条规定可知，意大利合同法上的运输合同，既可以是以人为对象的运输合同，也可以是以货物为标的的运输合同，前者被称为客运（trasporto di persone）合同，后者则被称为货物运输（trasporto di cose）合同。④

（九）委托合同

根据《意大利民法典》第1703条之规定，所谓委托合同（mandato），是指合同一方当事人受另一方当事人之托，而负担特定债务（该债务的内容是该当事人为另一方当事人利益，而实施一项或者多项法律上行为）的合同。⑤在委托合同中，将自己之事，委托他人代行的当事人，为委托人（mandante）；而接受委托人委托，并为委托人之利益而实施一项或者多项

---

① Cfr. Adolfo Di Majo, *Codice Civile, Con la Costituzione, I Trattati U. E., e le Principali Norme Complementari, Con la Collaborazione di Massimiliano Pacifico*, Dott. A. Giuffrè Editore, 2014, p. 414.

② Cfr. Massimiliano Di Pirro, *Manuale di Istituzioni di Diritto Privato (Diritto Civile)*, SIMONE, 2017, p. 600.

③ Cfr. Adolfo Di Majo, *Codice Civile, Con la Costituzione, I Trattati U. E., e le Principali Norme Complementari, Con la Collaborazione di Massimiliano Pacifico*, Dott. A. Giuffrè Editore, 2014, p. 418.

④ Ibid., p. 419.

⑤ Cfr. Giorgio Cian, Alberto Trabucchi, *Commentario Breve al Codice Civile*, CEDAM, 2014, p. 2199.

法律行为的当事人,为受托人(mandatario)。① 在意大利合同法上,委托人可以将自己之事委托受托人代行之,不过并非一切之事均可委托,从《意大利民法典》第1703条的规定来看,可委托之事项,限于法律上行为(atti giuridici),即具有法律意义之行为,具体而言,包括意思表示(dichiarazione di volontà)或者其他意志表达(la prestzione)、法律行为(negozi giuridici)以及其他并非法律行为的意志自由行为(atti volontari non negoziali)。② 此外,须予以注意的是,在意大利合同法上,委托合同的形式非常灵活,受托人可以获得委托人的代理权,而以委托人名义行事,也可以不从委托人处取得代理权,直接以自己名义开展各项活动,前者被称为"有代理权的委托"(mandato con rappresentanza),后者则被称为"无代理权的委托"(mandato senza rappresentanza)。③

(十)代理合同(商事代理合同)

根据《意大利民法典》第1742条之规定,所谓代理合同(contratto di agenzia),是指合同一方当事人为另一方当事人的利益,而在特定地区稳定而持续地履行促成合同订立之义务的合同。在意大利合同法上,应当注意区分代理合同与一般意义上的代理(rappresentanza)。一般意义上的代理属于合同一般规则,其是法律或者利益相关人将代理权授予特定当事人,从而使特定当事人充当代理人的制度,④ 而一旦特定当事人经由授权而获得代理权,成为代理人,则代理人便可以被代理人的名义,为被代理人的利益在授权范围内订立合同,该合同直接对被代理人发生法律效力,换言之,被代理人将成为代理人所订立合同的合同一方当事人。⑤ 而代理

---

① Cfr. Massimiliano Di Pirro, *Manuale di Istituzioni di Diritto Privato（Diritto Civile）*, SIMONE, 2017, p. 609.

② Cfr. Giorgio Cian, Alberto Trabucchi, *Commentario Breve al Codice Civile*, CEDAM, 2014, pp. 2199-2200.

③ Cfr. Adolfo Di Majo, *Codice Civile, Con la Costituzione, I Trattati U. E., e le Principali Norme Complementari, Con la Collaborazione di Massimiliano Pacifico*, Dott. A. Giuffrè Editore, 2014, p. 422; Massimiliano Di Pirro, *Manuale di Istituzioni di Diritto Privato（Diritto Civile）*, SIMONE, 2017, p. 609.

④ Cfr. Francesco Galgano, *Il Negozio Giuridico*, Dott. A. Giuffrè Editore, 2002, p. 397.

⑤ Cfr. Francesco Galgano, *Il Negozio Giuridico*, Dott. A. Giuffrè Editore, 2002, p. 408; Adolfo Di Majo, *Codice Civile, Con la Costituzione, I Trattati U. E., e le Principali Morme Complementari, Con la Collaborazione di Massimiliano Pacifico*, Dott. A. Giuffrè Editore, 2014, p. 387.

合同则是一种具体的典型合同类型，对于代理合同中的代理人而言，其既可能是享有代理权（potere di rappresentanza）的，以被代理人名义订立合同的代理人，也可能是没有代理权，但依据代理合同，而享有在特定地区的排他性独占商事代理权（diritto di esclusiva）的代理人。[1] 与一般意义上的代理相比，代理合同具有较强的商事特征，代理合同中的代理人无须享有合同一般规则中的代理权，也不必以被代理人的名义订立合同；代理合同中的代理人享有更大的自主权，同时，其所享有的代理权限也更为稳定。[2] 从这一点来看，为了与"rappresentanza"相区别，"contratto di agenzia"翻译为"商事代理合同"，似乎更为贴切。

（十一）居间合同

所谓居间合同（mediazione），是指当事人作为中介人，为了撮合合同的订立而将两个或者多个主体联系到一起的合同。[3] 居间合同广泛存在于不动产与动产的买卖、租赁等活动中。所谓居间人，根据《意大利民法典》第 1754 条之规定，不得与其撮合的双方或者多方当事人之间存在合作、隶属或者代理关系，其缘故在于避免利益冲突，同时减少居间人与合同一方当事人通谋，损害另一方当事人利益的风险。[4] 通常来说，居间人会分别与潜在的合同各方当事人订立居间合同，然后在合同各方当事人之间进行撮合活动，最后，一旦促进潜在的合同各方当事人达成合同，则居间人可以依据居间合同之约定，而向达成合同的各方当事人收取一定数量的佣金。[5]

（十二）存管合同

所谓存管合同（deposito），根据《意大利民法典》第 1766 条之规定，

---

[1] 所谓排他性独占商事代理权，是指被代理人不得在同一地区与同一行业领域同时设立多个代理人，而作为享有排他性独占商事代理权的代价，代理人也必须负担竞业禁止义务，不得在同一地区与同一行业领域内接受多个具有竞争关系的被代理人的业务。Cfr. Giorgio Cian, Alberto Trabucchi, *Commentario Breve al Codice Civile*, CEDAM, 2014, p. 2257.

[2] Cfr. Giorgio Cian, Alberto Trabucchi, *Commentario Breve al Codice Civile*, CEDAM, 2014, p. 2250.

[3] Cfr. Massimiliano Di Pirro, *Manuale di Istituzioni di Diritto Privato（Diritto Civile）*, SIMONE, 2017, p. 613.

[4] Ibid.

[5] Cfr. Giorgio Cian, Alberto Trabucchi, *Commentario Breve al Codice Civile*, CEDAM, 2014, p. 2291.

是指合同一方当事人接受另一方当事人的动产，对该动产予以保管，并且在必要时返还该动产的合同。① 在意大利合同法上，存管合同具有三大特点：第一，存管合同具有要物性（reale），具体而言，存管合同不能仅依当事人之间的合意而成立，其必须在寄存人将作为存管合同标的物的动产交付保管人之后，方可成立；第二，存管合同具有持续性（durata），具体而言，存管合同中的保管人须连续不断地提供保管服务；第三，存管合同具有非形式性（non formale），具体而言，存管合同的成立不以书面合同的存在为必要，书面的存管合同并非存管合同的成立要件，而只是证明其存在的强有力证据而已。② 此外，还须注意的是，根据《意大利民法典》第1767条之规定，存管合同原则上应当推定为无偿合同，不过，倘若根据保管人的职业（例如，保管人为职业保管人，以接受存管为业）或者其他情况而应当可以推知保管人并非无偿提供存管服务的，则存管合同应当认定为有偿合同。

（十三）基于合意的第三人保管合同

根据《意大利民法典》第1789条之规定，所谓基于合意的第三人保管合同（sequestro convenzionale），是指两个或者两个以上的当事人，将存在争议的一个或者多个物交给第三人保管，待争议解决之后，再由第三人将被保管之物交还给应当取得该物的人的合同。③ 基于合意的第三人保管合同是一种比较具有意大利特色的典型合同，"sequestro"原本在意大利语中是"扣押"之意，不过基于合意的第三人保管合同则并无扣押的意涵，而是指当特定主体之间就特定物存在争议时，为公平起见，争议各方同意将物交由争议各方之外的第三人保管的情形，一旦争议各方的争议得以消弭，则第三人即依照合同，将被保管之物，交给应当获得该物的一方当事人。从功能上看，基于合意的第三人保管合同发挥着类似诉讼法中财产保全的功能。

（十四）使用借贷合同

所谓使用借贷合同（comodato），是指合同一方当事人将特定物交给

---

① Cfr. Sandro Merz, *Formulario Commentato Dei Contratti*, CEDAM, 2014, p. 1119.

② Cfr. Massimiliano Di Pirro, *Manuale di Istituzioni di Diritto Privato (Diritto Civile)*, SIMONE, 2017, p. 607.

③ Cfr. Sandro Merz, *Formulario Commentato dei Contratti*, CEDAM, 2014, p. 1159.

另一方当事人，以便其在一定期间内或者根据物的用途而使用该物，同时，使用物的一方负有在合同期间届满或者特定目的满足时将物返还给对方当事人义务的合同。① 在使用借贷合同中，将物交给他人使用的人为出借人（comodante），而自他人处接受物，并使用物的人，为借用人（comodatario）。② 使用借贷合同的特点在于，借用人使用出借人之物，不应造成该物的毁损灭失与变形，待合同期间届满，根据物的用途应当返还物，或者在未约定期间且无法根据物的用途确定期间而出借人请求返还出借之物时，借用人应当将物完好无损地返还给出借人。③ 在意大利合同法上，使用借贷合同为无偿合同，其客体既可以是动产，也可以是不动产。④ 此外，与存管合同相同，使用借贷合同也是要物合同，合同自出借人将物交付给借用人之时起成立。⑤

（十五）消费借贷合同

根据《意大利民法典》第 1813 条之规定，所谓消费借贷合同（mutuo），是指合同一方当事人将金钱或者其他种类物交付给另一方当事人，嗣后另一方当事人向其返还相同种类和相同质量的物的合同。⑥ 与使用借贷合同相同，消费借贷合同也是要物合同，合同自出借方将物交付至借方处方告成立。不过，消费借贷合同与使用借贷合同也存在明显不同：消费借贷合同的标的物为金钱或者其他种类物，借方自出借人处借到金钱或者其他种类物之后，通常会消耗它们，而借方只需在债务履行期届满时返还出借人相同种类与相同质量的物或者相同数量的金钱即可；而使用借贷合同的标的物通常为不可消耗之物，借用人在使用标的物的过程中，不得造

---

① Cfr. Giorgio Cian, Alberto Trabucchi, *Commentario Breve al Codice Civile*, CEDAM, 2014, p. 2326.

② Cfr. Massimiliano Di Pirro, *Manuale di Istituzioni di Diritto Privato (Diritto Civile)*, SIMONE, 2017, p. 615.

③ Cfr. Giorgio Cian, Alberto Trabucchi, *Commentario Breve al Codice Civile*, CEDAM, 2014, pp. 2326, 2332.

④ Cfr. Francesco Caringella, Luca Buffoni, Francesca Della Valle, *Codice Civile e Delle Leggi Civili Speciali, Annotato Con la Giurisprudenza*, Dike Giuridica Editrice, 2014, p. 1406.

⑤ Cfr. Massimiliano Di Pirro, *Manuale di Istituzioni di Diritto Privato (Diritto Civile)*, SIMONE, 2017, p. 615.

⑥ Cfr. Sandro Merz, *Formulario Commentato Dei Contratti*, CEDAM, 2014, p. 1193.

成物的毁损灭失或者变形，借用人在返还标的物时，必须保证标的物的完满性。此外，使用借贷合同属于无偿合同，而根据《意大利民法典》第1815条之规定，消费借贷合同，除非当事人之间有相反的意思表示，其原则上应当是附有利息的有偿合同。①

（十六）往来账户合同

所谓往来账户合同（conto corrente），是指合同双方当事人将相互往来的债权计入账户中，直到账户中的所有债权清算前不得清偿或者处分被计入账户中债权的合同。② 在意大利合同法上，往来账户合同属于典型的商事合同，《意大利民法典》第1824条规定："往来账户合同只在企业主之间产生，与企业无关的债权不得计入该账户"③，这表明，唯有企业主（imprenditore），即以生产、交换或者提供服务为目的，具有组织性地从事职业经济活动的人，方享有订立往来账户合同的法律资格。④ 同时，往来账户中的债权，也仅限于可以抵消的企业债权，个人消费债权等其他债权不得记载于账户之中。⑤ 此外，还须注意的是，往来账户合同因存在开户、结算等方面的需要，故而常常伴随有银行活动的介入，因此，尽管在《意大利民法典》的体系安排上，往来账户合同并未被纳入银行合同的范畴，但因往来账户合同的商事性质与金融属性，在《意大利民法典》"银行合同"部分，专门设置"银行在往来账户中的运作"（《意大利民法典》第1852—1857条）一节，以规范银行介入往来账户合同的行为。⑥

---

① Cfr. Giorgio Cian, Alberto Trabucchi, *Commentario Breve al Codice Civile*, CEDAM, 2014, p. 2340.

② Ibid., p. 2343.

③ Cfr. Adolfo Di Majo, *Codice Civile, Con la Costituzione, I Trattati U. E., e le Principali Norme Complementari, Con la Collaborazione di Massimiliano Pacifico*, Dott. A. Giuffrè Editore, 2014, p. 436.

④ Cfr. Francesco Caringella, Luca Buffoni, Francesca Della Valle, *Codice Civile e Delle Leggi Civili Speciali, Annotato Con la Giurisprudenza*, Dike Giuridica Editrice, 2014, p. 1746.

⑤ Cfr. Giorgio Cian, Alberto Trabucchi, *Commentario Breve al Codice Civile*, CEDAM, 2014, p. 2343.

⑥ Cfr. Massimiliano Di Pirro, *Manuale di Istituzioni di Diritto Privato (Diritto Civile)*, SIMONE, 2017, p. 621; Adolfo Di Majo, *Codice Civile, Con la Costituzione, I Trattati U. E., e le Principali Norme Complementari, Con la Collaborazione di Massimiliano Pacifico*, Dott. A. Giuffrè Editore, 2014, pp. 439-440.

（十七）银行合同

所谓银行合同（contratti bancari），是指与银行业务活动有关的一系列合同的总称，其特点在于合同的一方当事人必定为银行。[1]《意大利民法典》第1834—1860条，分别规定了银行存款合同（depositi bancari）、银行保险箱服务合同（servizio bancario delle cassette di sicurezza）、银行信贷开立合同（apertura di credito bancario）、银行预付贷款合同（anticipazione bancaria）、银行在往来账户中的行为（operazioni bancarie in conto corrente）以及银行贴现行为（sconto bancario）。[2] 意大利合同法上的银行合同属于典型的商事合同。

（十八）永久年金合同

所谓永久年金合同（rendita perpetua），是指合同一方当事人将不动产或者一定数量的金钱转让给另一方当事人，从而获得自受领不动产或者金钱一方当事人处定期主张给付一定数额的金钱或者其他替代物权利的合同。[3] 永久年金合同具有投资与信托属性，在永久年金合同中，一方当事人将自己的不动产或者金钱转移至另一方当事人名下，另一方当事人即享有不动产的所有权与金钱所有权；与此同时，获得不动产所有权或者金钱所有权的当事人也负担定期给付给合同相对人一定数额金钱或者其他替代物的义务；一言以蔽之，移转不动产或者金钱所有权的一方当事人以将不动产或金钱所有权让渡给另一方当事人为对价，而从对方那里获得了定期收益权。根据移转标的物种类的不同，永久年金合同可以分为简单年金合同（rendita semplice）与不动产年金合同（rendita fondiaria），前者是指通过移转一定数量金钱所有权而订立的永久年金合同，后者是指通过移转特定不动产所有权而缔结的永久年金合同。[4]

（十九）终身年金合同

所谓终身年金合同（rendita vitalizia），是指通过动产、不动产的有偿

---

[1] Cfr. Massimiliano Di Pirro, *Manuale di Istituzioni di Diritto Privato（Diritto Civile）*, SIMONE, 2017, p. 619.

[2] Cfr. Adolfo Di Majo, *Codice Civile, Con la Costituzione, I Trattati U. E., e le Principali Norme Complementari, Con la Collaborazione di Massimiliano Pacifico*, Dott. A. Giuffrè Editore, 2014, pp. 437-440.

[3] Cfr. Sandro Merz, *Formulario Commentato Dei Contratti*, CEDAM, 2014, p. 1351.

[4] Cfr. Adolfo Di Majo, *Codice Civile, Con la Costituzione, I Trattati U. E., e le Principali Norme Complementari, Con la Collaborazione di Massimiliano Pacifico*, Dott. A. Giuffrè Editore, 2014, p. 440.

转让，或者资金的移转而设立的，受益人或者他人在其生存期间内有权定期向义务人领取一定收益的合同。① 值得注意的是，在意大利私法上，终身年金既可以合同的形式设立，也可以赠与或者遗嘱的方式设立，② 因此，在以赠与或者遗嘱的方式设立终身年金的情形中，应当遵守赠与或者遗嘱的规定。③ 终身年金合同与永久年金合同极为相似，不同之处在于，在主体方面，终身年金合同可以为多个人设立，也可以为第三人利益设立；而在标的方面，终身年金合同也可以通过动产的有偿转让而设立。④

（二十）保险合同

根据《意大利民法典》第1882条之规定，所谓保险合同（assicurazione），是指保险人对支付保费的被保险人，在约定范围内对被保险人因意外所蒙受的损失承担赔偿责任，或者因与人的寿命有关的事件的发生，而负担支付金钱或者给付年金义务的合同。⑤ 在意大利合同法上，保险合同也属于典型的商事合同。

（二十一）赌博合同

在意大利合同法上，所谓赌博合同（giuoco e scommessa），是指以赌博或者打赌债务的给付为内容的合同。⑥ 赌博合同本身有害于善良风俗，因此原则上，根据《意大利民法典》第1933条第1款之规定，即使当事人依据自己的真实意思而订立赌博合同，但赌博合同中的获胜一方也并不

---

① Cfr. Sandro Merz, *Formulario Commentato Dei Contratti*, CEDAM, 2014, p. 1357.

② 在《意大利民法典》的编排体系中，赠与并没有被规定于合同部分，而是单独被规定于继承编之中。严格来说，在意大利私法上，赠与并非合同。不过，值得注意的是，根据《意大利民法典》第769条之规定，赠与仍然被定义为一种"合同"（contratto）。因此，综合来看，赠与并非《意大利民法典》合同部分意义上的"经济合同"，而是归属于家庭法体系中基于慷慨所成立的协议。Cfr. Adolfo Di Majo, *Codice Civile*, *Con la Costituzione*, *I Trattati U. E.*, *e le Principali Norme Complementari*, *Con la Collaborazione di Massimiliano Pacifico*, Dott. A. Giuffrè Editore, 2014, p. 309.

③ Cfr. Giorgio Cian, Alberto Trabucchi, *Commentario Breve al Codice Civile*, CEDAM, 2014, p. 2379.

④ Cfr. Massimiliano Di Pirro, *Manuale di Istituzioni di Diritto Privato (Diritto Civile)*, SIMONE, 2017, p. 629.

⑤ Ibid., p. 622.

⑥ Cfr. Giorgio Cian, Alberto Trabucchi, *Commentario Breve al Codice Civile*, CEDAM, 2014, p. 2432.

享有诉权（mancanza di azione），① 换言之，赌博合同中的获胜一方在法律上并无请求失败一方按照合同约定做出给付的权利。不过，尽管赌博合同之债并无诉讼法意义上的诉权，但仍然属于自然债务（obbligazione naturale）之列，② 因此，根据《意大利民法典》第1933条第1款与第2款的规定，倘若赌博合同并未为法律所禁止，同时赌博合同并无任何欺诈因素，并且赌博债务已经为义务人所自愿履行的，则赌博失败一方无权索回赌资。不过仍须注意的是，倘若给付赌博债务的人为无行为能力人，则其仍然享有索回赌资的权利。不过，根据《意大利民法典》第1935条之规定，政府所许可的彩票合同，中彩人可以享有法律上的诉权。③

（二十二）保证合同

所谓保证合同（fideiussione），是指债之关系以外的第三人向债权人担保债务人履行债务的合同。④ 在意大利合同法上，保证合同系属担保手段之一，其主要功能在于为债务人提供信用担保，从而维护债权人的利益，减小债权人获得债务履行的风险。根据《意大利民法典》第1944条之规定，在保证合同中，保证人与主债务人对债务履行负担连带债务；⑤ 而所谓连带债务（obbligazione solidale），根据《意大利民法典》第1292条之规定，是指多个债务人对同一项给付负担全部履行义务的债务，并且，基于债务的连带性（solidarietà），连带债务中的任何一个债务人（或者多个债务人）都可以被强制履行全部债务，而一旦被强制要求履行连带债务的债务人完成给付，则全体债务人的债务即告消灭。⑥ 因此，在保证合同中，保证人与主债务人原则上均为主债务的连带债务人，债权人既可以向保证人主张债务履行，也可以向主债务人主张债务履行，甚至可

---

① Cfr. Francesco Caringella, Luca Buffoni, Francesca Della Valle, *Codice Civile e Delle Leggi Civili Speciali, Annotato Con la Giurisprudenza*, Dike Giuridica Editrice, 2014, p. 1459.

② Cfr. Andrea Torrente, Piero Schlesinger, *Manuale di Diritto Privato*, Giuffrè Editore, 2013, p. 365.

③ Cfr. Adolfo Di Majo, *Codice Civile, Con la Costituzione, I Trattati U. E., e le Principali Norme Complementari, Con la Collaborazione di Massimiliano Pacifico*, Dott. A. Giuffrè Editore, 2014, p. 449.

④ Cfr. Sandro Merz, *Formulario Commentato dei Contratti*, CEDAM, 2014, p. 1371.

⑤ Cfr. Giorgio Cian, Alberto Trabucchi, *Commentario Breve al Codice Civile*, CEDAM, 2014, pp. 2446-2447.

⑥ Cfr. Alberto Trabucchi, *Istituzioni di Diritto Civile*, CEDAM, 2013, pp. 711-712.

以同时向保证人与主债务人一并主张债务履行。不过,《意大利民法典》第 1944 条第 2 款规定:"保证合同双方当事人可以约定,在主债务人做出给付之前,保证人可以不履行保证债务。在此情形中,债权人倘若起诉保证人并且主张诉讼利益的,则债权人应当指明主债务人为履行债务所提供的财产"①,这表明,保证人也可以通过约定,获得顺序上的利益,具体而言,倘若保证合同中存在《意大利民法典》第 1944 条第 2 款中所规定的当事人约定,则保证人便可以在债权人请求主债务人履行债务,并且获得满足之前,拒绝债权人所提出的履行保证债务的请求。②

(二十三) 委托贷款合同

根据《意大利民法典》第 1958 条之规定,所谓委托贷款合同 (mandato di credito),是指一个民事主体接受他人委托,并为委托人利益,以委托人名义承担向第三人发放贷款义务的合同。③ 委托贷款合同本质上是委托合同与保证合同的一种结合,④ 在委托贷款合同中,委托人向受托人发出指令,委托受托人向第三人发放贷款,与此同时,委托人也须就该未来债务(第三人偿还受托人本息之债务)负担保证责任。⑤

(二十四) 不动产典质合同

所谓不动产典质合同 (anticresi),根据《意大利民法典》第 1960 条之规定,是指债务人或者第三人将不动产交付债权人以担保债权实现的合同。⑥ 在不动产质押合同存续期间内,债权人占有作为质物的不动产,并且有权收取该不动产所产生的孳息。⑦

---

① Cfr. Adolfo Di Majo, *Codice Civile, Con la Costituzione, I Trattati U.E., e le Principali Norme Complementari, Con la Collaborazione di Massimiliano Pacifico*, Dott. A. Giuffrè Editore, 2014, p. 450.

② 这与我国民法中的先诉抗辩权制度有异曲同工之妙。

③ Cfr. Adolfo Di Majo, *Codice Civile, Con la Costituzione, I Trattati U.E., e le Principali Norme Complementari, Con la Collaborazione di Massimiliano Pacifico*, Dott. A. Giuffrè Editore, 2014, p. 452.

④ Cfr. Sandro Merz, *Formulario Commentato Dei Contratti*, CEDAM, 2014, p. 1407.

⑤ Cfr. Massimiliano Di Pirro, *Manuale di Istituzioni di Diritto Privato (Diritto Civile)*, SIMONE, 2017, p. 519.

⑥ Cfr. Giorgio Cian, Alberto Trabucchi, *Commentario Breve al Codice Civile*, CEDAM, 2014, p. 2468.

⑦ Cfr. Massimiliano Di Pirro, *Manuale di Istituzioni di Diritto Privato (Diritto Civile)*, SIMONE, 2017, p. 530.

(二十五) 和解合同

所谓和解合同（transazione），是指双方当事人相互妥协，从而终止已经开始的诉讼或者防止未来发生诉讼的合同。[1] 严格来说，和解合同应当是属于民事诉讼法意义上的合同，而非纯粹的民事合同，一旦诉讼双方，或者有可能发生诉讼的双方，通过平等协商与相互妥协，就双方的利益关系进行了调整，并达成了终止诉讼或者防止未来发生诉讼的合意，则和解合同即告生效，合同双方将退出正在进行的诉讼，或者不得就同一事项另行起诉而在诉讼中提出异议。不过，须予以注意的是，和解合同属于要式合同，根据《意大利民法典》第1350条与第1967条之规定，和解合同必须有书面形式的证明，该书面形式证明应当以公证书或者私证书的形式做成。[2]

(二十六) 财产让与债权人合同

所谓财产让与债权人合同（cessione dei beni ai creditori），是指债务人将自己的财产转让给自己的多个债权人或者其中的一些债权人，并委托其清算自己的全部或者部分财产，并在债权人之间分配收益，以便清偿债权的合同。财产让与债权人合同是要式合同，其必须具有书面形式，倘若欠缺书面形式，则合同无效。[3] 在财产让与债权人合同中，债务人是财产让与人，债权人群体是财产受让人，一旦债务人将自己的财产转让给债权人群体，则债务人不得支配这些财产，但是债务人有权对债权人的清算活动，尤其是账目予以监督。[4] 此外，债务人也可以通过向缔结合同或者加入合同的债权支付本金与利息的方式解除合同，解除自支付之日起生效。[5]

---

[1] Cfr. Giorgio Cian, Alberto Trabucchi, *Commentario Breve al Codice Civile*, CEDAM, 2014, p. 2469.

[2] Ibid., p. 2481.

[3] Cfr. Massimiliano Di Pirro, *Manuale di Istituzioni di Diritto Privato（Diritto Civile）*, SIMONE, 2017, pp. 529-530.

[4] Ibid., p. 530.

[5] Cfr. Adolfo Di Majo, *Codice Civile, Con la Costituzione, I Trattati U. E., e le Principali Norme Complementari, Con la Collaborazione di Massimiliano Pacifico*, Dott. A. Giuffrè Editore, 2014, p. 454.

三 非典型合同的概念

非典型合同并无实证法所规定的正式名称，也没有约束它们的具体且成体系的法律条文，因此，与典型合同相比，非典型合同具有更大的灵活性，非典型合同的当事人享有更大范围的自由。自 19 世纪末以来，由于金融技术的发展以及工商业运营方式的嬗变，借由对美国合同模型的继受，意大利私法上的非典型合同获得了极大发展，融资租赁（locazione finanziaria）、保理（factoring）、特许经营（affiliazione commerciale）、建设工程（engineering）、项目融资（project financing）、物流（logistica）等非典型合同大量涌现，极大地丰富了意大利私法上的合同类型。[1] 有的时候，非典型合同往往是不同典型合同的一种结合，例如物流合同，其本质上乃是一方负担组织和保证货物在原产地与使用地之间流动，以满足收货方在合理时间和恰当地点受领一定数量货物需要，从而获得经济乃至金融效益的合同，在物流合同，不仅有运输合同的内容，也有保管合同等其他典型合同的内容。[2] 当然，并非所有非典型合同都是典型合同的组合，有的非典型合同只有一部分内容属于典型合同，其他部分则不属于典型合同，甚至有的非典型合同中没有任何典型合同的因素。[3] 服务合同是最为常见的非典型合同。[4]

四 区分典型合同与非典型合同的意义

区分典型合同与非典型合同的实益主要体现在法律适用方面。《意大利民法典》第 1322 条确立了合同自由原则，该条文授权合同当事人可以依循自身意志，自由地规定合同内容；同时，合同当事人也可以突破民法典所规定的典型合同框架体系，自由地缔结并未为法律所直接规定的其他类型的合同，因此，从这一条文可以看出，意大利合同法所奉行的合同自由原则包含"内容自由"与"类型自由"两个方面的内容。[5] 当然，这种

---

[1] Cfr. Pietro Trimarchi, *Istituzioni di Diritto Privato*, Giuffrè Editore, 2014, p. 255.

[2] Ibid., pp. 255-256.

[3] Ibid., p. 256.

[4] Ibid.

[5] Cfr. Giorgio Cian, Alberto Trabucchi, *Commentario Breve al Codice Civile*, CEDAM, 2014, p. 1428.

合同自由原则也是有限制的,其内容自由受到法律与行业规则的制约,合同当事人只能在法律和行业规则所许可的范围内约定合同内容;而类型自由则必须以实现法律所保护的利益为前提,换言之,合同当事人缔结非典型合同,不得损害法律所保护的利益。[1] 此外,根据《意大利民法典》第1323条之规定,典型合同应当适用合同的一般规定以及针对该典型合同的特别规定,而对于非典型合同而言,尽管法律并未设置特别规定,但非典型合同也必须遵循民法典所设置的合同一般规定。[2]

第二节 其他有关合同的分类

一 有偿合同与无偿合同

以合同利益的获得有无对价为标准,可以将合同大致分为有偿合同与无偿合同两类。

(一) 有偿合同

所谓有偿合同(contratti a titolo oneroso),是指合同一方自另一方获益,是以自己向对方让渡其他利益为代价的合同。[3] 例如,在买卖合同中,出卖人自买受人处可以获得价款,但其获得价款的代价是必须将特定物的所有权让与买受人;在租赁合同中,承租人自出租人处可以在一定期间取得对动产或者不动产的使用权与收益权,但代价却是,其必须向出租人支付一定数额的租金。

(二) 无偿合同

所谓无偿合同(contratti a titolo gratuito),是指合同一方基于慷慨而履行合同义务,并且仅承担较不严格的合同责任的合同。[4] 通常而言,在无偿合同中,合同一方负担给付义务,而另一方却并不负有对待给付义务。

---

[1] Cfr. Giorgio Cian, Alberto Trabucchi, *Commentario Breve al Codice Civile*, CEDAM, 2014, p. 1428.

[2] Cfr. Francesco Caringella, Luca Buffoni, Francesca Della Valle, *Codice Civile e Delle Leggi Civili Speciali, Annotato Con la Giurisprudenza*, Dike Giuridica Editrice, 2014, p. 887.

[3] Cfr. Pietro Trimarchi, *Istituzioni di Diritto Privato*, Giuffrè Editore, 2014, pp. 256-257.

[4] Ibid., p. 257.

例如，在赠与合同中，赠与人负担为受赠人利益而处分自己某项权利或者承担某项义务，而使受赠人获益的义务，但与之相对应的是，受赠人一方却并不需要做出回报，其无须对赠与人做出对待给付行为。

(三) 区分有偿合同与无偿合同的意义

从比较法的角度来看，合同的有偿性其实不仅具有合同分类的意义，甚至具有合同概念建构的意义。

例如，在英美合同法上，传统见解认为，合同原则上都应当是有偿的，这种有偿性体现为合同法的对价主义。所谓对价主义（the doctrine of consideration），是指唯有存在对价的非契据合同，[①] 对于合同各方而言才是具有约束力的合同，具体而言，在合同中，唯有当事人之间存在利益交换的情形时，合同对于双方当事人而言才具有法律拘束力，倘若该不具有特定形式的合同只是单务合同，则该合同中所蕴含的基于慷慨的允诺，无法直接产生法律约束效力。[②] 而依据对价主义，在英美合同法中，唯有有偿合同——恰如著名合同法学者 Treitel 所言："对价必须蕴含一些价值"（consideration must be of some value）[③]——方可约束合同双方当事人，倘若合同系属单务的无偿合同，例如，赠与合同，则唯有在符合"禁反言"规则（estoppel），即只有在受允诺方因信赖做出允诺一方而已经实施合理行为，从而改变了自身处境的情况下，方可具有法律约束力以及强制执行效力。[④] 从这一点来说，英美合同法主要不是从合同所蕴含的"合意"要素来建构合同，而是从合同所具有"有偿性"要素来建构合同的，在传统英美合同法中，合同并非单纯的协议，而是"能够被强制执行的协议"（enforceable agreement）；[⑤] 因此，赠与合同等无偿合同在不具有契据（deed）形式的情况下，甚至不应当被视为严格意义上的合同。

[①] 倘若合同具有契据形式（deed），则该合同甚至不需要对价便可具有法律约束力与强制执行效力。See Joseph Chitty, H. G. Beale, *Chitty on Contracts*, Volume I, General Principles, Thomson Reuters (Legal) Limited, 2008, p. 72.

[②] See P. S. Atiyah, Stephen A. Smith, *Atiyah's Introduction to the Law of Contract*, Oxford University Press, 2005, pp. 106 - 107; Neil Andrews, *Contract Law*, Cambridge University Press, 2011, p. 125.

[③] See G. H. Treitel, Edwin Peel, *The Law of Contract*, Sweet & Maxwell, 2011, p. 85.

[④] See Neil Andrews, *Contract Law*, Cambridge University Press, 2011, p. 121.

[⑤] See G. H. Treitel, Edwin Peel, *The Law of Contract*, Sweet & Maxwell, 2011, p. 1.

而在《意大利民法典》中，有偿合同与无偿合同在体系设置上也非常具有特点。尽管《意大利民法典》第 769 条规定，赠与乃是一方当事人基于慷慨，为合同相对人利益而处分自己某一权利、承担某种义务或者采取其他方式，而使合同相对人受益的合同（contratto），从而以明文规定的方式，明确了赠与的合同性质，[①] 但非常耐人寻味之处在于，赠与作为一种具体的合同类型，并未规定于债编项下的"各种合同"一节之中，而是作为继承编的一章，被置于继承法之中。[②] 从形式逻辑的角度来看，将赠与置于继承编之中显然难以自圆其说，其缘故在于，继承通常而言被视为因死亡事件的发生而导致的死者权利移转给他人的事实，[③] 但是，遗嘱继承却与赠与在一定程度上具有异曲同工之妙，两者均是无偿使他人受益的法律行为，所不同之处仅仅在于遗嘱继承为单方法律行为，并以被继承人死亡为继承开始的条件，而赠与则系属合同，并且受赠人获得利益并不以赠与人死亡为条件。[④] 有鉴于此，《意大利民法典》将赠与单列出来，规定于"继承"编之中，位列"遗嘱继承"与"遗产分割"两章之后，以凸显赠与和继承相类似的无偿性质。《意大利民法典》所选择的体系设置，不仅在形式上昭示作为无偿合同的赠与和其他有偿合同不同，并且在具体的规则设计上也使赠与合同与众不同。例如，《意大利民法典》第 789 条规定："赠与人在陷于给付不能或者给付迟延的情况下，唯有其存在故意或者重大过失时才承担法律责任"[⑤]，这表明，尽管赠与被定性为合同，但赠与人无须负担一般意义上的债务不履行责任（responsabilità del debitore），[⑥] 具体而

[①] Cfr. Giorgio Cian, Alberto Trabucchi, *Commentario Breve al Codice Civile*, CEDAM, 2014, p. 633.

[②] Cfr. Adolfo Di Majo, *Codice Civile, Con la Costituzione, I Trattati U.E., e le Principali Norme Complementari, Con la Collaborazione di Massimiliano Pacifico*, Dott. A. Giuffrè Editore, 2014, pp. 271, 309.

[③] Cfr. C. Massimo Bianca, *Istituzioni di Diritto Privato*, Dott. A. Giuffrè Editore, 2014, p. 819.

[④] Cfr. Francesco Galgano, *Diritto Privato*, CEDAM, 2013, p. 922.

[⑤] Cfr. Francesco Caringella, Luca Buffoni, Francesca Della Valle, *Codice Civile e Delle Leggi Civili Speciali, Annotato Con la Giurisprudenza*, Dike Giuridica Editrice, 2014, p. 293.

[⑥] 《意大利民法典》第 1218 条所规定的债务不履行责任，以债务人无法证明导致债务不履行发生的原因不应当归责于自己为构成要件，而《意大利民法典》第 789 条对赠与人负担债务不履行责任的条件仅为赠与人存在故意或者重大过失的情形，较之于《意大利民法典》第 1218 条规定的债务不履行责任，要宽松得多。Cfr. Francesco Caringella, Luca Buffoni, Francesca Della Valle, *Codice Civile e Delle Leggi Civili Speciali, Annotato Con la Giurisprudenza*, Dike Giuridica Editrice, 2014, pp.293, 695.

言，在赠与合同履行过程中，倘若因赠与人的一般过失导致赠与合同发生给付不能或者给付迟延的情况，受赠人不得以《意大利民法典》第1218条为根据，主张赠与人应当承担债务不履行责任，而唯有赠与人故意不履行赠与合同或者赠与人因重大过失而不履行赠与合同时，受赠人方可以《意大利民法典》第1218条为据，请求赠与人负担相应的法律责任。[1] 由此可见，在意大利合同法上，作为无偿合同的赠与合同，较之于有偿合同而言，实际上仅使债务人（赠与人）负担并不严格的合同责任（responsabilità contrattuale meno rigorosa）。[2] 这是赠与合同的无偿性质所衍生出的推论——对于合同双方当事人而言，责任承担与利益获取成正比，利益获取越多，则责任越重；利益取得越少，则责任越轻；倘若几乎没有利益可言，那么责任便应当尽量予以减轻，并且在责任成立上应当设置异常严格的构成要件。

二　单务合同、双务合同与共同目的合同

（一）单务合同

在意大利合同法上，所谓单务合同（contratti unilaterali），是指在合同关系中，只有一方承担债务的合同，例如，在《意大利民法典》第769条所规定的赠与合同中，唯有赠与人承担单方面的赠与义务，而受赠人则没有任何义务；又如，在《意大利民法典》第1766条所规定的存管合同中，原则上，唯有存管方负担存管义务，而寄存一方则并无对待给付义务。[3] 须予以注意的是，单务合同并非单独行为（negozio giuridico unilaterle）。[4] 所谓单独行为，系指当事人以自己的单独意思表示即可导致特定法律效果发生的法律行为，例如遗嘱、抛弃、撤销、授权，[5] 其与单务合同相比存在两大区别：第一，两者性质不同。单务合同属于合同，而单独行为则并非合同，其是一种独立的法律行为类型。[6] 第二，两者成立

---

[1]　Cfr. Alberto Trabucchi, *Istituzioni di Diritto Civile*, CEDAM, 2013, p.579.

[2]　Cfr. Pietro Trimarchi, *Istituzioni di Diritto Privato*, Giuffrè Editore, 2014, p.257.

[3]　Ibid.

[4]　Ibid.

[5]　Cfr. Alberto Trabucchi, *Istituzioni di Diritto Civile*, CEDAM, 2013, pp.102-103.

[6]　Cfr. Pietro Trimarchi, *Istituzioni di Diritto Privato*, Giuffrè Editore, 2014, p.257; Alberto Trabucchi, Istituzioni di diritto civile, CEDAM, 2013, p.102.

要件不同。尽管单务合同只有合同一方承担义务，但在成立方面，仍然需要合同双方当事人意思表示一致方可成立，具体而言，单务合同的成立，一般来说，仍旧通过一方当事人提出要约，另一方当事人做出承诺的方式实现；① 而单独行为则并不需要双方当事人意思表示一致，只需当事人一方做出意思表示即可成立。②

（二）双务合同

在意大利合同法上，所谓双务合同［contratti a prestazioni corrispettive（sinallagmatici）］，是指合同中的双方均各自负担一定的义务，并且一方所负给付义务乃相对方所负给付义务之回应（la prestazione di una parte è corrispettiva di quella della controparte）③，换言之，合同双方所负义务，均以其相对人负担相应的义务为基础与前提，一方所为给付应为另一方所为给付之报酬（remunerazione）。④

在意大利合同法上，双务合同非常普遍，诸如买卖、互易、租赁、有偿存管合同等，都属于双务合同。双务合同具有自身的一系列特点。

第一，双务合同不同于单务合同，单务合同中，唯有一方当事人负担义务，而在双务合同中，双方当事人均须对对方负担一定义务，而这种当事人双方均须负担对待给付义务的关系，在意大利合同法上，被称为"牵连性"（sinallagma）。⑤

第二，双务合同不应与有偿合同相混淆，诚然，每一个双务合同都是有偿合同，但并非每一个有偿合同都是双务合同，譬如集体合同，尽管系属有偿合同，却并非双务合同。⑥

第三，基于双务合同中当事人之间互负对待给付义务的特点，《意大利民法典》为双务合同设置了一系列独具特色的权利制度，首先，双务合同当事人享有不履行抗辩权，根据《意大利民法典》第1460条之规定，在双务合同的履行过程中，一方当事人不履行或者不同时履行自己义务的，则参加缔约的任何一方当事人均可以拒绝履行自己的义务；其次，根

---

① Cfr. Pietro Trimarchi, *Istituzioni di Diritto Privato*, Giuffrè Editore, 2014, p. 257.
② Cfr. Alberto Trabucchi, *Istituzioni di Diritto Civile*, CEDAM, 2013, p. 103.
③ Cfr. Pietro Trimarchi, *Istituzioni di Diritto Privato*, Giuffrè Editore, 2014, p. 257.
④ Cfr. C. Massimo Bianca, *Istituzioni di Diritto Privato*, Dott. A. Giuffrè Editore, 2014, p. 366.
⑤ Cfr. Pietro Trimarchi, *Istituzioni di Diritto Privato*, Giuffrè Editore, 2014, p. 257.
⑥ Ibid.

据《意大利民法典》第1186条之规定，在明确债务履行期有利于债务人的条件下，倘若债务人欠缺偿付能力，因债务人自己的行为而致使担保财产减少，或者债务人未按照约定提供担保的，则债权人可以请求债务人立刻履行其义务；再次，根据《意大利民法典》第1453条之规定，在双务合同中，倘若一方当事人不履行义务，则对方当事人可以选择请求其继续履行合同，也可以选择解除合同，并且这种选择并不会影响不履行合同一方损害赔偿责任的成立；最后，根据《意大利民法典》第1463条之规定，在双务合同中，因突然发生的不可归责于债务人原因的履行不能，从而导致其作为合同一方被免除给付义务的，该合同当事人不得请求对待给付，并且应当依据不当得利返还的规定，返还其已经获得的给付。①

（三）共同目的合同

所谓共同目的合同（contratti a struttura associativa），是指合同当事人为一个共同目的（scopo comune）而给付物或者服务的合同。② 例如，倘若多个承包商各自具有自身优势，则这多个承包商可以订立一份共同目的合同，合同的内容是参与合同的各方各自向发包商给付相应的商品或者服务，以便契合发包商的要求。在共同目的合同中，并不存在双务合同所具有的"双务性"因素，各合同当事人所做出的给付并不构成其他合同当事人给付的对待给付，合同当事人之间仅仅是职能分工与利润分配关系，因此，共同目的合同不能适用双务合同基于其"双务性"所产生的规则。③

（四）区分单务合同、双务合同与共同目的合同的意义

在意大利合同法上，单务合同、共同目的合同与双务合同的最大区别在于，双务合同中的合同当事人之间具有牵连关系（sinallagma），具体而言，双务合同中的合同当事人之间所负担的给付义务，各自分别构成对方所负给付义务的对待给付以为。而在单务合同中，仅一方当事人负担义务；共同目的合同中，尽管各方当事人均负有给付义务，但各方当事人所负担的给付义务之间不具有牵连关系，换言之，共同目的合同各方当事人的给付义务并不构成其他当事人给付义务的对待给付义务。正因为如此，

---

① Cfr. Pietro Trimarchi, *Istituzioni di Diritto Privato*, Giuffrè Editore, 2014, p. 258.

② Ibid.

③ Ibid.

单务合同与共同目的合同中的当事人便不能享有双务合同中当事人依据牵连关系所享有的不履行抗辩权，也不能适用《意大利民法典》第1453条、《意大利民法典》第1463条等专为双务合同而设计的规则与条款。

三　交换合同与给付不确定合同

双务合同可以分为交换合同与给付不确定合同。兹分述如下。

（一）交换合同

所谓交换合同（contratti commutativi），是指双务合同中的给付存在现实的交换关系的合同，这种交换关系并未考虑风险（rischio）因素，恰如意大利著名民法学家比安卡所言，交换合同中的给付"不依赖于偶然事件，其已经获得确定或者取决于第三人的决定"[1]，换言之，在正常条件下，一方当事人做出给付之后，另一方当事人必须也做出一定给付，以此回报对方。[2]

（二）给付不确定合同

所谓给付不确定合同（contratti aleatori），或者亦可称为射幸合同，是指双务合同中，至少一方当事人做出给付，以具有偶然性事件的发生为前提的合同，换言之，在这种合同中，一方当事人做出给付后，另一方当事人所为之给付并不确定，其给付取决于具有一定概率性的事实之发生。[3] 例如，甲将一定财产让与乙，与之相应的是，乙负担支付甲年金的义务，但乙所承担的支付年金的义务在数额上并不确定，因为这取决于甲究竟能够活多久。[4] 除此以外，《意大利民法典》第1933条所规定的赌博合同，《意大利民法典》第1882条所规定的保险合同，《意大利民法典》第1531条所规定的附期限债券让予合同，《意大利民法典》第1472条所规定的未来物买卖合同等，合同一方当事人所付出的给付或者能够获得的给付，均具有不确定性。[5]

---

[1] Cfr. C. Massimo Bianca, *Istituzioni di Diritto Privato*, Dott. A. Giuffrè Editore, 2014, p. 367.

[2] Cfr. Pietro Trimarchi, *Istituzioni di Diritto Privato*, Giuffrè Editore, 2014, p. 259.

[3] Cfr. C. Massimo Bianca, *Istituzioni di Diritto Privato*, Dott. A. Giuffrè Editore, 2014, p. 367.

[4] Ibid., p. 259.

[5] Ibid.

四 继续性合同与定期合同

所谓继续性合同或者定期合同（contratti ad esecuzione continuata o periodica），是指在合同履行过程中，债权人需求伴随时间的推移而延伸（un bisogno del creditore che si estende anch'esso nel tempo）的合同，诸如劳动合同、供应合同、租赁合同、借用合同、存管合同、保险合同等。① 继续性合同或者定期合同是一种与时间密切相关的合同，部分合同，例如买卖合同，便不太可能成为继续性合同或者定期合同，其缘故在于，买卖合同一旦订立之后，买卖双方所负担的给付义务便已经确定了——出卖人应当将标的物所有权移转给买受人，而买受人则应当支付合同所约定的价款，即使是分期付款，买受人的价款支付义务也是确定的；而在继续性合同或者定期合同中，给付在合同订立时并不确定，给付总量的确定，取决于合同实际执行的时间。②

五 诺成合同、要式合同与要物合同

（一）诺成合同

所谓诺成合同（contratti consensuali），是指仅凭当事人之间的纯粹同意（semplice consenso），即单纯的意思表示一致，便可订立的合同。③ 诺成合同奉行形式自由原则或者说同意原则，当事人可以自行选择订立合同的形式。④《意大利民法典》第1326条规定："当发出要约的一方知晓对方承诺时，合同即告成立"⑤，这表明，对于意大利合同法而言，合同的诺成性，是一般规则，换言之，通常来说，在意大利合同法上，当事人之间只需要通过要约与承诺规则即可订立合同，而无须实施其他行为。⑥

（二）要式合同

所谓要式合同（contratti formali），是指必须具备一定形式方可成立并

---

① Cfr. C. Massimo Bianca, *Istituzioni di Diritto Privato*, Dott. A. Giuffrè Editore, 2014, p. 259.

② Ibid., pp. 259-260.

③ Ibid., p. 260.

④ Cfr. Pietro Trimarchi, *Istituzioni di Diritto Privato*, Giuffrè Editore, 2014, p. 260.

⑤ Cfr. Adolfo Di Majo, *Codice Civile, Con la Costituzione, I Trattati U. E., e le Principali Norme Complementari, Con la Collaborazione di Massimiliano Pacifico*, Dott. A. Giuffrè Editore, 2014, p. 381.

⑥ Cfr. C. Massimo Bianca, *Istituzioni di Diritto Privato*, Dott. A. Giuffrè Editore, 2014, p. 365.

且生效的合同。① 在意大利合同法上，形式是合同的非必要构成要件（elementi accidentali），对于部分合同而言，其必须具备特定形式，才能成立并且生效，倘若这些合同欠缺法定形式，则最终会归于无效。②

根据《意大利民法典》第 1350 条之规定，典型的要式行为包括：第一，移转不动产所有权的合同；第二，设立、变更或者转让不动产用益权、地上权、役权以及永佃权的合同；第三，以不动产所有权、不动产用益权、地上权、役权以及永佃权为对象的权利共有合同；第四，设立或者变更以不动产为客体的地役权、使用权和居住权的合同；第五，放弃不动产所有权、不动产用益权、地上权、役权、永佃权、地役权、使用权和居住权的行为；第六，购买附着永佃权之土地的合同；第七，不动产典质合同；第八，租赁期间超过 9 年的不动产租赁合同；第九，提供期间超过 9 年或者期间未确定的不动产或者不动产用益权以及其他他物权的公司合同或者社团合同；第十，设立永久年金或者终身年金的合同；第十一，分割不动产或者不动产他物权的合同；第十二，以不动产、不动产他物权、永久年金、终身年金法律关系方面的争议为标的之和解合同；第十三，法律特别规定的其他行为，包括社团和财团的设立、法人住所的选择、婚姻协议、家庭财产基金的设立、按遗产清单接受继承、放弃继承的声明、普通遗嘱、赠与、用水联合体协议、超过法定限度的利息约定、代理权授予、指明合同、买回行为、遗产买卖、不竞争约定、质物处分、财产转让于债权人合同、劳动合同、劳动者不竞争约定、合作社设立合同、生产和交换联合体合同、抵押权设立、抵押权的放弃、登记的取消。③ 在这一条文中，第一项至第十二项的规定，基本都属于要式合同，而第十三项中所列举的诸多行为，其实也以合同为主，如赠与合同、遗产买卖合同等。由《意大利民法典》第 1350 条可知，意大利合同法在合同的各个领域，尤其是涉及不动产的合同、无偿合同、商事合同以及劳动合同方面，非常强调形式的重要性，这彰显了意大利合同法所具有的浓厚的"形式约束"

---

① Cfr. Pietro Trimarchi, *Istituzioni di Diritto Privato*, Giuffrè Editore, 2014, p. 260.

② Cfr. Francesco Caringella, Luca Buffoni, Francesca Della Valle, *Codice Civile e Delle Leggi Civili Speciali, Annotato Con la Giurisprudenza*, Dike Giuridica Editrice, 2014, pp. 936-938.

③ Cfr. Giorgio Cian, Alberto Trabucchi, *Commentario Breve al Codice Civile*, CEDAM, 2014, p. 1508.

(forma vincolata) 特点,① 根据《意大利民法典》第 1350 条的规定, 倘若这些合同没有以公证或者私人文书的方式, 即特定的书面形式订立, 则会归于无效。②

(三) 要物合同

所谓要物合同 (contratti reali), 是指在当事人之间达成合意的基础上, 仍须其中一方当事人另外实施物之交付行为 (la consegna della cosa), 方可成立的合同。③

要物合同是一种非常古老的合同。例如, 根据《盖尤斯法学阶梯》和《优士丁尼法学阶梯》的记载, 消费借贷合同, 便是一种典型的要物合同, 这种合同乃是借由物之交付订立合同, 从而产生债的法律形式, 由此所生之债便是要物合同之债 (obligatio re contracta), 具体而言, 倘若借用人意欲自出借人处借得诸如金子、葡萄酒之类的东西, 那么唯有出借人将借用人意欲借得之物交给借用人时, 出借人与借用人之间方可缔结消费借贷债之关系, 换言之, 直到此时, 消费借贷合同才告成立。④ 除消费借贷合同外, 在罗马法上, 使用借贷合同 (comodato)、存管合同 (deposito)、质押合同 (pegno) 以及罗马法上的信托合同 (fiducia), 均属要物合同, 根据罗马法, 这些合同必须附加物之交付行为, 方可在合同当事人之间缔结债之关系, 而倘若没有特定的物之交付行为, 则债无从产生, 这些合同之目的也会落空, 从而使其存在变得毫无意义。⑤

而在现代意大利合同法中, 与罗马法相比, 要物合同的规范体系则更为复杂。根据合意主义, 当事人之间仅凭意思表示一致即可成立合同, 据此, 倘若当事人在订立使用借贷合同的过程中, 仅仅达成了合意, 但尚未交付标的物, 此时, 不能对当事人之间的合意漠然视之, 而应当将该合意视为使用借贷合同的预约 (contratto preliminare), 而根据该预约, 应当交

---

① Cfr. Francesco Galgano, *Il Negozio Giuridico*, Dott. A. Giuffrè Editore, 2002, pp. 134-137.

② Cfr. Adolfo Di Majo, *Codice Civile, Con la Costituzione, I Trattati U. E., e le Principali Norme Complementari, Con la Collaborazione di Massimiliano Pacifico*, Dott. A. Giuffrè Editore, 2014, p. 383.

③ Cfr. Pietro Trimarchi, *Istituzioni di Diritto Privato*, Giuffrè Editore, 2014, p. 260.

④ Cfr. Andrea Lovato, Salvatore Puliatti, Laura Solidoro Maruotti, *Diritto Privato Romano*, G. Giappichelli Editore-Torino, 2014, p. 479.

⑤ Cfr. Alberto Burdese, *Manuale di Diritto Private Romano*, UTET Giuridica, 2014, pp. 421-422.

付物的一方，负有向对方交付特定物，从而最终促成使用借贷合同成立的义务。① 由此可见，尽管要物合同最终仍然需要通过物之交付方可成立，但当事人之间所缔结的要物合同合意，作为预约，仍旧对双方当事人具有约束力。正因为如此，在现代意大利合同法上，要物合同的实际价值其实并不算太大，因为要物合同这一概念唯有在支持"欠缺物之交付行为的单纯合意合同无效"这一观点方面才能真正发挥作用。

不过，也有意大利学者认为，在特殊情况下，要物合同这一概念仍然有其用武之地，例如，意大利学者特里马齐认为，尽管《意大利民法典》第 782 条规定，赠与合同必须具备公证形式，唯其如此方可有效，但与此同时，《意大利民法典》第 783 条又规定，价值较低的动产赠与，在存在惯例的情况下，即使没有以公证的方式做出，仍然有效，这种有效的基础可以借由赠与物的交付实现，申言之，对于价值较低的赠与合同而言，赠与物的交付能够作为公证之替代而赋予赠与合同效力，职是之故，价值较低的赠与合同便可以通过物的交付而直接有效。②

此外，还须注意的是，不能将要物合同（contratto reale）与具有物权变动效力的合同，或者简称为物权效力合同（contratto ad effetti reali）予以混淆，在意大利合同法上，所谓具有物权变动效力的合同，是指具有在合同当事人之间，将物权，尤其是所有权由一方处转移至另一方名下的合同，例如买卖合同就是最为典型的具有物权变动效力的合同，对于意大利合同法而言，所有具有物权变动效力的合同都是诺成合同，仅需当事人之间的合意即可成立。③

（四）区分诺成合同、要式合同与要物合同的意义

诺成合同、要式合同与要物合同的区别在于，三者在合同成立方面的构成要件不同，对于诺成合同而言，结合《意大利民法典》第 1325 条之规定，只要当事人之间就适格标的，在存在正当原因的情况下达成合意，合同即可成立，但要式合同与要物合同仅仅满足这三大条件，尚无法成立，对于要式合同而言，其还须具备法定的特殊形式方可成立，而对于要物合同而言，合同一方当事人还需要做出特定的物之交付行为，才可以导致合同成立。

---

① Cfr. Pietro Trimarchi, *Istituzioni di Diritto Privato*, Giuffrè Editore, 2014, p. 260.

② Ibid., p. 261.

③ Ibid.

在某种程度上，诺成合同、要式合同与要物合同的区分，与其说是实务的需要，不如说是某种法律的历史性沉淀展现。在合同的发展历史上，合同起初均展现出非常强烈的形式主义特点，仅以合意为要素的合同反而并未成为一种普遍被接受的观念。例如，在罗马法上，只有买卖（emptio venditio）、租赁（locatio conductio）、合伙（socíetas）与委任（mandatum）这四种情形，可以合意的形式订立诺成合同，① 除此以外，其他合同则只能通过物之交付、言辞、文书等其他方式订立。② 又如，在普通法的早期发展进程中，古典意义上的合同（covenant），系属盖印合同（contracts under seal），而盖印（seal）这一法律形式则是合同成立与生效的必备要件；③ 在某种意义上，诉诸盖印的做法使得早期普通法中的合同获得了一项证明其效力的强有力的见证，④ 但假如合同欠缺这一要件，则其将无法通过古老的合同令状（the writ of covenant）获得司法救济。⑤ 不过，现代合同法普遍奉行合意主义，逐渐认为合意应当构成合同的核心要素，一般情况下，合同只需当事人之间意思表示一致即可成立，而不用附加特定形式或者另行做出某种行为。因此，从未来的发展趋势来看，要式合同与要物合同在合同法中的地位可能逐渐式微，诺成合同的地位可能越来越重要——要式合同所主张的形式或许以后仅构成对诺成合同存在的强有力证明，而要物合同所要求的物之交付行为，也许在未来只会被视为对诺成合同的一种履行。

---

① Cfr. Antonio Guarino, *Diritto Privato Romano*, Editore Jovene Napoli, 2001, p. 877.

② Cfr. Andrea Lovato, Salvatore Puliatti, Laura Solidoro Maruotti, *Diritto Privato Romano*, G. Giappichelli Editore-Torino, 2014, pp. 453-479.

③ See Samuel Williston, *The Law of Contracts*, In Four Volumes, New York: Baker, Voorhis & Co., 1920, p. 6.

④ See Joseph Chitty, *A Practical Treatise on the Law of Contacts: Not Under Seal and Upon the Usual Defences to Actions Thereon*, Springfield, Published by G. and C. Merriam, 1839, p. 3.

⑤ 在普通法史上，合同令状是王座法院中最为古老的诉讼形式之一，其典型表述为："国王向郡长致意。兹命令 X 公正且不迟延履行 A 及（前述的父亲 S）与 X 之间就（一所房屋）订立的协议。如果他不履约，则传唤他出庭。"参见［英］梅特兰《普通法的诉讼形式》，王云霞、马海峰、彭蕾译，商务印书馆 2010 年版，第 145 页；See A. W. B. Simpson, *A History of the Common Law of Contract: The Rise of the Action of Assumpsit*, Oxford: Clarendon Press, 1975, pp. 9-10。

六　物权效力合同与债权效力合同

依据合同效力的不同，还可以将合同区分为物权效力合同与债权效力合同。

（一）物权效力合同

所谓物权效力合同（contratti a efficacia reale），是指仅因当事人之间的合意，便可直接导致特定物权变动效果发生的合同，例如，将财产所有权自一方移转至另一方名下的合同。[1]

《意大利民法典》第 1376 条规定："以特定物所有权的转让、设定物权或者移转其他物权为内容的契约，因当事人之间的合法意思表示所生之合意而发生权利转让或者权利设立的效力"[2]，这表明，意大利合同法在物权变动领域奉行合意主义，例如，在买卖合同中，一旦当事人之间就特定标的物的买卖达成合意，则立刻产生物权变动效力，标的物所有权立即自出卖人处移转至买受人名下。[3] 当然，须予以注意的是，并非所有物权均可仅凭当事人之间的合意便发生物权变动，事实上，在意大利合同法上，纯粹合意导致物权变动，主要局限于标的物为动产的情形，因为倘若标的物为不动产，那么移转不动产所有权或者设立、移转其他不动产物权的合同，仍然必须具备公证或者私人文书之形式，方可生效，否则将归于无效。[4] 不过，实务上也有观点认为，对于不动产所有权移转合同而言，并不需要必然采取正式形式（formula solenne），只要合同当事人之间清晰地表达了移转不动产所有权的意愿，或者可以借由其他合同条款推知当事人之间具有移转不动产所有权的意思，那么亦可认定该不动产所有权移转合同具有导致不动产所有权移转的效力。[5]

---

[1] Cfr. Andrea Torrente, Piero Schlesinger, *Manuale di Diritto Privato*, Giuffrè Editore, 2013, p. 491.

[2] Cfr. Adolfo Di Majo, *Codice Civile, Con la Costituzione, I Trattati U. E., e le Principali Norme Complementari, Con la Collaborazione di Massimiliano Pacifico*, Dott. A. Giuffrè Editore, 2014, p. 386.

[3] Cfr. Andrea Torrente, Piero Schlesinger, *Manuale di Diritto Privato*, Giuffrè Editore, 2013, p. 691.

[4] Cfr. Giorgio Cian, Alberto Trabucchi, *Commentario Breve al Codice Civile*, CEDAM, 2014, p. 1508.

[5] Ibid., p. 1611.

此外，还须予以注意的是，意大利合同法并未如德国民法一般区分负担行为与处分行为。例如，买卖合同本身既是一个物权效力合同，同时也蕴含债法上的效力，在出卖人与买受人因缔结买卖合同而导致标的物所有权移转后，出卖人仍旧负担将物交付给买受人之债务，而买受人也负担在合同约定的期间与地点支付价款的债务。①

(二) 债权效力合同

所谓债权效力合同（contratti a efficacia obbligatoria），是指具有创设债权与债务之法律效力的合同。② 在意大利合同法上，合同一般都具有债之效力，故而可以认为，一切合同，均为债权效力合同，或者具有债之效力。

(三) 区分物权效力合同与债权效力合同的意义

对于意大利合同法而言，物权效力合同与债权效力合同的区分具有两大实益。

第一，物权效力合同蕴含物权变动效力，而债权效力合同则无此法律效力。在物权效力合同中，不仅存在债之关系的发生，也存在物权，尤其是所有权的变动，例如，买卖合同一旦生效，则标的物的所有权即刻移转给买受人，与此同时，出卖人负担向买受人交付标的物的债务，而买受人也负担向出卖人支付价款的债务。而在债权效力合同中，只会在合同双方当事人之间产生债之关系，而不会涉及物权变动的法律效果。

第二，物权效力合同存在标的物风险负担问题，而债权效力合同则无此问题。《意大利民法典》第1463条规定："在双务合同中，因应为之给付突然发生不能而被免除责任的一方当事人，不得请求与该给付相对应的给付，并且应当根据不当得利返还的规定，返还其已经获得的给付"③，由此可见，对于纯粹的债权效力合同而言，无给付即无对待给付，即使应为给付一方可以被免除给付义务，但与之相应的是，其也无权获得对待给

---

① Cfr. Massimiliano Di Pirro, *Manuale di Istituzioni di Diritto Privato（Diritto Civile）*, SIMONE, 2017, p. 586.

② Cfr. Andrea Torrente, Piero Schlesinger, *Manuale di Diritto Privato*, Giuffrè Editore, 2013, p. 491.

③ Cfr. Giorgio Cian, Alberto Trabucchi, *Commentario Breve al Codice Civile*, CEDAM, 2014, p. 1847.

付,倘若已经先行获得对方所为对待给付,则获得给付一方还必须将之作为不当得利予以返还。① 不过,物权效力合同则与之不同。《意大利民法典》第 1465 条规定:"对于转让特定物的所有权、设定物权或者转让其他物权的合同,因不可归责于出让人或者物权设定人一方的原因而导致标的物毁损灭失的,即使标的物并未交付,受让人也不被免除其应为的对待给付义务"②,由此可见,在物权效力合同生效后,标的物的所有权或者其他物权已经转移至受让人处,尽管受让人并未实际占有标的物,但标的物毁损灭失的风险却归受让人负担,倘若在受让人受领交付之前,标的物因不可归责于受让人或者物权设定人一方的原因而损毁灭失,则由此所产生的损失应由受让人自己承受,不仅如此,受让人原本所负担的对待给付义务并不因标的物的损毁灭失而消灭,受让人仍须对出让人或者物权设定人履行支付价款等债务。③

七 预约与本约

(一) 预约与本约的概念

所谓预约(contratto preliminare),是指合同双方当事人所约定的,双方当事人均负有订立将来合同(successivo contratto)义务的协议。④ 而此处所谓的将来合同,作为预约之目的,便是本约,或者最终合同(contratto definitivo)。⑤

(二) 区分预约与本约的意义

预约不同于本约,其以在将来订立特定合同为内容,不过,预约的效力仍然受制于本约,最典型之处在于预约的形式要件与本约一致。《意大利民法典》第 1351 条规定:"如果预约不以法律所规定的本约的形式缔

---

① Cfr. C. Massimo Bianca, *Istituzioni di Diritto Privato*, Dott. A. Giuffrè Editore, 2014, p. 538.

② Cfr. Francesco Caringella, Luca Buffoni, Francesca Della Valle, *Codice Civile e Delle Leggi Civili Speciali, Annotato Con la Giurisprudenza*, Dike Giuridica Editrice, 2014, p. 1223.

③ Cfr. Sandro Merz, *Formulario Commentato dei Contratti*, CEDAM, 2014, p. 170.

④ Cfr. Massimiliano Di Pirro, *Manuale di Istituzioni di Diritto Privato (Diritto Civile)*, SIMONE, 2017, p. 546.

⑤ Cfr. Adolfo Di Majo, *Codice Civile, Con la Costituzione, I Trattati U. E., e le Principali Norme Complementari, Con la Collaborazione di Massimiliano Pacifico*, Dott. A. Giuffrè Editore, 2014, p. 384.

结，则归于无效"①，这表明，如果预约所约定的本约属于要式合同之列，那么预约也必须具备相应的要式，否则预约无效。之所以会做如此规定，乃是因为倘若不令预约与本约均一体遵循要式规定，则非要式的预约可能直接令受预约人不得不承受订立本约的义务，这可能使《意大利民法典》第1350条关于形式的规定目的落空，因为非要式的预约已经在事实上使后续的要式本约成为履行上的一种可能性存在，故而可以规避合同形式方面的规定，合同当事人只需订立不要式的预约，便可以避免本约中的形式要求对合同订立所可能造成的影响。

此外，预约在性质上仍旧属于合同，其具有债之效力以及司法保护力。《意大利民法典》第2931条规定："有缔结合同债务的人未履行债务的，在有履行可能且并不违反约定的情况下，另一方当事人可以获得使未缔结的合同产生法律效力的判决"②，由此可见，在意大利合同法上，预约的效力非常强大，负有合同订立义务的预约当事人倘若并未履行其订立合同的义务，则预约相对人有权诉至法院，并请求法院做出该未订立合同生效的判决。

---

① Cfr. Massimiliano Di Pirro, *Manuale di Istituzioni di Diritto Privato (Diritto Civile)*, SIMONE, 2017, p. 547.

② Cfr. Giorgio Cian, Alberto Trabucchi, *Commentario Breve al Codice Civile*, CEDAM, 2014, p. 3687.

第三章

合同的构成要件

在欧陆法系中,部分国家并未就合同单独规定使合同成立并且得以具有法律效力的构成要件。例如,《德国民法典》仅仅在总则编规定了订立合同的"要约—承诺"规则、合意判断标准以及合同解释方法,但并未对合同的构成要件做出进一步规定;[1] 在解释上,一般认为,合同的构成要件,与意思表示及法律行为规则所设定的要件具有同质性,换言之,有关合同成立与效力的判断,应系于意思表示与法律行为规则之上。例如,《德国民法典》总则编第三章第二节,即"意思表示"一节中的第116—118条(有关真意保留、虚伪行为与真意缺乏的规定),便可以直接适用于要约。[2]

与《德国民法典》承继潘德克顿法学之遗产,而设置"总则"编不同,[3] 较《德国民法典》诞生时间更早的《法国民法典》没有设置"总则"编,也没有采纳法律行为的概念,而是遵循多玛与波蒂埃的学说体例,将合同法作为相对具有独立性的部分予以对待,规定于《法国民法典》第三卷之中,并且单独对合同的构成要件设置了规则。[4]《法国民法典》第1108条规定,合同唯有在符合四种构成要件的情形下方可具有法

---

[1] Vgl. Rolf Stürner, *Jaurnig Bürgerliches Gesetzbuch Kommentar*, 16. Aufl., 2015, S. 119ff.

[2] Vgl. Hein Kötz, *Vertragsrecht*, 2. Aufl., 2012, S. 40ff.

[3] Vgl. Konrad Zweigert/Hein Kötz, *Einführung in die Rechtsvergleichung*, 3. Aufl., 1996, S. 144.

[4] See Eva Steiner, *French Law: A Comparative Approach*, Oxford University Press, 2012, p. 300; John Bell, Sophie Boyron, Simon Whittaker, *Principles of French Law*, Oxford University Press, 2008, p. 296.

律效力，具体而言包括：第一，当事人具有负担债务的同意；第二，当事人具有订立合同的能力；第三，存在构成债务负担内容的某一标的（objet）；第四，具有关于债的法律原因（cause）。[1]

而意大利由于深受法国民法的影响（1865 年《意大利民法典》基本是《法国民法典》的意大利语版本），[2] 其民法典在合同构成要件方面的规定与《法国民法典》极为相似，但也存在些许不同。《意大利民法典》第 1325 条规定："合同的必备要件为：当事人之间的合意（accordo）；原因（causa）；标的（oggetto）；形式（forma），这种形式是法律所规定的，并且是必不可少的。"[3] 由此可见，在意大利私法上，当事人之间的合意、合同原因、合同所涉及的标的以及法律所规定的必备形式（倘若法律没有规定必备形式，则无此要件），是缔结一份有效合同的构成要件。

第一节 合意

一 合意的概念

根据《意大利民法典》第 1325 条的规定，合意是合同的本质属性，甚至从概念关系上来看，合意，或者说协议，应属合同的上位概念。[4]《意大利民法典》的文本表述意味着，尽管合同是在诸如原因、形式、标的等多种因素的相互作用中诞生的，但无论如何，当事人之间的合意蕴藏于每

---

[1] See John Bell, Sophie Boyron, Simon Whittaker, *Principles of French Law*, Oxford University Press, 2008, p. 302. 另有中文译本 "第 1108 条 契约有效成立应具备四项根本条件：负担债务的当事人的同意；其订立契约的能力；构成义务承诺内容的确定标的；债的合法原因"。参见罗洁珍译《法国民法典（下册）》，法国出版社 2005 年版，第 791 页。

[2] See Brbara Pozzo, "Italy", in Jan M. Smits eds., *Elgar Encyclopedia of Comparative Law*, Second Edition, The Editors and Contributors Severally, 2012, p. 475.

[3] Cfr. Adolfo Di Majo, *Codice Civile, Con la Costituzione, I Trattati U. E., e le Principali Norme Complementari, Con la Collaborazione di Massimiliano Pacifico*, Dott. A. Giuffrè Editore, 2014, p. 381.

[4] Cfr. Francesco Caringella, *Manuale di Diritto Civile, II. Il Contratto*, DIKE Giuridica Editrice, 2011, p. 145.

一项合同之中。因此,合意原则可以称为意大利合同法上的首要原则。[1]

从合意的标准意涵来看,所谓合意,系指当事人之间借由意思表示而对特定事务所达成的意见一致状态,不过这只是合意的自然意涵而已。作为合同构成要件的合意,在意大利私法上,除前述意涵之外,还被严格解释为当事人之间具有交易基本因素(gli elementi essenziali del negozio)的,意欲订立合同之意志(la volontà di concludere il contratto)的合致。[2] 因此,原则上,合同中所蕴含的当事人之间的合意,应属当事人之间,通过合理方式对外所表达的,以交易为目的之订立合同的真实意愿在事实层面上达成一致的状态。当然,这里所说的事实层面上的一致,其实也非纯粹意义上的事实。恰如意大利司法实务观点所认为的那样,"基于接受要约而产生的合同性合意只不过是一个受法律约束的社会现象(fenomeno sociale disciplinato dal diritto)"[3],即使当事人在事实上达成了合意,但这种合意的法律效果,是由法律所赋予的,故而仍然具有规范性质。

此外,除真正意义上的当事人合意,或者说事实层面上的当事人合意之外,意大利私法也承认纯粹规范层面上的当事人合意,或者推定的当事

---

[1] Cfr. Francesco Caringella, *Manuale di Diritto Civile*, *II. Il Contratto*, DIKE Giuridica Editrice, 2011, p.145. 在我国民法教义学中,"合意"通常来说也是合同成立的一般要件之一,例如,韩世远教授便认为,"合同的成立通常须基于当事人的合意",并且这种合意,不仅是指就合同的主要条款达成一致意见,也是指合同各方当事人对于其意思表示受法律约束达成一致意见。当然,从法律规范体系角度来看,合意一语并没有出现在《合同法》中,《合同法》所使用的对应术语是协议,例如,我国《合同法》第2条规定:"本法所称合同是平等主体的自然人、法人、其他组织之间设立、变更、终止民事权利义务关系的协议。"不过,恰如梁慧星教授所言,作为名词使用的协议,主要有两种含义:其一,协议常常作为合同的同义词被使用,其二,协议其实等同于"合意",因此,可以认为,与意大利合同法相似,在私法自治原则的宏观背景下,我国合同法从规范到理论,均认为合同是一种协议(合意),并且当事人之间达成合意,是合同成立的一般要件。参见朱广新《合同法总则》(第二版),中国人民大学出版社2012年版,第16—17页;李永军《合同法》(第三版),法律出版社2010年版,第4页;韩世远《合同法总论》(第四版),法律出版社2018年版,第101页;冉克平《论私法上的合意及其判定》,《现代法学》2014年第5期;叶金强《私法效果的弹性化机制——以不合意、错误与合同解释为例》,《法学研究》2006年第1期;郑立《论合意(协议)是合同理论的基石》,《法学家》1993年第4期。

[2] Cfr. Francesco Caringella, Luca Buffoni, Francesca Della Valle, *Codice Civile e Delle Leggi Civili Speciali*, *Annotato Con la Giurisprudenza*, Dike Giuridica Editrice, 2014, p.890.

[3] Ibid.

人合意。① 例如,《意大利民法典》第 1335 条规定:"向特定人所做出的要约、承诺、对要约或者承诺的撤回,或者其他任何声明,倘若特定人无法证明自己不知道前述声明是无过错的,则自前述声明送达该特定人处时,视为特定人知晓该声明"②,因此,设若甲向乙发出了一项要约,乙即时向甲做出了承诺,但甲事实上并不知道该要约的存在,不过,倘若乙经由正常程序而将承诺送达甲处,而甲却没有证据证明自己不知道该要约是无过错的,那么,根据《意大利民法典》第 1335 条之规定,此时,法律便会推定甲已经知道了该承诺,乙向甲所发出的承诺即可生效,由此,根据《意大利民法典》第 1336 条的规定,甲和乙之间,便可以成立合同关系。③ 在此设例中可以发现,甲与乙其实并未在事实层面上达成真正意义上的合意,因为尽管甲发出了要约,并且也的确希望乙向其做出承诺,但就事实角度而言,甲由于并不知晓乙所做出的承诺,故而无法真正与乙形成合意。不过,由于意大利私法在此承认纯粹规范意义上的合意,故而其借由对甲真实意思的有条件推定(甲无法证明自己就不知道乙的承诺这一点没有过错),促成甲与乙之间合同的成立,以获推进交易便捷,维护交易安全之效。

二 合意的历史

由法制沿革的角度而观之,合同最初与合意之间并无直接联系。例如,在作为古典罗马法时代作品的《盖尤斯法学阶梯》中便有如下法言:

Gai. 3, 89。首先,让我们看看那些产生于合同的债。能够导致债产生的合同一共分为四种,即借由物而形成的合同、凭借言辞而缔结的合同、依靠文书而成立的合同以及通过合意所订立的合同。④

---

① Cfr. Francesco Caringella, *Manuale di Diritto Civile*, *II. Il Contratto*, DIKE Giuridica Editrice, 2011, p. 146.

② Cfr. Adolfo Di Majo, *Codice Civile*, *Con la Costituzione*, *I Trattati U.E.*, *e le Principali Norme Complementari*, *Con la Collaborazione di Massimiliano Pacifico*, Dott. A. Giuffrè Editore, 2014, p. 382.

③ Ibid.

④ "Et prius videamus de his quae ex contractu nascuntur. Harum quattuor genera sunt: aut enim re contrahitur obligation, aut verbis, aut litteris, aut consensus." See T. Lambert Mears, *The Institutes of Gaius and Justinian, the Tewlve Tables, and the CXVIIth and CXXVIIth Novels, with Introduction and Translation*, London: Stevens and Sons, 119, Chancery Lane, 1882, pp. 155, 452. 中文翻译同旨参见 [古罗马] 盖尤斯《法学阶梯》,黄风译,中国政法大学出版社 1996 年版,第 226 页。

无独有偶，东罗马帝国优士丁尼皇帝时期所编订的《优士丁尼法学阶梯》中，也存在非常相似的法言：①

I. 3, 13, 2。接下来，债可以分为四种类型：合同之债、准合同之债、侵权之债以及准侵权之债。

首先，我们来考察那些源于合同的债。能够导致债产生的合同一共有四种，即通过物的交付所成立的合同、借由言辞所达成的合同、凭借文书所订立的合同以及依靠当事人之间的合意所形成的合同，让我们来对这些合同的具体类型一一进行分析。②

从上述两段法言可知，对于罗马法而言，当事人之间的合意并非合同的必备要素，在罗马法上，缔结合同的方式非常丰富，罗马人既可以通过物的交付及其所有权的移转，例如消费借贷（mutuo）或者非债清偿（in-bebito pagamento）的方式订立合同，③也可以借由言辞，例如要式口约（stipulatio）的方式，通过程式化的言辞订立合同，④甚至可以文书记载的方式缔结合同之债（obbligazioni contratte mediante scrittura），⑤而在这三种合同缔结方式中，当事人的合意因素处于不受关注的状态，申言之，只要存在客观上可以识别的一系列外观，如物的移转、程式化言辞过程的完成或者正式文书的记载，那么合同即告成立，至于当事人之间是否存在真正意义上的合意，在所不问。从以上分类中可以看出，罗马法意义上的合同，概念意涵非常宽泛，例如，在现代私法中，非债清偿其实系属不当得

---

① 当然，这种相似性自然源于《优士丁尼法学阶梯》对《盖尤斯法学阶梯》的继承与借鉴（参见徐国栋《从盖尤斯〈法学阶梯〉到优士丁尼〈法学阶梯〉》，载徐国栋《优士丁尼〈法学阶梯〉评注》，北京大学出版社 2011 年版，第 15—20 页），不过这也说明，从古典时代到后古典时代，罗马法在合同分类方面，具有稳定的观念与认知。

② "Sequens diviso in quattuor species deducitur: aut enim ex contractu sun taut quasi ex contractu aut ex maleficio aut quasi ex maleficio. prius est ut de his, quae ex contractu sunt, dispiciamus. harum aeque quattuor species sunt: aut enim re contrahuntur aut verbis aut litteris aut consensus. de quibus singulis dispiciamus." See Thomas Erskine Holland, *The Institutes of Justinian*, Oxford: At the Clarendon Press, 1873, p. 143; J. B. Moyle, *The Institutes of Justinian*, Oxford: At the Clarendon Press, 1889, p. 132; 中文翻译同旨参见徐国栋《优士丁尼〈法学阶梯〉评注》，北京大学出版社 2011 年版，第 393 页。

③ Cfr. Andrea Lovato, Salvatore Puliatti, Laura Solidoro Maruotti, *Diritto Privato Romano*, G. Giappichelli Editore-Torino, 2014, p. 479.

④ Ibid., p. 453.

⑤ Ibid., p. 474.

利的范畴,而在《优士丁尼法学阶梯》中,非债清偿却是一种通过物所订立的合同,而在笔者看来,非债清偿之所以能够被纳入合同范畴之内,与其说是因为将非债清偿拟制为了消费借贷合同,[①] 不如说是因为对于罗马法上的合同而言,合意并非必备要素。而非债清偿这项移转物的行为能够与消费借贷一道被纳入"通过物而缔结的合同"之中,主要还是因为两者在罗马法所被关注的重点,均系物的移转,并且罗马法承认这种单纯的物之移转行为能够成立合同之债。

但是,合意因素也并非完全为罗马法所排斥。事实上,罗马法上也存在借由合意所订立的合同,其不需要物的移转、程式化言辞以及文书,而仅仅通过当事人之间所达成的协议即可成立,并对缔约各方产生拘束力。[②] 不过这种通过合意所缔结的合同,仅仅是一种具体的合同类型,而非具有抽象性的一般合同概念,换言之,对于罗马人而言,蕴含合意因素的合同只是各种各样合同中的一部分,而非全部。同时,还须注意的是,罗马法上的合意性合同,只适用于买卖(emptio venditio)、租赁(locatio conductio)、合伙(socíetas)与委任(mandatum)这四种情形,其适用范围非常狭窄。[③]

除此以外,在罗马法对简约的保护中,也蕴含着对当事人合意的尊重。所谓简约(pactum),是一种非要式的合意性声明,《学说汇纂》中记载了罗马法学家乌尔比安关于简约的说明:

D. 2, 14, 1。简约源于协议(这一词汇与和平具有同一渊源)。[④]

[①] 有观点认为,非债清偿是被拟制为了消费借贷。证据在于 I. 3, 14, 1 法言中有"从因错误为偿付者接受了债额的人,也通过物缔结了债……事实上,可对他提起'如果他显然必须给付'的要求给付之诉,完全如同他已接受消费借贷一样"之表述(参见徐国栋《优士丁尼〈法学阶梯〉评注》,北京大学出版社 2011 年版,第 397 页),不过笔者认为,这一表述仅仅是在提示非债清偿与消费借贷之间的相似性罢了,还不能说非债清偿被直接拟制为了消费借贷。

[②] See W. W. Buckland, *A Manual of Roman Private Law*, Cambridge: At the University Press, 1953, p. 277.

[③] Cfr. Antonio Guarino, *Diritto Privato Romano*, Editore Jovene Napoli, 2001, p. 877.

[④] "Pactum autem a pactione dicitur (inde etiam pacis nomen appellatum est)." See Jusitinian, *The Digest of Justinian*, Latin Text edited by Theodor Mommsen, with the Aid of Paul Krueger, English Translation Editioned by Alan Watson, Vol. I, University of Pennsylvania Press, 1985, p. 62.

D. 2, 14, 2。并且简约是两个或者两个以上主体所达成的约定与合意。①

由此可见，在罗马法上，简约本质上是当事人之间所达成的合意，是当事人单纯依各方意思表示之合致而形成的协议，事实上，在罗马法的语境中，简约几乎可以涵盖任何协议，故而在一定程度上，简约可谓协议的同义词。② 须予以提示的是，简约在罗马法体系中并不属于合同范畴，在早期罗马法中，简约只能产生不具有法律上强制效力的自然债务（naturalis obligatio），而不能获得市民法上的保护，故而被形象地称为"裸体简约"（nuda pacta）。③ 不过，随着罗马法自身的发展，部分简约逐渐可以依据古典时期市民法、裁判官法以及皇帝法获得法律上的救济，这部分简约被称为"穿衣简约"（pacta vestita）。④ 就法律性质而言，简约与合意性合同其实并无本质性差异，只是由于合意性合同只限于买卖、租赁、合伙与委任四种情形，故而在此四种情形之外所形成的合意性协议，便无法得享合同资格，而只能冠以简约之名。⑤ 尽管在罗马法上，对于非要式的合意与协议的保护已经初露头角，不过，合同仍然未能与合意与协议形成观念上的整体性融合，严格来说，合同与协议、合意之间，仅仅只是概念意涵上存在交叉的关系而已。

及至中世纪，教会法则认为，在合同中，真正处于核心地位并且应受重视的因素应当是当事人做出的允诺以及当事人之间的合意，并且提出了"简约应予严守"（pacta sunt servanda）的格言，从而突破了罗马法的藩篱，而在一定程度上将当事人之间的合意，而非合同形式、物的移转等外

---

① "Et est pactio duorum pluriumve in idem placitum et consensus." See Jusitinian, *The Digest of Justinian*, Latin Text edited by Theodor Mommsen, with the Aid of Paul Krueger, English Translation Editioned by Alan Watson, Vol. I, University of Pennsylvania Press, 1985, p. 62.

② See Barry Nicholas, *An Introduction to Roman Law*, Oxford: University Press, 1962, p. 192.

③ Cfr. Andrea Lovato, Salvatore Puliatti, Laura Solidoro Maruotti, Diritto privato romano, G. Giappichelli Editore – Torino, 2014, p. 560; See Rudolf Sohm, *The Institutes of Roman Law*, Translated by James Crawford Ledlie, Oxford: At the Clarendon Press, 1892, p. 321.

④ See Rudolf Sohm, *The Institutes of Roman Law*, Translated by James Crawford Ledlie, Oxford: At the Clarendon Press, 1892, p. 321.

⑤ See Reinhard Zimmermann, *The Law of Obligations: Roman Foundations of the Civilian Tradition*, Oxford University Press, 1996, p. 508.

观认定为合同之本质。①

而在近代，合同作为一种协议，即当事人之间合意的观念便得以成形，并逐步为近代奉行私法自治的欧陆民法所采纳。例如，荷兰法学家格劳秀斯便认为，所谓"合同（Contract），又称契约（Covenant），或者协议（Agreement），是两个或者两个以上的主体为一方利益或者双方利益而形成的意思上的契合【合意】（the concurrence of will）"②，在格劳秀斯的定义中，"合同"与"合意"几乎为同义词。而德国法学家普芬道夫也一改罗马法传统，认为合同的根本要素在于个人意思，"个人得以借由合同而负担债务，以及将权利让渡给他人，只能依据其自己的自由允诺（free Promise）"③，而根据自由允诺所达成的合意（Consent），便是合同义务的伦理基础与效力根据。④ 法国民法学家多玛则更为简洁地指出，所谓合同，其实就是"两个或者两个以上的主体为了创设、消灭或者变更某种事务【关系】所达成的合意（Consent）"⑤。这种将合意与合同等同视之的观念也极大地影响了法典编纂，例如，1806 年《法国民法典》第 1101 条便规定，所谓合同，"为一种合意，依此合意，一人或数人对于其他一人或数人负担给付、作为或不作为的债务"⑥。至此，合同是一种合意，或者合同的根本性定在系于当事人合意的观念得以最终确定。

三　合意与意思

意大利私法通说认为，合意中必须蕴含意思，合意与意思的恰当关系

---

① See Harold J. Berman, *Law and Revolution: The Formation of the Western Legal Tradition*, Harvard University Press, 1983, p. 247.

② See Hugo Grotius, *The Introduction to Dutch Jurisprudence*, Now First Rendered into English by Charles Herbert, London: John Van Voorst, Paternoster Row, 1845, p. 310.

③ See Samuel Freiherr von Pufendorf, *Of the Law of Nature and Nations*, Oxford: Printed by L. Lichfield, 1710, p. 212.

④ Ibid., p. 216.

⑤ See Jean Domat, *The Civil Law in Its Natural Order*, Volume I, Translated from the French by William Strahan, Boston: Charles C. Little and James Brown, 1850, pp. 160-161.

⑥ 李浩培、吴传颐、孙鸣岗译：《拿破仑法典（法国民法典）》，商务印书馆 1979 年版，第 148 页。在法语中，合同（contrat）对应于合意，或者协议（convention），在《法国民法典》中，合同与合意实现了合流。Code Civil des Francais, A Toulus, Chez Veuve Douladoure, Imprimeur-Libraire, rue St.-Rome., 1806, p. 222.

应当作如此表述,即所谓合意,乃两项真实且有效的意思之契合,这意味着,合意的形成,仰赖于当事人内心真意的真正合致,而表示层面上意思的一致,则不能称为合意。① 该理论被称为"意思主义"(Teoria della volontà)。②

由意思主义出发,则不难发现,意思是推动合意形成的根本动力。对于市民社会而言,倘若"对一种私人领域神圣性的欲求需要一个根基、一个'绝对的'根基"③,那么私见以为,这一根基便是市民社会成员依据自己的自由意志所形成的意思。在市民社会的日常交往中,享有自由意志的主体得以自己意思为依据,对外展开各种以增进自身福祉为目的的活动,而如果在具有法律意义的对外交往过程中,特定主体之间的意思真正形成了一致,则在意思方面形成一致的各特定主体应当依据该共同意思行事,理由在于,这一共同意思蕴含各参与方的意思,遵从该共同意思,也就意味着服从自己的意志,在解释上,这便是一种自治而无过多外在矫正干预色彩的"互利秩序"④。同时,为了防止自治状态的随意性与不稳定性,法律也会对这种自治状态提供外在的保障机制,例如,《意大利民法典》第1372条第1款第1句规定:"合同在当事人各方之间具有法律强制力"(il contratto ha forza di legge tra le parti),⑤ 此一条款表明,以合意为基础的合同并非纯粹私人自治,私人自治所形成的意思一致状态具有为法律强制力所保障的稳定结构,而非可以任意由私人意志所更张之事,根据《意大利民法典》第1372条第1款第2句之规定,由法律强制力所保障的合意状态,唯有在当事人之间达成解除合同的新合意或者存在法律所承认

---

① Cfr. Francesco Caringella, *Manuale di Diritto Civile*, *II. Il Contratto*, DIKE Giuridica Editrice, 2011, p. 147.

② Ibid.

③ [美] 施特劳斯:《古典政治理性主义的重生——施特劳斯思想入门》,郭振华等译,华夏出版社2017年版,第56页。

④ 加拿大学者查尔斯·泰勒认为,互利秩序的建立,"同意",或者说本书语境中的"合意"是一项至关重要的因素。而所谓互利秩序,主要是指可以由权利所表达的平等受保护的个人之间的利益关系。参见 [加] 查尔斯·泰勒《世俗时代》,张容南、盛韵、刘擎、张双利、王新生、徐志跃、崇明译,上海三联书店2016年版,第196页。

⑤ Adolfo Di Majo, *Codice Civile*, *Con la Costituzione*, *I Trattati U. E.*, *e le Principali Norme Complementari*, *Con la Collaborazione di Massimiliano Pacifico*, Dott. A. Giuffrè Editore, 2014, p. 385.

的原因时,方可解除。① 职是之故,尽管前述提及,合同本质乃是当事人之间的协议,或者说合意,但合意并非合同法律效力的唯一来源,合意所提示的,只是蕴藏于合同之中的纯粹私人自治因素,除此之外,实证法所提供的法律强制力保障,也并非可有可无之物,而是合同的内在要素之一。在某种意义上,合同中所包含的代表私人自治因素的合意以及外在的法律强制力保障,共同构成合同领域的私法自治,换言之,合同领域的私法自治,无法仅凭私人之间的纯粹意思自治获得实现,合同领域的私法自治,究其根本,仍然是法律所承认并且提供法律强制力保障的私人自治。

前已述及,意思主义要求构成当事人合意的意思,必须是真实且有效之意思,因此,在理想状态下,当事人之间合意的达成,必须建立在当事人对自己的意思以及相对人的意思均充分理解的基础之上,唯其如此,当事人方可理性权衡自己与对方的内心真意,并在此基础上做出自由选择,最终达成合意。这种要求合意以当事人相互了解对方真意(也包括当事人对自己意思的清晰理解)的理论,被称为"理解主义"(Teoria precettiva)。② 当然,须予以提示的是,意思本身系属心理事实(fatto psicologico),其常常捉摸不定,并非天然的法律要件事实,唯有在当事人依据自己意思,在市民社会交往过程中,意欲就自己或者他人利益达成共识,并且这种共识具有法律意义,或者说具有受法律约束的主观意识时,意思的契合状态才会转化为合同法意义上合意,此时,合意不再是单纯的心理事实,而是为法律所调整的社会事实(fatto sociale)。③

此外,深值商榷的是,意大利私法也承认"表示主义(信赖主义)"(Teoria della dichiarazione o dell'affidamento);该理论认为,在相对人对当事人所表示之意思(并非内心真意)具有信赖的情况下,即使双方当事人之间并未达成实质性的合意,但为了保护相对人的信赖利益,仍旧认为当事人之间达成了合意。④ 不过私见以为,该理论深值商榷。以合意本身

---

① Cfr. Giorgio Cian, Alberto Trabucchi, *Commentario Breve al Codice Civile*, CEDAM, 2014, p. 1590.

② Cfr. Francesco Caringella, *Manuale di Diritto Civile*, *II. Il Contratto*, DIKE Giuridica Editrice, 2011, p. 147.

③ Ibid.

④ Ibid.

的定义为基准来看，表示主义的主张实质上是对合意以及意思主义的背离，申言之，意思在表示层面上的形式契合其实并没有真正形成合意，倘若强行认为此时当事人之间仍然存在合意，无异于强词夺理，此时，依据《意大利民法典》第 1325 条之规定，当事人之间并未形成合同关系，而不能反过来依据表示主义，认为当事人之间存在合意，进而肯定当事人之间存在合同关系。至于相对人的信赖状态，于私法而言，实有保护之必要，不过并非一定要通过合同予以救济，缔约过失制度同样可以发挥救济作用，具体而言，倘若当事人之间因不具有实质合意而致合同未成立，但相对人对此产生信赖的情况下，可归责的当事人理应对相对人负担相应的损害赔偿责任。例如，《意大利民法典》第 1337 条规定："当事人，在磋商以及订立合同的过程中，应当恪守诚实信用"，倘若合同一方当事人故意做虚假意思表示，导致其与相对人之间所达成的合意只是表示层面上的意思契合，则无疑是对诚实信用义务的故意违反，根据《意大利民法典》第 2043 条之规定，① 假如相对人受有损失，则该做出虚假意思表示的当事人，必须负担以损害赔偿为内容的合同外责任（responsabilità extracontrattuale）。② 职是之故，表示主义似乎既违背合意的基本定义，亦无特别突出的法律实益。

不过，问题远未如此简单。仅就理论而言，将合意的认定标准予以严格化，并非难事，唯有当事人真正达成实质性合意方可进入合同履行阶段，而表示层面上的非实质性合意，则可以放置于合同不成立以及相应的非合同责任救济之中，这在微观制度设计上，亦不无不可。但是，从法政策的角度来讲，合同法理应鼓励交易，具体到合同订立领域，合同法的基本价值倾向应当是促成合同的成立，而非动辄确认合同不成立。倘若依据意思主义与理解主义，而将合意的认定标准过分严格化，则势必导致能够真正成立并且获得履行合同数量上的减少，此举并不利于社会经济之发展。同时，从整个意大利合同法体系来看，作为合同可撤销事由的错误、欺诈、受胁迫，或者统称为"意思瑕疵"，本质上也是实质意义上合意阙

---

① 《意大利民法典》第 2043 条规定："因任何故意或过失给他人造成不法损害的，行为实施者应当承担损害赔偿的责任。"参见费安玲等译《意大利民法典》，中国政法大学出版社 2004 年版，第 480 页。

② Cfr. Giorgio Cian, Alberto Trabucchi, *Commentario Breve al Codice Civile*, CEDAM, 2014, p. 1461.

如之彰显,因此,倘若将《意大利民法典》第1325条中的"合意"解释为当事人内心真意的实质性契合,则不可避免地造成体系上的失调——意思瑕疵所导致的法律后果,更应当归于合同不成立,即合同根本就不存在,而非已经成立的合同的可撤销状态。

因此,私见以为,表示主义必须在一定程度上获得承认,而在有限承认表示主义的基础上,意大利私法上的合意概念则必须在三个层面上予以理解:第一,所谓合意,原则上是指当事人之间具有交易基本因素的,意欲订立合同之内心真意的合致;第二,在相对人有合理信赖的情况下,当事人之间可依表示层面上的意思表示一致,达成规范意义上合意;第三,意思瑕疵并不导致合意不成立,只是导致已经成立的合同存在撤销可能性。

此外,表示主义与私法自治原则也可以并行不悖。尽管表示主义不承认实质意义上合意的理论主张似乎与私法自治存在抵牾之处,但须注意的是,私法自治不仅倡导自主决定,同时也主张自己责任(autoresponsabilità)——行为人必须对自己行为所导致的结果负担相应的法律责任,而依据表示主义,尽管行为人所做出的表示或许与自己的内心真意并不相同或者没有完全重合,但由于行为人所做出的表示行为已经令相对人处于信赖之中,依据自己责任观念,行为人理应对相对人的信赖状态负担合理的法律责任——相对人可以依据行为人所表示出的意思做出相应的回应,并导致合意得以产生。[1] 从这一层面上来讲,表示主义并未完全背离私法自治,而是对私法自治的维护,其根本宗旨是规制表意人的轻率表意行为以及保护意思表示受领人的信赖利益。

第二节 合同原因

或许对于法学研究者而言,原因(也包括因果关系)乃是最令人捉摸不透的概念。在法学上,原因往往成为法律体系建构所不可或缺的术语,却又常常成为最为复杂难解的对象。所幸我们还有历史可以凭依——

---

[1] Cfr. Francesco Caringella, *Manuale di Diritto Civile*, *II. Il Contratto*, DIKE Giuridica Editrice, 2011, pp. 147-148.

"法律是凝固的历史"（Law is frozen history），① 法律并非以狂飙突进的方式嬗变，而是在历史的进程中，随着历史的步调而变迁，② "任何法律都是充盈着法律史记忆的规范形态"③，并且 "历史可以使人们更清楚地认识到法律制度的偶然性。……在这里，历史的作用类似于实验科学中的试验"④。职是之故，有关原因的探讨必须溯源至合理的历史源头，方可获得相对合理与完满的答案。

一　原因概念及其理论的诞生：法制史与比较法上的观察

（一）罗马法：合同原因作为法律概念的无价值性

罗马法中"合同"（contractus）一词源自拉丁词汇"contrahere"，而所谓"contrahere"，其意涵为"建立与其他主体之间的，蕴含具有约束力义务内容的关系"⑤，其既可能由后世所定义的合同所引起，也有可能由其他责任行为，例如私犯（delictum）或者公犯（crimen）所引发。⑥ "contractus"（合同）继承了"contrahere"的原初含义，其最早便是指将两人束缚到一起的一种结合关系，及至后奥古斯都时代，合同才获得了"具有约束力之协议或者交易"之意涵。⑦ 不过纵使如此，合同也并未成为独立的法律分析范畴，其只是于债法的框架下，作为一种债之渊源（fonti di obbligazione）而存在。⑧ 何谓债之渊源？意大利私法学界一般认

---

① See C. J. Friedrich, "Law and History", *Vanderbilt Law Review*, Vol. 14, 1960 – 1961, p. 1027.

② See Victor Windeyer, "History in Law and Law in History", *Alberta Law Review*, Vol.11, Issue 1, 1973, p. 137.

③ 许章润：《汉语法学论纲》，广西师范大学出版社 2014 年版，第 191 页。

④ ［法］雅克·盖斯旦、吉勒·古博、缪índice·法布赫-马南：《法国民法总论》，陈鹏、张丽娟、石佳友、杨燕妮、谢汉琪译，法律出版社 2004 年版，第 73—74 页。

⑤ Cfr. Andrea Lovato, Salvatore Puliatti, Laura Solidoro Maruotti, *Diritto Privato Romano*, G. Giappichelli Editore-Torino, 2014, p. 445.

⑥ Vgl. Max Kaser/Rolf Knütel/Sebastian Lohsse, *Römisches Privatrecht*, 21. Aufl., 2017, S. 235.

⑦ See W. W. Buckland, *A Manual of Roman Private Law*, Cambridge: At the University Press, 1953, p. 248.

⑧ Cfr. Giovanni Pugliese, Francesco Sitzia, Letizia Vacca, *Istituzioni di Diritto Romano*, G. Giappichelli Editore-Torino, 2012, p. 310.

为,所谓债之渊源,是指能够导致债产生的行为或者事实,[1] 其是债之所以能够存在的原因(causa)或者正当性(giustificazione)之所在,[2] 恰如意大利著名罗马法学者彼得罗·彭梵得所言:"由之可能产生债关系的法律事实被称为债的渊源,或用罗马法的术语被称作债因(causae obligationum)。"[3]

罗马法将合同设定为债之渊源的做法具有十分重要的理论意义与逻辑价值。一方面,债之渊源概念的使用,初步实现了的罗马法上债的类型化,债被大致分为合同之债、私犯之债、准合同之债以及准私犯之债;另一方面,更为重要的是,作为债之渊源的合同,与债之间构成了十分精致的因果关系——作为债之渊源的合同是引起合同之债的原因,而合同之债则是合同的结果。在这种"合同—债"的逻辑关系中,合同被置于原因的地位,其以债之渊源的身份,为债提供正当性说明,恰如意大利私法学者阿尔贝托·特拉布基所言:"债之渊源是拘束力得以存在的前提。渊源是债权人权利以及相对人义务的来源:对主体的天然自由予以限制,应当以经由社会评估而产生的确切缘由为基础"[4],换言之,对于罗马法而言,债作为债法中法律分析的中心,有关债的原因性的法律思考只需上溯至债之渊源的层面即可,仅就合同之债而言,倘若作为债因的合同系有效合同,那么债便因具备正当原因而可以令债权人享有特定债权并使债务人负担相应的债务。

接下来的问题则是,对于作为债之渊源的合同本身,是否应当进一步予以原因性方面的考察呢?换言之,是否应当对合同的正当性,或者说合同原因进行法律分析?就此而言,罗马法所给出的答案是否定性的。

与当今各国合同法不同,罗马法中的合同并不具有概念上的统一性质。前已述及,自近代以来,各国合同法有关合同概念的界定,均系以合意为基础展开,合同作为一种协议,即当事人之间合意的观念获得了普遍承认,因此,对于当今各国而言,"合同"一词是非常成熟的、具有抽象性格的法律概念,以此为演绎的逻辑起点,可以细分出诸如买卖合同、租

---

[1] Cfr. Francesco Galgano, *Il Negozio Giuridico*, Dott. A. Giuffrè Editore, 2002, p. 200.

[2] Cfr. Alberto Trabucchi, *Istituzioni di Diritto Civile*, CEDAM, 2013, p. 684.

[3] [意] 彼得罗·彭梵得:《罗马法教科书》,黄风译,中国政法大学出版社 2005 年版,第 232 页。

[4] Cfr. Alberto Trabucchi, *Istituzioni di Diritto Civile*, CEDAM, 2013, p. 684.

赁合同、承揽合同等具体合同,而在这些具体合同之中,均蕴含合意的共同因素。与之相反,罗马法中的合同严格来说并非概念,而是一项类型,尽管罗马法上已经诞生了合意概念,但罗马法并未以合意为概念内核塑造合同概念,而仅仅是将一系列性质相近的,能够导致债发生的债之渊源集合在"合同"这一类型之下,在这一类型中,包括通过物的交付所成立的合同、借由言辞所达成的合同、凭借文书所订立的合同以及依靠当事人之间的合意所形成的合同,这四种合同并无统一的正当性依据或者说原因。

1. 借由物之交付所成立的合同的原因(正当性依据):物之交付事实

对于通过物的交付所成立的合同,或者根据现代私法习惯所言之要物合同而言,其正当性或者原因性根据在于物之交付的事实。

例如,《盖尤斯法学阶梯》中有如下法言:

Gai. 3, 90。债可以通过实物缔结,比如:消费借贷。消费借贷真正涉及的是以重量、数量或者度量计算的物,比如:现金、葡萄酒、油、小麦、铜块、银子、金子。这些物品我们以计数、衡量或者称重的方式给付,以使它们变为接受者的,当它们被还给我们时,不再是原来的物品,而是同样性质的物品。因而这被称为消费借贷,因为那些以此方式由我给你的东西,从我的变为你的。[①]

《优士丁尼法学阶梯》中也有相似法言:

I. 3, 14pr.。例如,实物的借贷之债便属于通过物自身所缔结的债。消费借贷之债适用于以重量、数目或者尺寸为标准予以衡量的物,例如酒、油、谷物、铸造的货币、铜、银或者金。我们经过计数、测量或者称重,而将一定数量、大小或者重量的物交付给接受者,并使它们成为接受者之物。而在它们被还给我们的时候,尽管并非原物,但是与原物性质相同、质量相同之物。因此,这种情形被称为"消费借贷",其缘故在于,该物由我给付给你,从而使该物从我的物变为你的物。从这种合同中会产生名为"请求给付之诉"的诉权。[②]

---

① [古罗马] 盖尤斯:《法学阶梯》,黄风译,中国政法大学出版社 2008 年版,第 162 页。

② See T. Lambert Mears, *The Institutes of Gaius and Justinian, the Twelve Tables, and the CXVIIth and CXXVIIth Novels, with Introduction and Translation*, London: Stevens and Sons, 119, Chancery Lane, 1882, pp. 155-156, 452. 中文翻译同旨参见徐国栋《优士丁尼〈法学阶梯〉评注》,北京大学出版社 2011 年版,第 396 页。

上述两段法言所谈论的，是罗马法中的消费借贷。对于罗马法中的消费借贷而言，现代合同法所强调的合意因素并不重要，其只需要出借人将一定数量、大小或者重要的物交付给借用人，并且使借用人成为出借物的所有人即可，而无须出借人与借用人在交付之前形成有关消费借贷的合意；同时，还须予以注意的是，消费借贷合同作为要物合同，其在出借人将标的物交付给借用人之后方告成立，故而消费借贷合同也只是一个单务合同——恰如 I. 3, 14pr. 所言，消费借贷合同只会产生请求给付之诉，即债务履行期届满而借用人不归还与原标的物性质相同、质量相同以及数量相同之物时，出借人有权请求借用人归还原标的物性质相同、质量相同以及数量相同之物，不过却无权请求报酬。[1] 仔细分析便可发现，有关消费借贷正当性之考察，只需围绕标的物的交付展开即可，有物之交付，且存在消费借贷之意思，便可成立消费借贷合同，进而，消费借贷合同即可充当消费借贷之债的原因，并为这种债提供正当性说明。一言以蔽之，通过物的交付所成立的合同，其正当性依据，或者说原因在于具有某种意思的物的交付事实。

2. 借由言辞所达成的合同的原因（正当性依据）：形式化的言辞程序

与通过物的交付所成立的合同相比，借由言辞所达成的合同也存在一个较为直观的外观，只是与物的交付相比，借由言辞所达成的合同更富有形式主义的色彩。罗马法中最为典型的借由言辞所达成的合同是要式口约，例如，《盖尤斯法学阶梯》中有如下法言：

Gai. 3，92。通过话语缔结的债是以询问和回答的方式达成的，比如："你答应给付？""我答应"；"你给付？""我给付"；"你允诺？""我允诺"；"你应保？""我应保"；"你担保？""我担保"；"你做？""我做"。[2]

无独有偶，《优士丁尼法学阶梯》中也有类似内容。《优士丁尼法学阶梯》中有如下两段法言：

I. 3，15pr.。在我们就对我们给付某物或做某事订立要式口约的情况下，口头之债是通过问与答缔结的。从要式口约产生了两个诉权，如果要式口约为确定的，要求给付之诉；如果要式口约为不确定的，即为根据要

---

[1] See Reinhard Zimmermann, *The Law of Obligations: Roman Foundations of the Civilian Tradition*, Oxford University Press, 1996, p. 154.

[2] ［古罗马］盖尤斯：《法学阶梯》，黄风译，中国政法大学出版社 2008 年版，第 163 页。

式口约之诉。之所以使用这个名称,乃因为古人把"坚固"叫作Stipulum,可能来源于"树干"一词。①

I. 3, 15, 1。对这种情况,人们曾交换这样的言辞:"汝答应否?""吾答应。""汝允诺否?""吾允诺。""汝做否?""吾做。"事实上,要式口约用拉丁语、希腊语或其他语言订立,毫无区别,不消说,只要要式口约的订立人双方都懂这种语言。也不必双方都用同一种语言,问答一致就足够了。甚至两个希腊人可用拉丁语缔结一个债。这些庄严的言辞确实曾使用过,但后来发布了列奥的敕令,它废除了言辞的庄严形式,只要求双方当事人在意思与理解上一致,而不管它们是以何种言辞表达的。②

由上述法言可知,罗马法中的要式口约(stipulatio)遵循十分严格的言辞程序,具体而言,要式口约通常以固定的词汇通过一问一答的方式展开,问题与答案必须相互契合,而在完成固定化的言辞交互过程之后,合同之债即告成立。③ 对于罗马人而言,在法律分析层面上,为要式口约提供正当性说明的,正是订立要式口约所必需的形式化言辞程序,倘若两个主体就某一事项以相应的言辞程序成立了要式口约,则立刻在两个主体之间缔结债的法律关系,反过来说,债的成功缔结,也就意味着要式口约这一合同也就成立并且生效了。因此,要式口约,也包括其他借由言辞所达成的合同,其原因是形式化言辞程序的完成,换言之,倘若借由言辞所达成的合同,其形式化言辞程序毫无瑕疵,那么该合同便具有正当原因,进而可以产生债之效力。

当然,由法言所表述的内容可知,要式口约起初属于市民法的范畴,在言辞方面也更为严格,不过在罗马法的发展进程中,要式口约逐渐也可在万民法意义上被使用,换言之,非罗马市民亦可通过要式口约缔结债,并且在言辞上,并不以拉丁语为唯一语言。④ 在优士丁尼时代,要式口约的形式已经极为简化,列奥敕令废除了要式口约的严格形式,转而认为只

---

① 徐国栋:《优士丁尼〈法学阶梯〉评注》,北京大学出版社2011年版,第400页。

② 同上。

③ Cfr. Massio Brutti, *Il Diritto Privato Nell'antica Roma*, G. Giappichelli Editore-Torino, 2011, p. 474.

④ Cfr. Andrea Lovato, Salvatore Puliatti, Laura Solidoro Maruotti, *Diritto Privato Romano*, G. Giappichelli Editore-Torino, 2014, pp. 454-455.

要合同双方意思表示达成了实质意义上的一致,无论使用何种言辞均可成立合同。由此可见,在优士丁尼时代,要式口约其实已经与合意合同区别不大。

3. 凭借文书所订立的合同的原因(正当性依据):对债做出的书面文字记载

在罗马法上,合同也可以凭借文书订立,由此导致债之发生。《盖尤斯法学阶梯》中有如下法言:

Gai. 3,128。有些债是通过文字缔结的,比如债权誊账。债权誊账采用两种方式进行,或者记物于人,或者记人于人。[1]

所谓债权誊账,其实就是一种以文字记载形式展现的书面合同,其主要有两种类型:第一,记物于人的债权誊账。所谓记物于人,是指债权人通过将债务人应当给付债权人之物记载于文书之上,从而在债权人与债务人之间产生债的情形,一旦记物于人的文字生成,则债务人负有向债权人给付特定物的义务,因为这种文字记载意味着债权人已经向债务人给付了相同的特定物(id expensum tibi tolero),故而债务人负有相应的返还义务,以便涂销债权誊账上的记载。[2] 第二,记人于人的债权誊账。所谓记人于人,其实是一种关于债务履行的三方关系安排,具体做法是,债权人将第三人应向自己给付的物记载于文书之上,并以此表示该物已经支付给债务人,由此而使债务人负担向债权人给付特定物的义务,此时,债务人与第三人之间则成立委托关系,因为记人于人的债权誊账一旦记载生成,也就意味着第三人委托债务人向债权人给付特定物。[3] 对于罗马法而言,债权誊账这类凭借文书所订立的合同,其正当性理由在于对债所做出的书面文字记载,因此,倘若一定要为这类合同设置一个原因,则其原因便是债的文字记载本身。不过,从现代合同法的角度来看,由于凭借文书所订立的合同既不考虑该文字记载行为的原因(la causa dell'atto),也无须考察当事人的合意(la volontà delle parti),而只凭书面文字记载之形式即可

---

[1] [古罗马] 盖尤斯:《法学阶梯》,黄风译,中国政法大学出版社2008年版,第176页。

[2] See T. Lambert Mears, *The Institutes of Gaius and Justinian, the Twelve Tables, and the CXVIIth and CXXVIIth Novels, with Introduction and Translation*, London: Stevens and Sons, 119, Chancery Lane, 1882, pp. 168, 469.

[3] Ibid.

发生债的效力，故而也可认为凭借文书所订立的合同没有法律上的原因。①

4. 合意合同的原因（正当性依据）：当事人之间的合意

与其他三种合同不同，罗马法上的合意合同既不需要交付物这一实践性要件，也没有形式与程序方面的特别要求，当事人仅凭其意思上的合致即可成立合同，导致债的发生。关于合意合同，在《盖尤斯法学阶梯》中有两处比较重要的法言：

Gai. 3，135。在买卖、租赁、合伙、委托中的债是通过合意而形成的。②

Gai. 3，136。我们说在这些情况下通过合意缔结债是因为：不需要任何特殊的话语或者文字，只需要实施交易行为的人相互同意。因此，这种交易也可以在未出席者之间缔结；相反，口头债则不可能在未出席者之间缔结。③

《优士丁尼法学阶梯》中同样也有两处比较重要的有关合意合同的法言：

I. 3，22pr.。在买卖、租赁、合伙和委任中，通过合意发生债。④

I. 3，22，1。事实上，在这些场合，人们之所以说通过合意缔结债，乃因为不需要书面文件；无论如何，也不需当事人到场；再者，也不必给付某物，为了债取得效力，进行交易的人做出同意，即为已足。⑤

由上述法言可知，罗马法中的合意合同具有两大鲜明特点：第一，非形式性。与其他三种合同不同，合意合同并无物之交付那样的实践性要件，也没有文字记载、固定化的言语交流等形式化要求，对于合意合同而言，其只以当事人之间的合意（consensu）为正当性依据，一旦当事人就特定事项达成合意，即可缔结合同，导致债的发生。⑥ 第二，适用领域的

---

① Cfr. Andrea Lovato, Salvatore Puliatti, Laura Solidoro Maruotti, Diritto Privato Romano, G. Giappichelli Editore-Torino, 2014, p. 474.

② ［古罗马］盖尤斯：《法学阶梯》，黄风译，中国政法大学出版社 2008 年版，第 177 页。

③ 同上书，第 176 页。

④ 徐国栋：《优士丁尼〈法学阶梯〉评注》，北京大学出版社 2011 年版，第 429 页。

⑤ 同上。

⑥ Cfr. Andrea Lovato, Salvatore Puliatti, Laura Solidoro Maruotti, *Diritto Privato Romano*, G. Giappichelli Editore-Torino, 2014, p. 498.

狭窄性。须予以特别注意的是，罗马法中的合意合同并非具有普适性的合同，其只能应用于买卖、租赁、合伙与委任之中，换言之，当事人之间倘若意欲缔结买卖之债、租赁之债、合伙之债以及委任之债，则可以选择合意合同的方式，而如果想要缔结其他类型的债，那么只能选择合意合同以外的其他合同方式，如果强行选择合意合同方式缔结以上四种债之类型以外的债，例如，以合意合同形式缔结消费借贷之债，那么便不能在法律上产生债之法律效力。

透过对罗马法中四大合同类型的分析可知，罗马法中的合同各自具有不同的正当性基础，如果用"原因—结果"的范式予以分析的话，则不难发现：第一，通过物的交付所成立的合同的原因，在于物之交付事实，申言之，一旦当事人之间以消费借贷等意思而完成物之交付，则会导致相应的债之发生；相反，欠缺物之交付行为，即使当事人之间蕴含消费借贷的合意，债也无从发生。第二，借由言辞所达成的合同的原因在于形式化的言辞程序，而凭借文书所订立的合同的原因在于对债做出的书面文字记载，这两种合同能够发生债之效力的关键都在于特定形式的完成，而与当事人合意无关。第三，合意合同的原因的确可以定位于当事人合意之上，不过在罗马法上，合意合同并非合同的普遍形式，其只是合同的一种具体类型，故而合意合同的原因并非其他合同的原因。因此，一言以蔽之，由于罗马法欠缺统一的抽象合同概念，而只有具体的合同类型，故而罗马法也难以整理出对应合同概念的原因概念，一个可以适用于一切合同的原因概念，对于罗马法而言，既无必要，也不现实。

(二) 中世纪罗马法：一般原因理论的萌芽

在西罗马帝国倾覆之后，罗马法并没有成为帝国的陪葬，一方面，罗马法继续在原罗马帝国东部地区，即东罗马帝国（又称拜占庭帝国）继续存在；另一方面，在西欧（尤其是意大利地区），伴随罗马法典籍，尤其是优士丁尼组织编纂的《民法大全》被发现，中世纪罗马法仍然继续存在并且发展着。[1] 而在这一时期，以研究罗马法为旨趣的注释法学派与评论法学派在罗马法素材的基础上初步创设了合同原因理论。

---

[1] Vgl. Hermann Lange, *Römisches Recht im Mittelalter*, Band I, Die Glossatoren, 1997, S. 35ff.

1. 注释法学派："穿衣"理论与简约原因

中世纪的罗马法法学家往往运用经院哲学的方法对罗马法文本进行注释与解读，而在这一过程中，"穿衣"理论作为一项十分重要的法律理论被引入合同法中。

前已述及，在罗马法中，除了合同（契约）之外，还存在一种名为简约的法律概念，恰如法言 D. 2，14，1 所言："简约源于协议（Pactum autem a pactione dicitur）"①，对于罗马人而言，简约只是当事人之间根据自己意思所达成的协议（conventio）或者合意（consensus），② 严格来说并非罗马市民法所承认之物，其不能产生市民法上的效力，而只能导致抗辩的产生，③ 申言之，单纯的简约无法像合同那样直接发生债的效力，其只有在特定情况下，借助裁判官的权力，才可能获得抗辩效力，进而被赋予法律上的强制力。④ 正因为如此，罗马法上有所谓"简约不具请求之效力（pactum de non petendo）"的格言。⑤ 中世纪的注释法学家在处理罗马法文本时，敏锐地发现了这一点，其在忠实于文本的基础上，提出了自己的见解：首先，简约与合同在性质上并不相同，简约不能直接发生市民法上的效力，而只能依赖裁判官获得强制执行。其次，简约与合同的性质差异在根本上体现为合同具有正当的外在形式，例如，消费借贷合同具有物之交付的事实，优士丁尼改革前的要式口约具备固定的言辞模式等，而简约除不具备这些外在形式以外，其实与合同之间并无本质性差异。最后，由

---

① See Jusitinian, *The Digest of Justinian*, Latin Text edited by Theodor Mommsen, with the Aid of Paul Krueger, English Translation Editioned by Alan Watson, Vol. I, University of Pennsylvania Press, 1985, p. 62.

② Cfr. Antonio Guarino, Diritto privato romano, Editore Jovene Napoli, 2001, p. 937.

③ 在罗马法上，抗辩与诉权不同，前者只是由裁判官所赋予被告的，使被告得以对抗原告诉权的权利，恰如帕比尼安在论述一般诈欺抗辩时所言："诈欺的抗辩保护可以以防御的公平挫败一个诉权的人。"参见黄风编著《罗马法词典》，法律出版社 2002 年版，第 106 页；[意] 桑德罗·斯奇巴尼选编《民法大全选译·法律行为》，徐国栋译，中国政法大学出版社 1998 年版，第 49 页。

④ D. 2，14，7，7, See Jusitinian, *The Digest of Justinian*, Latin Text edited by Theodor Mommsen, with the Aid of Paul Krueger, English Translation Editioned by Alan Watson, Vol. I, University of Pennsylvania Press, 1985, p. 64.

⑤ See W. W. Buckland, *A Manual of Roman Private Law*, Cambridge: At the University Press, 1953, p. 307.

于与合同相比，简约仅仅是欠缺这些外在形式而已，因此，只要简约得以获得这些外在形式，则可以成为一项合同，继而发生合同之法律效力，这就好像为裸体的简约（nudum pactum）披上了一层外衣一般。[1] 这种通过为简约"穿衣"而使简约获得合同效力的理论即为"穿衣"理论，恰如中世纪著名注释法学家阿库修斯所言：

一项有效之债奠基于两大根据之上。第一个根据是自然的根据。自然根据源于合意，所有的人，甚至奴隶，都能达成这种合意。……尽管如此，自然的根据并不具有强制执行债务的效力。它只是不允许一个已经履行的人撤回自己的履行罢了。……有时，一个自然根据会被附加一个市民法的根据，该市民法根据能够为其提供效力、形式或者外衣，从而使自然根据产生一个债。[2]

由此可见，尽管注释法学派以尊重罗马法文本著称，但其仍然对罗马法文本作了一定程度上的发挥。原本简约与合同系性质完全不同之事物，前者只可能根据裁判官的裁判而获得抗辩效力，而后者则可以直接发生确定的罗马市民法效力，具体而言，即产生债的效力。但在注释法学派处，简约所导致的自然之债与合同所导致的市民法之债却在一定程度上作了同质化处理，申言之，原本罗马法意义上作为法锁（iuris vinculum）的债不包括自然之债（obligationes naturales），因为作为法锁的真正之债可以借由市民法诉讼或者荣誉法诉讼获得可执行性，而自然之债没有此种效力，在自然债务关系中，债权人与债务人之间并不存在法律上的约束力。[3]

不过，注释法学家阿库修斯却认为，自然之债与市民法之债都是法锁，都是人与人之间的拘束，只不过要让自然之债产生拘束，需要作为其根据的简约获得市民法根据，从而"穿上衣服"。[4] 至此，简约与合同的

---

[1] See Harold J. Berman, *Law and Revolution: The Formation of the Western Legal Tradition*, Harvard University Press, 1983, p. 246; W. W. Buckland, Arnold D. McNair, *Roman Law and Common Law: A Comparison in Outline*, Cambridge University Press, 2008, p. 229.

[2] Accursius, Gloss to I. 3. 14pr. to *Necessitate*. See James Gordley, *The Philosophical Origins of Modern Contract Doctrine*, Clarendon Press, 1993, p. 41.

[3] See Reinhard Zimmermann, *The Law of Obligations: Roman Foundations of the Civilian Tradition*, Oxford University Press, 1996, pp. 1, 7.

[4] See James Gordley, *The Philosophical Origins of Modern Contract Doctrine*, Clarendon Press, 1993, p. 42.

区别被缩减为某种法律上的"衣服"之有无,具体而言,有"衣服"的简约就是合同;反过来说,倘若一项合同欠缺其所必需的法律上的"衣服",那么这项合同也可以被视为简约。

在上述推论的基础上,注释法学派注意到了以下法言:

D.2,14,7,4。但是,没有原因的协议无法产生债,因为,裸体的简约不能产生债,而只能产生抗辩。①

仅就该法言的文本意思而言,乌尔比安大致表达了两个观点:第一,协议并非总是无法产生债,裸体简约(nuda pactio),即没有原因的协议才会不发生债之效力;第二,尽管没有原因的协议不产生债,但也并非没有其他法律效力,其会产生抗辩。D.2,14,7,4的直接含义只局限于这两个观点之内,不过注释法学派却在此基础上作了反对解释:倘若存在原因,则简约将产生债,换言之,在注释法学派的理论体系中,原因是一种能够使简约产生债之效力的"衣服"(clothing)。②

接下来的问题则是,作为简约外衣的原因,究竟为何物呢?注释法学派在研究罗马法文本的过程中,注意到了以下法言:

D.2,14,7,2。但是,即使其他合同无法被纳入有名合同的范畴中,只要存在原因,阿里斯多对塞尔苏斯的回答的是:仍然产生了债。例如,我给你一件东西,与之相对应的是,你也会给我另一件东西;或者我给你一件东西,与之相对应的是,你也必须为我制作一件东西,这种交换,阿里斯多谈到,产生了市民法上之债。③

注释法学派认为,上述法言所论述的,其实是有名合同之外无名合同的效力问题。罗马法上的无名合同,是一种内涵较为复杂的法律概念。在罗马法中,部分采用有名合同名称的无名合同可以直接获得诉权,享有与有名合同相同的法律地位,恰如D.2,14,7,1所言:"有的协议没有自

---

① See Jusitinian, *The Digest of Justinian*, Latin Text edited by Theodor Mommsen, with the Aid of Paul Krueger, English Translation Editioned by Alan Watson, Vol. I, University of Pennsylvania Press, 1985, p.63.

② See Harold J. Berman, *Law and Revolution: The Formation of the Western Legal Tradition*, Harvard University Press, 1983, p.246.

③ See Jusitinian, *The Digest of Justinian*, Latin Text edited by Theodor Mommsen, with the Aid of Paul Krueger, English Translation Editioned by Alan Watson, Vol. I, University of Pennsylvania Press, 1985, p.63.

己的名称，但是，倘若其采用了与自己相契合的有名合同形式，如买卖、雇用、合伙、借贷、寄托以及其他相似合同形式的，则可以产生诉权"①，部分无名合同则没有诉权效力，只能产生抗辩权，这类无名合同其实就是简约。不过，D. 2, 14, 7, 2中阿里斯多的阐述却为简约产生债之效力，获得诉权提供了一种可能性，即拥有原因，换言之，一旦简约上存在原因，其即可像合同一样发生债之法律效力。而从这段法言中也不难看出，所谓的"原因"，其实就是协议一方给付另一方之事物，或者用阿库修斯与雅各布的话来说，即"交付的某物或者做过的某事（something given or done）"②或者"某物或者对某物的期待（a thing or a hope of a thing）"③，即已经做出的给付或者待为的给付。

2. 评论法学派：原因一般理论的萌芽

从历史沿革来看，原因其实属于注释法学派所创立的"穿衣"理论中的一种合同外衣，对于注释法学派而言，原因作为协议一方交付给另一方之物或者一方为另一方所做之事仅仅是简约"衣服"中的一种罢了，能够成为简约衣服的，除了原因之外，也可以是物的交付或者特定形式的完成等。④职是之故，尽管注释法学派也注意到了原因这一概念，但却没有进一步将原因予以抽象化，并将其作为简约正当化的一般理由。与注释法学派相比，评论法学派（又称后期注释法学派）⑤尽管也基本继承了注释法学派所创立的"穿衣"理论——例如评论法学派学者巴托鲁斯便认为，裸体简约不仅可以导致债的发生，而且可以通过穿上合适的衣服（uestimentum）——譬如文书（litera）而转变为合同，⑥但是，评论法学

---

① See Jusitinian, *The Digest of Justinian*, Latin Text edited by Theodor Mommsen, with the Aid of Paul Krueger, English Translation Editioned by Alan Watson, Vol. I, University of Pennsylvania Press, 1985, p. 63.

② See John W. Cairns, Creation of the Ius Commune: From Casus to Regula, Edinburgh University Press, 2010, p. 97.

③ Ibid.

④ See James Gordley, *The Philosophical Origins of Modern Contract Doctrine*, Clarendon Press, 1993, p. 42.

⑤ Ibid., p. 49.

⑥ Cfr. Bartoli A Saxoferrato, *Opera: Quae Nunc Extant Omnia*, Basileae: ex officina episcopiana, 1588, p. 273.

派却在原因理论方面前进了一大步。

与注释法学派仅将原因视为简约的一种衣服不同，评论法学派对于"原因"一词的使用更具有抽象性与一般性。以亚里士多德哲学为基础，评论法学派中的巴托鲁斯与巴尔杜斯（Baldus）两位学者引入了"终极原因"（causa finalis）这一亚里士多德哲学中的概念，并认为，在合同中，存在终极原因，这种原因是合同之所以有效的根源，反过来说，倘若合同自身拥有这一终极原因，那么合同自然便是有效合同。① 不过究竟何为终极原因的近因呢？巴托鲁斯与巴尔杜斯认为，对于合同而言，不能将一切具有原因属性的事物均视为合同的终极原因，所谓合同的终极原因，应当具备两大特点：第一，目的性。合同的终极原因，所彰显的是当事人双方订立合同的根本目的，譬如，在买卖合同中，出卖人的根本目的，便是获得买受人所支付的价款，而买受人的根本目的，便是取得出卖人所交付之物的所有权，职是之故，在评论法学派处，合同目的与合同原因也就具有了同质性，例如，巴托鲁斯便认为，在买卖中，出卖人的原因便是获得价款，而买受人的原因便是取得标的物，此时，只要存在这样的原因，则即使买卖是依托于简约成立的，该简约也可以成为合同。② 至于其他推动合同成立的因素，例如出卖人购买某物的动机，则不应归于终极原因之列，而只能被视为"推动性原因"（causa impulsive），其对于合同成立只具有推动作用，而不能成为合同的效力基础。③ 第二，近因性。合同原因只能是"作为终极原因的近因"（causa finalis proxima），唯有近因方可影响合同之效力，而远因是否有瑕疵，则对合同效力没有影响。④

评论法学派继承了注释法学派有关原因的定义，不过注释法学派将原因定义为"交付的某物或者做过的某事"或者"某物或者对某物的期待"的做法只能适用于有偿合同，无偿合同，例如赠与合同中的原因究竟为何，仍付之阙如。就这一问题而言，评论法学派以 D. 12, 7, 1 为基础，给出了答案。D. 12, 7, 1 中提到，要式口约必须要有一个原因，如果诉

---

① See James Gordley, *The Philosophical Origins of Modern Contract Doctrine*, Clarendon Press, 1993, pp. 50–51.

② Ibid., pp. 49–50.

③ Ibid., p. 49.

④ Ibid., p. 51.

讼请求人无法证明要式口约存在原因,则该要式口约无法获得强制执行。前已述及,要式口约是一种单务合同,即使没有回报,要式口约也是有效的,因此,要式口约的原因便不能像买卖那样解释为协议双方的对待给予,评论法学派学者巴托鲁斯认为,要式口约的原因,其实就是因要式口约而负有债务的债务人之"慷慨"(liberality)。[①]

到此为止,评论法学派不但将原因由简约"衣服"之一种,提升到合同的一般效力基础地位,而且运用亚里士多德哲学,引入终极原因概念,并将动机排除在合同原因之外,最终初步构造了原因的一般理论:拥有原因的简约,即可成为合同,并发生债之法律效力;而拥有原因的要式口约,可以享有强制执行效力。前者的原因为已经做出的给付或者待为的给付,后者的原因是债务人的慷慨。

(三) 近代合同原因理论

在中世纪原因理论的基础上,近代民法原因理论进一步发展,并且逐步分化出两大主要流派,即法国原因理论与德国原因理论。兹分述如下。

1. 法国民法上的原因理论

法国近代民法的突出特征在于,不再如罗马法那样区分合同、简约与协议,转而认为合同的本质在于当事人之间的合意,合同其实就是一种协议,恰如法国民法学家多玛所言,所谓合同,其实就是"两个或者两个以上的主体为了创设、消灭或者变更某种事务【关系】所达成的合意(Consent)"[②],而1806年颁行的《法国民法典》第1101条则更为明确地规定,合同"为一种合意,依此合意,一人或数人对于其他一人或数人负担给付、作为或不作为的债务"[③]。在建构了一般意义上的合同概念之后,法国也形成了有关合同原因的一般理论,而奠基者,则是多玛与波蒂埃。

多玛在《自然秩序中的民法》一书中阐述了自己的原因理论。多玛的原因理论建立在其对合同的分类基础上,其将合同分为四种类型,即以

[①] See James Gordley, *The Philosophical Origins of Modern Contract Doctrine*, Clarendon Press, 1993, p. 50.

[②] See Jean Domat, *The Civil Law in Its Natural Order*, Volume Ⅰ, Translated from the French by William Strahan, Boston: Charles C. Little and James Brown, 1850, pp. 160-161.

[③] 李浩培、吴传颐、孙鸣岗译:《拿破仑法典(法国民法典)》,商务印书馆1979年版,第148页。

自己之物换取他人之物的合同；以自己做出某种行为换取他人做出某种行为的合同；以自己之物换取他人做出某种行为的合同以及单方给予他人某物或者为他人做某事的合同。[1] 在此合同分类基础上，多玛进一步谈到，前面三种合同，如买卖合同、互易合同、雇用合同等，其成立的基础并非当事人之间的慷慨，而是合同当事人相互向对方所做出的承诺（engagement），这三种合同中，当事人一方从对方处获得好处，其原因是对方也会相应地给予其某物或者为其做某事，而如果没有这种原因，合同将会无效。[2] 一言以蔽之，多玛认为，在有偿合同中，合同原因其实就是合同双方互相做出的承诺。而就最后一种合同，即赠与而言，多玛认为，在赠与合同中，一方当事人只是单独给予对方某物或者为对方做某事，对方一旦接受即可导致合同成立，故而与其他三种有偿合同不同，赠与合同的原因是某种正当并且合乎理性的动机或者理由（motif raisonnable & juste），接受赠与的当事人并不需要给予承诺以换取其获得的好处。[3] 从多玛的论述中可以得见，较中世纪原因理论而言，合同原因概念变得更为清晰，多玛将协议、合意与合同予以同质性对待，并在此基础上认为，合同因有偿与否而存在不同的原因，有偿合同的原因其实就是合同双方向对方所做出的承诺，这两个承诺其实构成了一种既有付出也有回报的交换；而无偿合同的原因则非常简单，只需要当事人具有合理的动机或者理由即可。在多玛处，合同原因的概念已经基本成熟。

与多玛类似，波蒂埃在《债论》一书中指出："任何一项合同都应当拥有一个正当的原因。在对于双方而言都能获得利益的合同中，一方订立合同的原因就是另一方给予他的物或者为他做的事，或者另一方承诺要给予他的物或者为他做的事，或者另一方所负担的危险"[4]，由此可见，在

---

[1] V. Jean Domat, Les loix civiles dans leur ordre naturel, chez la veuve Savoye, 1767, p. 20; See Jean Domat, *The Civil Law in Its Natural Order*, Volume Ⅰ, Translated from the French by William Strahan, Boston: Charles C. Little and James Brown, 1850, p. 161.

[2] Ibid., pp. 161-162.

[3] Ibid., p. 162.

[4] V. Robert Joseph Pothier, Traité des obligations, Tome Premier, A Paris, Chez Debure l'aîné, Quai des Augustins, à l'image S. Paul, A Orleans, Chez Rouzeau-Montaut, Imprimeuf du Roi, de la Ville, & de l'Université, 1761, p. 49. See M. Pothier, *A Treatise on the Law of Obligations, or Contractes*, Vol.I, London: Printed by A. Strahan, 1806, p. 24.

波蒂埃看来，有偿合同的原因，其实就是合同双方互相给予对方或者承诺给予对方的利益。而对于无偿合同，波蒂埃认为："使合同一方纯获利益的合同，付出利益一方愿意向接受利益一方付出利益的行为中所蕴含的慷慨，便是合同的充分原因。"① 最后，波蒂埃还进一步指出，原因是合同所不可或缺的因素，倘若合同欠缺前述两种原因，则合同应当归于无效。②

多玛与波蒂埃的合同原因理论影响了立法，在《法国民法典》中，原因作为合同的构成要件之一被正式纳入法典之中。《法国民法典》第1131条规定，倘若合同没有原因，其原因为错误原因或者不法原因，则合同没有效力。③ 而在民法教义学层面，法国学界通说通常承继多玛与波蒂埃的学说，认为原因是合同所不可或缺的构成要件，欠缺原因或者原因存在瑕疵，会影响合同效力。例如，法国学者奥布里和劳在《法国民法教程》一书中便指出，与罗马法不同，法国民法对于当事人之间协议效力的确认，奠基于对该协议所具有的正当理由，即原因的考察之上，唯有拥有正当原因的协议，方可发生债之法律效力，至于何谓原因，则因合同类型的不同而有所不同，对于无偿合同（les contrats de bienfaisance）而言，其合同原因为实施利他行为的慷慨意图；而对于有偿合同（les contrats intéressés），其合同原因为合同双方相互给予对方的好处。④ 此外，奥布里和劳还认为，自然债务在获得一项新的承诺之后，可以转变为民法意义上的债务，此时这一新的承诺，也是一种原因。⑤ 最后，奥布里和劳还指

---

① V. Robert Joseph Pothier, Traité des obligations, Tome Premier, A Paris, Chez Debure l'aîné, Quai des Augustins, à l'image S. Paul, A Orleans, Chez Rouzeau-Montaut, Imprimeuf du Roi, de la Ville, & de l'Université, 1761, p. 49. See M. Pothier, *A Treatise on the Law of Obligations, or Contractes*, Vol. I, London: Printed by A. Strahan, 1806, p. 24.

② V. Robert Joseph Pothier, Traité des obligations, Tome Premier, A Paris, Chez Debure l'aîné, Quai des Augustins, à l'image S. Paul, A Orleans, Chez Rouzeau-Montaut, Imprimeuf du Roi, de la Ville, & de l'Université, 1761, pp. 49-50. See M. Pothier, *A Treatise on the Law of Obligations, or Contractes*, Vol. I, London: Printed by A. Strahan, 1806, p. 24.

③ See John Bell, Sophie Boyron, Simon Whittaker, *Principles of French Law*, Oxford University Press, 2008, p. 317.

④ V. C. Aubry, C. Rau, Cours de droit civil français, Tome Quarième, Paris, Imprimerie et Librairie Générale de Jurisprudence, Marchal et Billard, Imprimeurs-Éditeurs, 1871, pp. 320-321.

⑤ Ibid., p. 321.

出，原因系合同所不可或缺之因素，合同没有原因，或者原因是虚假的（fausse）、非法（illicite）的，则合同丧失其效力。[1] 值得注意的是，在多玛处，"motif（动机、理由）"一词还被用于描述原因，但在《法国民法典》颁行后，法国民法学界通常恪守"原因不是动机"（La cause n'est pas le motif）的格言，从而在概念术语层面上对原因与动机做出了严格区分。[2] 自此，尽管法国民法学界对原因理论颇有争议，[3] 但以《法国民法典》第1131条的设置为标志，原因理论以及原因作为一项合同构成要件的地位却最终得到了确立与巩固。[4]

2. 德国民法上的原因理论

对于德国民法而言，其在法律行为体系中，区分有因行为（kausale Geschäfte）与抽象行为（abstrakte Geschäfte）。[5] 所谓有因行为，是指法律基础（Rechtsgrund），即原因（die causa）构成法律行为内容的法律行为。[6] 大多数负担行为（Verpflichtungsgeschäfte），例如债务合同（Schuldverträge），便是有因行为。[7] 而所谓抽象行为，则是指与其法律原因相分离的法律行为，换言之，抽象行为中没有法律原因的内容。[8] 处分行为（Verfügungsgeschäfte），例如物权行为（dinglichen Rechtsgeschäfte），便属

---

[1] V. C. Aubry, C. Rau, Cours de droit civil français, Tome Quarième, Paris, Imprimerie et Librairie Générale de Jurisprudence, Marchal et Billard, Imprimeurs-Éditeurs, 1871, p. 322.

[2] V. Joseph Timbal, De la Cause dans les contrats et les obligations en droit romain et en droit français: étude critique, Impr. Douladoure-Privat, 1882, p. 153.

[3] 在法国民法学界，部分学者持反对原因理论的立场，例如，法国学者 Marcel Planiol 便直言不讳地指出，原因理论在历史上与逻辑上都是虚假和无用的。反对原因理论的学者认为，原因理论主要是为了突破罗马法形式主义而产生的理论，在合同采协议主义之后，其本身便没有意义了，况且原因具有模糊性，也没有什么实用价值（例如，错误原因和重大误解便有交叉），故而不如抛弃之。不过，主流观点仍然认为，原因理论具有自身的价值，可以进一步修正，但却不必弃之不顾。参见徐涤宇《原因理论研究——关于合同（法律行为）效力正当性的一种说明模式》，中国政法大学出版社2005年版，第118页以下。

[4] V. Joseph Timbal, De la Cause dans les contrats et les obligations en droit romain et en droit français: étude critique, Impr. Douladoure-Privat, 1882, p. 109.

[5] Vgl. Hans Brox/Wolf-Dietrich Walker, *Allgemeiner Teil Des BGB*, 38. Aufl., 2014, S. 54.

[6] Ibid., S. 55.

[7] Ibid., S. 55; Dieter Medicus, *Allgemeiner Teil Des BGB*, 10. Aufl., 2010, S. 94.

[8] Vgl. Hans Brox/Wolf-Dietrich Walker, *Allgemeiner Teil Des BGB*, 38. Aufl., 2014, S. 55.

于抽象行为。① 在有因行为中,存在各种不同的法律原因,例如,买卖合同的法律原因,便是买卖合同双方所达成的,出卖方或者买受人均因自己所付出的给付而可以获得相应对待给付的约定。② 对于德国民法而言,有因行为的法律原因,通常是指基于有因行为做出给予的正当性基础(der Grund, der die Zuwendung rechtfertigt),③或者给付目的(Leistungszweck)。④而对于抽象行为而言,根据分离原则(Trennungsprinzip),抽象行为从其原因行为中分离出来,抽象行为与其原因行为各自蕴含自身的意思表示因素,但抽象行为自身并无任何法律原因的内容;⑤ 同时,根据抽象原则(Abstraktionprinzip),抽象行为在效力上与原因行为没有关系,原因行为的效力不影响抽象行为的效力,这意味着原因行为的无效不一定导致抽象行为无效,同时,即使原因行为有效,也并不一定意味着抽象行为必然有效。⑥

3. 法国原因理论与德国原因理论的比较

比较德国模式与法国模式,可以发现,与法国相比,德国民法一方面基本遵循了原因理论,另一方面也发展出了新颖的抽象理论。在有因行为方面,德国民法与法国民法并无轩轾,均认为合同应当具备正当原因,而原因也寓于合同之中,但是,两者之间的不同之处是,德国民法承认作为有因行为的负担行为与作为抽象行为的处分行为的分离,同时,当负担行为构成处分行为的原因行为,而处分行为构成对负担行为的履行行为时,负担行为对处分行为的效力没有影响,这使得对于德国民法而言,债务合同原因仅存在于负担行为之中,而处分行为中则没有债务合同原因因素;而对于法国民法而言,由于法国民法并不承认负担行为与处分行为的分离性以及处分行为的抽象性,故而合同原因的效力不仅及于合同订立时期,

---

① Vgl. Hans Brox/Wolf-Dietrich Walker, *Allgemeiner Teil Des BGB*, 38. Aufl., 2014, S. 55; *Hans Prütting*, Sachenrecht, 36. Aufl., 2017, S. 16-17.

② Ibid., S. 55.

③ Ibid., S. 54.

④ Vgl. Manfred Wolf/Jörg Neuner, *Allgemeiner Teil Des Bürgerlichen Rechts*, 10. Auf., 2012, S. 331.

⑤ Vgl. Bernd Rüthers/Astrid Stadler, *Allgemeiner Teil Des BGB*, 18. Aufl., 2014, S. 122-123.

⑥ Ibid., S. 123-124; Hans Brox/Wolf-Dietrich Walker, *Allgemeiner Teil Des BGB*, 38. Aufl., 2014, S. 56ff.

也及于合同履行阶段，换言之，合同原因的效力贯穿于合同始终。

因此，一言以蔽之，法国原因理论的特点在于，原因被明文规定为合同的构成要件之一，同时，合同原因的效力贯穿于合同始终；而德国原因理论的要义在于，原因仅仅是有因行为的构成要件之一，抽象行为的法律原因是原因行为，而原因行为在抽象行为之外，不是抽象行为的构成要件，并且原因行为的效力不影响抽象行为的效力。

二 意大利合同法中的原因概念

意大利合同法在历史沿革上深受法国民法的影响，因此，尽管现行《意大利民法典》系 1942 年所颁行的新民法典，[①] 但仍然保留了继受自法国的原因概念及其理论。

现代意大利合同法理论对于原因的理解非常具有独特性，这种独特性体现为意大利私法学界主要以"功能"（funzione）一词为核心对原因进行概念构造，换言之，对于意大利合同法而言，所谓原因，其实就是合同所欲实现的某种功能。[②] 在意大利学界主要存在三种对于原因的定义。

（一）合同原因作为合意的主观功能：原因主观主义

合意的主观功能说，又称原因的主观主义（teoria soggettiva），该学说认为，所谓原因，是指合意的主观功能（la funzione soggettiva dell'accordo），具体而言，即推动合同得以产生的动机（i motivi）。[③] 合意的主观功能说认为，合同原因是一种存在于合同当事人内心的主观心理，是当事人订立合同所欲实现的主观目的。例如，甲与乙订立了一份买卖合同，约定甲以 20 元的价格自乙处购买一本书，在这份合同中，对于甲而言，订立合同的原因在于其喜欢这本书的内容，故而想购买这本书用于阅读；对于乙而言，订立合同的原因则在于其意欲通过出售这本书而获得 20 元钱。由此可见，合意的主观功能说实际上并未采纳类似法国民法理论的思路，而是将原因与动机在某种程度上等同视之，所谓原因，其实就是合同订立动机的功能化表述而已。

[①] Cfr. Adolfo Di Majo, *Codice civile, con la costituzione, I trattati U. E., e le principali norme complementari, con la collaborazione di massimiliano pacifico*, Dott. A. Giuffrè Editore, 2014, p. 193.

[②] Cfr. Francesco Caringella, *Manuale di diritto civile, II. Il contratto*, DIKE Giuridica Editrice, 2011, p. 155.

[③] Cfr. Giulio Perrotta, *Manuale di diritto privato*, Pe Primiceri Editore, 2017, p. 497.

（二）合同原因作为合意的"经济—社会功能"：原因抽象主义

合意的经济—社会功能说，又称原因抽象主义（teoria della causa in astratto），该学说认为，所谓原因，乃合意所具有的经济与社会功能（funzione economico-sociale），具体而言，是指奠基于团体或者社会基础之上的，由合同所衍生出的法律效果（gli effetti）。① 合意的经济—社会功能说由法学家埃米利奥·贝蒂（Emilio Betti）提出，并且在1942年意大利新民法典编纂过程中为立法所接受，这一学说认为，所谓合同原因，其实就是指合同所具有的经济功能与社会功能，其中，所谓合同的经济功能，是指合同能够给缔约方带来利益，尤其是经济意义上的利润；而所谓合同的社会功能，则是指制度层面上对于合同行为的控制与审查。② 由此可见，合意的经济—社会功能说将合同原因在抽象层面上设置为法律是否承认合同具有法律效力的标准，一项合同应当在经济层面上能够给合同当事人带来利益，同时也必须在社会层面上符合特定的社会公共利益，唯其如此，才能认可合同具有法律效力。

（三）合同原因作为合意的"经济—个人功能"：原因具体主义

合意的经济—个人功能说，又称原因具体主义（teoria della causa in concreto），该学说认为，合同的法律效果是否发生应依据个人意志而定，因此所谓合同原因，其实就是合同当事人订立合同所欲实现的经济功能或者其他个性化功能。③ 合意的经济—个人功能说是一种半客观主义的学说，该学说认为，对于合同原因的探寻，既要注重合同客观经济功能的考察，同时也必须注意合同当事人自身订立合同的目的与利益。④

（四）对既有学说的分析与评判

合意的主观功能说将合同原因视为动机，这种做法可能存在较大问题。前已述及，在意大利合同法上，合同原因是合同的构成要件之一，欠缺合同原因的合同无法发生合同当事人所希冀的法律效力，因此，有关合同原因的认定，至少应当使合同原因具有客观层面上的可识别性。不过，

---

① Cfr. Glulio Perrotta, *Manuale di diritto privato*, Pe Primiceri Editore, 2017, p. 497.

② Cfr. Francesco Caringella, *Manuale di diritto civile*, *II. Il contratto*, DIKE Giuridica Editrice, 2011, p. 155.

③ Cfr. Giulio Perrotta, *Manuale di diritto privato*, Pe Primiceri Editore, 2017, p. 497.

④ Cfr. Francesco Caringella, *Manuale di diritto civile*, *II. Il contratto*, DIKE Giuridica Editrice, 2011, p. 159.

所谓动机，实际上是推动行为人选择订立合同的主观心理，其既可能被行为人通过意思表示的方式表达于外，而为相对人所知悉，也可能为行为人所保留，仅仅存在于行为人内心，相对人则无从知晓。例如，甲意欲购买一块手表作为生日礼物送给自己的妻子，故而前往乙的钟表店，在钟表店中，甲仅向乙表达了自己意欲购买某款手表的意思，并未进一步向乙披露自己购买手表的动机，而乙也没有追问甲购买手表的原因，只是单纯对甲所发出的要约予以承诺，双方达成合意，并且钱货两清，在这一设例中，甲之动机自始至终并不为乙所知晓，故而甲之动机并非其意思表示的内容，倘若将甲的动机作为合同原因，并且进一步将其作为合同的构成要件，对于乙而言，则可能发生交易上不可预期之风险，一旦甲嗣后发生自己记错了妻子的生日日期，而主张合同原因欠缺（暂时不考虑甲是否能够成功证明这一点），那么根据《意大利民法典》第 1418 条第 2 款的规定，合同最终将归于无效，① 这对于乙而言显然有失公平。有鉴于此，部分国家立法与法学理论认为，动机原则上不应影响合同的效力，例如，德国民法学说便认为，原则上动机错误不构成意思表示错误，此即"动机错误的不被关注性"（die Unbeachtlichkeit des Irrtums im Beweggrunde）理论，② 该理论认为，一般而言，动机错误（Motivirrtum）隶属于意思形成（Willensbildung）阶段而非意思表达（Willensäußerung）阶段，③ 动机错误不构成意思表示之错误，法律行为当事人即使存在动机意义上的错误，则在该动机错误未因当事人披露而构成意思表示之一部分时，不影响法律行为的效力，唯有在动机构成意思表示之一部分时，动机错误因转化为表示内容错误，方可构成法律行为的可撤销事由。④ 除此以外，属于动机错误的性质错误也在该性质错误构成交易上重要条件的情况下，而被视为内容错误。⑤ 职是之故，动机这种纯粹主观心理存在并不适合介入合同效力的判断之中，动机原则上不应作为影响合同效力的合同构成要件，合意的主观

---

① Cfr. Sandro Merz, *Formulario commentato dei Contratti*, CEDAM, 2014, p. 123.

② Vgl. Werner Flume, *Allgemeiner Teil des Bürgerlichen Rechts*, Zweiter Band, *Das Rechtsgeschäft*, 4. Aufl., 1992, S. 424.

③ Vgl. Christoph Hirsch, *BGB Allgemeiner Teil*, 9. Aufl., 2016, S. 215.

④ Vgl. Reinhard Bork, *Allgemeiner Teil des Bürgerlichen Gesetzbuchs*, 4. Aufl., 2016, S. 325 - 326.

⑤ Vgl. Reiner Schulze, *Bürgerliches Gesetzbuch Handkommentar*, 9. Aufl., 2016, S. 103ff.

功能说并不足取。

当然，在意大利私法学界，合意的主观功能说并非通说，该学说事实上也没有太大的学术与实践层面上的影响力。意大利学界关于合同定义的通说，乃合意的经济—社会功能说，例如，意大利学者卡林格拉便认为，所谓合同原因，其实就是回应"合同能够实现什么"（ciò che il contratto e idoneo a fare）这一问题的，合同本身所具有的经济与社会功能；① 而另一位意大利学者加尔加诺则指出，所谓合同原因，其实就是意志行为所附着的经济功能与社会功能，② 具体而言，是指"私法自治之正当性"（giustificazione dell'autonomia privata）；③ 此外，意大利著名私法学家特拉布基也以极为肯定的口吻做出如此判断："所谓原因，应当做如此解释：其乃合同之内在目的（scopo immanente），是每一项有因性交易之所以存在的'经济—社会'理由与功能，它不应与个人目的（scopo individuale），即引起主体意欲发起交易之冲动，或者说动机相混淆。"④ 从学者们的论述可以看出，合意的经济—社会功能说倾向于在客观层面上解释合同原因概念，这种解释并非奠基于哲学意义上的因果关系，而是以客观意义上的正义性与合目的性展开的，申言之，合意的经济—社会功能说实际上是把合同原因塑造为合同效力的外在控制事由，欠缺合同原因的合同与其说是存在因果关系链条方面的缺失，不过说是欠缺使自身得以发生法律效力的正当性基础或者客观目的。这种解释路径完全没有考虑合同当事人的主观因素，其只能论证合同效力在一般法理上的正当性，但却无法真正在因果关系层面上揭示合同之所以产生的具体缘由。⑤

有鉴于此，部分意大利学者开始提倡原因具体主义，即合意的经济—个人功能说。例如，意大利著名民法学家比安卡便认为，将合同原因解释为合意的经济与社会功能的观点不能令人满意，其缘故在于，所谓合意的经济与社会功能，其实主要是以典型原因（causa tipica），即合同通常所具有的原因为基础，抽象而来，这种合同原因的解释范式根本没有考虑合

---

① Cfr. Francesco Caringella, *Manuale di diritto civile*, *II. Il contratto*, DIKE Giuridica Editrice, 2011, p. 155.

② Cfr. Francesco Galgano, *Il negozio giuridico*, Dott. A. Giuffrè Editore, 2002, p. 99.

③ Ibid., p. 248.

④ Cfr. Alberto Trabucchi, *Istituzioni di diritto civile*, CEDAM, 2013, p. 135.

⑤ Cfr. C. Massimo Bianca, *Istituzioni di diritto privato*, Dott. A. Giuffrè Editore, 2014, p. 434.

同实际发生的具体原因,事实上,合同发生的原因在现实生活中是多种多样的,合同原因具有多元性、复杂性与具体性。① 因此,比安卡进一步论述到,应当将合同原因作为具体原因(la causa concreta)予以对待,而合同原因的确定,不可能凭借一个统一标准实现,而是要在个案中,通过合同解释等方法探寻每一个具体合同的原因。② 意大利民法学者托伦特与施莱辛格也指出,传统民法理论一般认为,所谓合同原因,其实指的就是合同的客观功能(funzione obiettiva),不过在此之外,每一项具体合同的产生,也存在具体的合同原因,在原因考察方面,不可将合同的具体原因排除在分析范围之外。③ 相对于原因抽象主义而言,原因具体主义更加关注合同当事人的主观意志以及各种具体合同类型在原因方面的个性,其在理论建构上更为精致,在法律适用方面也更为契合实际,故而成为意大利合同法理论中有关合同原因概念解释的有力学说。

值得注意的是,意大利民法学者特里马齐对合同原因概念进行了深刻的剖析与研究。特里马齐认为,所谓原因,其实存在于与合同所具有的基本法律效力的综合(sintesi dei loro effetti giuricidi)之中,而进一步分析则可以发现,每一项交易上的效果都可以在其他交易中探寻到理由。④ 例如,在保险合同中,保险人承担风险的正当性,可以由被保险人支付保费的义务予以证明,而反过来说,被保险人支付保费的正当性,也可以由保险人承担风险的义务来证明。同时,合同当事人各方所认定的对价,也并不存在一个准确而客观的经济标准,实际上,当事人通常可以自由决定对价是否适当。⑤ 因此,特里马齐主张,所谓合同原因,其实指的是交易的个性化效果(singoli effetti del negozio),我们可以说,在买卖合同中,出卖人移转标的物的所有权的原因,是因为买方有义务支付价款,反之亦然。⑥ 职是之故,特里马齐最终认为,合同原因应当在具体,而非抽象层面上确定。

---

① Cfr. C. Massimo Bianca, *Istituzioni di diritto privato*, Dott. A. Giuffrè Editore, 2014, p. 434.

② Ibid., pp. 434–435.

③ Cfr. Andrea Torrente, Piero Schlesinger, *Manuale di diritto privato*, Giuffrè Editore, 2013, pp. 564–565.

④ Cfr. Pietro Trimarchi, *Istituzioni di diritto privato*, Giuffrè Editore, 2014, p. 193.

⑤ Ibid.

⑥ Ibid.

第三章 合同的构成要件

私见以为，意大利有关合同原因的论争，其关键之处在于将哪一种使合同具有法律效力的要素提升为对合同效力具有影响的合同原因。从罗马法与中世纪法的情况来看，合同原因其实很多时候具有客观性，它仅仅只是使当事人合意具有正当性的"外衣"而已，在形式主义时代，合同原因无疑是一项极为重要的法律概念，其缘故在于，唯有具备合同原因的当事人合意，方可获得法律效力，尤其是得以获得法律上的强制执行效力，否则，纯粹的当事人合意只是单纯的君子协议，对于双方当事人，均无法律上的约束力。不过，在形式主义时代结束之后，当事人合意本身即为合同，原则上，当事人之间一旦达成合意，则合同即告成立并且生效，此时，合同原因所承载的历史功能便已经被严重削弱了，职是之故，有理由认为，合同原因之所以仍旧存在于意大利合同法（也包括法国合同法）之中，或许只是一种学术传统的惯性延续，而非深刻理性思考之后的审慎传承，事实上，无论是抽象的合同原因考察，还是具体的合同原因审视，其实绝大多数时候都是从合同是否具备合理性与正当性的角度对合同所做出的观察，而这一任务在现在合同法中，其实完全可以由公序良俗原则之适用完成，而无须特设合同原因作为合同的构成要件。换言之，其实无须对合同原因作如此复杂的解释，径行将当事人合意本身作为合同正当性或者效力所依凭的根据，而在当事人合意存在瑕疵或者悖于公序良俗的情形时，则对合同效力予以制约即可。在这一范式中，当事人合意即合同之原因，具体而言，当事人合意这种单纯的私人行为因契合法律的许可条件，而可发展为受法律所保护的合同，此时，合意与原因之间便可形成因果关系。不过，意大利合同法则选择了一条更为精致但也略显烦琐的制度方案：首先，在法律适用层面上，将《意大利民法典》第 31 条所规定的公序良俗原则予以废除，从而使其失去了民法基本原则的地位；[1] 其次，仍旧保留公共秩序（ordine pubblico）与善良风俗（buon costume）两大术语，但只是将之规定于《意大利民法典》第 1343 条，作为判定合同原因正当性的基准，悖于公共秩序与善良风俗的合同原因为不法原因；[2] 最

---

[1] 参见费安玲等译《意大利民法典》，中国政法大学出版社 2004 年版，第 7 页；Cfr. Giorgio Cian, Alberto Trabucchi, *Commentario breve al Codice Civile*, CEDAM, 2014, p. 56.

[2] Cfr. Giorgio Cian, Alberto Trabucchi, *Commentario breve al Codice Civile*, CEDAM, 2014, p. 1490.

后，根据《意大利民法典》第1418条第2款的规定，合同原因为不法原因的，该合同归于无效。① 由此可见，意大利合同法在一定程度上其实使合同原因与公序良俗两大范畴实现了合流，公序良俗是合同原因所必须遵循的基本标准，换言之，唯有契合公序良俗的合同原因才有资格成为促使合同成立并且生效的构成要件之一，公序良俗应当是《意大利民法典》第1325条所规定的"原因"的本质性属性。这种制度构造其实是公诉良俗原则的具体化展现，具体而言，合同原因在很大程度上已然成为公序良俗的概念承载者，原本属于外在于合同之外的公序良俗，以合同原因为渠道，成为合同的内在构成要件内容，而非单纯的外在制度控制因素，这种制度构造思路具有优越性，较之于直接用公序良俗规制合同效力的范式而言，更为精致。

此外，合同原因在现代意大利合同法中，也具有自身的独特价值。尽管在现代合同法中，合同原因不再像中世纪法那样充当合同外衣的角色，但却常常具有合同得以成立的逻辑性基础与前提（presupposto logicamente）的含义，欠缺合同原因，也就意味着欠缺合同成立并且生效的前提和基础，而没有前提与基础，合同也应当归于无效。② 以买卖合同为例，倘若买受人本来就是标的物的所有人，那么所谓的买卖合同也就没有任何成立的基础；又如，在分割共有合同中，倘若作为分割共有合同的共有权并不存在，那么该分割共有合同也就毫无意义；再如，假如在订立保险合同时，其所针对的风险并不存在，那么保险合同便不应继续存在。③ 由此可见，在意大利合同法的制度环境中，尽管合同原因在概念上存在学说上的争议，但仍然具有现代意义上的法律功能与价值，只是对于合同原因的解释，不宜以抽象而统一的理论方式进行罢了。

（五）合同原因的多元主义理论：合同原因概念的决疑性解构尝试

由于在意大利现代合同法中，合同原因所承载的制度价值具有多元性，因此，也有学者主张应当以更为宽松的态度定义合同原因，其认为，

---

① Cfr. Giorgio Cian, Alberto Trabucchi, *Commentario breve al Codice Civile*, CEDAM, 2014, p. 1715.

② Cfr. Pietro Trimarchi, *Istituzioni di diritto privato*, Giuffrè Editore, 2014, p. 195.

③ Ibid.

在多元主义的视野下,所谓合同原因,其实就是"在每一个具体的合同中需要个案式查找的,合同的理由或者法律上的正当性（del contratto, la sua ragione o giustificazione giuridica, occorre allora un'indagine caso per caso）"①,此即合同原因的多元主义理论（la teoria pluralistica）。② 这一学说是合意的经济—个人功能说的一种发展,不过却在很大程度上消解了合同原因概念的同一性,在这一理论中,合同原因与其说是一种概念,不如说只是一系列概念所构成的类型,合同原因并非合同的功能,其就是"合同一方当事人或者双方当事人做出牺牲的理由"（l'elemento che giustifica il sacrificio dell'uno e/o dell'altro contraente）。③ 合同原因的多元主义理论认为,应当以决疑论思维对合同原因予以分类,具体而言,对于合同而言,并不需要一个作为概念的合同原因,只需要存在特定的,使之可以受法律保护的"法律上的正当性"（giustificazionge giuridica）即可。④ 多元主义理论认为,合同可得获得法律保护的"法律上的正当性"可以分为以下三类,即承诺人的利益（亦可称为承诺人的好处）、预先存在的基于承诺的利益以及缔约人的主观利益。

1. 承诺人的利益

所谓承诺人的利益（il vantaggio per il promittente）是指,在合同关系中,承诺人因自身做出承诺的行为所可能获得的好处。⑤ 承诺人的收益作为合同原因主要体现在双务合同之中,例如,在买卖合同中,买受人做出向出卖人支付价款的承诺,与之相应的好处便是出卖人也对买受人做出了移转标的物所有权的承诺,换言之,买受人订立合同的原因便是出卖人意欲将标的物所有权移转至买受人名下,反过来说,出卖人订立合同的原因,便是买受人意欲向自己支付一定数额的价款。而对于单务合同而言,承诺人的利益也是合同原因,例如,在赠与合同中,尽管赠与人无法从受赠人处直接取得某种利益,但是,从赠与人自身的角度来看,赠与人也通过做出赠与承诺而可获得作为好处的美德（virtù dei

---

① Cfr. Francesco Caringella, *Manuale di diritto civile*, *II. Il contratto*, DIKE Giuridica Editrice, 2011, p. 163.

② Ibid.

③ Ibid., pp. 163-164.

④ Ibid., p. 164.

⑤ Ibid., p. 165.

vantaggi），其缘故在于，倘若赠与人不履行赠与合同，则不名誉便会降临至他身上。①

2. 预先存在的基于承诺的利益

在部分情形中，合同本身的原因并不在合同之中，而在合同之外，这种不存在于合同本身之中的原因，叫作"外部原因"（causa esterna），其基本情况是指，两份存在关联关系的合同，第二份合同的原因，或者说对于第二份合同的当事人所应当获得的关于利益的承诺，已经预先存在于第一份合同之中，换言之，在第二份合同成立时，并不需要考虑其原因要件，因为其原因要件已经因第一份合同的成立而完成。② 此处的合同原因，被称为"预先存在的基于承诺的利益"（l'interesse preesistente del promissario）。③ 例如，甲与乙订立了一份买卖合同，约定乙以100万元的价款向甲购买一块土地，不过，为了使合同目的得以顺利实现，甲与乙在该买卖合同成立之后，又订立了一份合同（以乙提出要约邀请，而甲提出要约，乙表示承诺的方式订立），该合同的内容是在甲交付土地给乙之前，甲应当负责涤除该土地之上仍旧存在的租赁关系。仅对此处的第二份合同做单独分析，可以发现，其并无真正意义上的原因，该合同实际上仅仅只是要约人负担单方义务的合同（contratto con obbligazioni del solo proponente），④而甲之所以要订立该合同，则完全是为了满足嗣前所订立的买卖合同中的买受人乙的要求，第二份合同的目的是成全第一份合同，其只是第一份合同的手段。第二份合同并无独立的原因，其真正的原因存在于嗣前的买卖合同之中。

3. 缔约人的主观利益

合同原因的多元主义理论认为，除具有担保与支付功能的合同之外，事实上，其他合同并无真正意义上的客观原因，其原因更多还是主观意

---

① Cfr. Francesco Caringella, *Manuale di diritto civile*, *II. Il contratto*, DIKE Giuridica Editrice, 2011, p. 165.

② Ibid.

③ Ibid.

④ Cfr. Giorgio Cian, Alberto Trabucchi, *Commentario breve al Codice Civile*, CEDAM, 2014, p. 1451.

上的,换言之,主观原因才是合同原因的主要表现形式。① 而所谓合同的主观原因,其实就是缔约人的主观利益(l'interesse soggettivo del contraente),或曰合同的目的（scopo）。②

4. 对多元主义理论的分析与评判

合同原因的多元主义理论在原因具体主义的基础上,突破了原有学说的客观与单一倾向,而在决疑论的基础上将合同原因问题转变为合同的"法律上正当性"问题,这一点无疑值得赞赏。不过由此所付出的代价便是合同原因概念实质意义上的消亡。从法教义学的角度来看,原因是《意大利民法典》所明文采纳的一项法律概念,以决疑论方法将原因概念解构为类型,似乎并不符合法教义学自身所恪守的"以实证法为对象"（das positive Recht als Gegenstand）③ 之信条,以作为类型的合同的法律上正当性替代合同原因概念,或许是契合实践价值的应有之举,不过却也在一定程度上宣告了法学的失败。一言以蔽之,合同原因的多元主义理论,与其说是一种合同原因理论,不如说是一种取消合同原因概念的理论,其在一定程度上放弃了原因理论的建构努力,而只是以欠缺体系性与统一性的决疑方法肤浅地诠释着现实。

（六）反原因理论：对传统原因理论的彻底反叛

也有部分意大利学者指出,实际上,合同原因这一概念并不是一个真正的合同法概念,所谓的合同客观原因,其实就是合同的功能,而所谓的合同主观原因,其实就是合同的目的,因此,合同原因是一个"无用的法律概念"（concetto giuridicamente inutile）。④ 事实上,从个人的私法自治行为的角度来看,合同原因常常为合同内容（contenuto del contratto）所确定,因此,与其引入这一概念制造混乱,不如径行否弃这一概念。⑤ 此外,自比较法视野而观之,与法国等国家不同,德国民法中的合同并不以

---

① Cfr. Francesco Caringella, *Manuale di diritto civile*, *II. Il contratto*, DIKE Giuridica Editrice, 2011, p. 166.

② Ibid.

③ Vgl. Christian Bumke, *Rechtsdogmatik: Eine Disziplin und ihre Arbeitsweise. Zugleich eine Studie über das rechtsdogmatische Arbeiten Friedrich Carl von Savignys*, 2017, S. 56.

④ Cfr. Francesco Caringella, *Manuale di diritto civile*, *II. Il contratto*, DIKE Giuridica Editrice, 2011, p. 168.

⑤ Ibid.

原因为构成要件,① 故而合同原因也并非合同不可或缺的因素。② 这种否弃合同原因概念的理论名为"反原因理论"(le teorie anticausaliste)。③ 平心而论,反原因理论在立法层面上具有相当强的说服力,不过,从法教义学角度来看,其明显不符合《意大利民法典》的规定,故而仅仅只能被视为一种有关合同原因概念的立法论,而非解释论。

三 意大利合同法中原因的类型

(一) 合法原因与不法原因

所谓不法原因(causa illecita),即违反强制性规范或者悖于公序良俗(公共秩序与善良良俗)的原因;而以此为基础便可推知,所谓合法原因(causa lecita),即不与强制性规范或者公序良俗相抵触的原因。④《意大利民法典》并未直接规定"合法原因"的概念及其构成,而只是在《意大利民法典》第1343条与第1344条中使用了"不法原因"这一术语,并设置了相关规则,⑤ 由此可见,在不法原因与合法原因的分类中,不法原因是基础性概念,其系属民法典规范的重点,倘若一项原因存在不法性,即为不法原因,反之,倘若一项原因没有不法性,则为合法原因,可以成为合同的构成要件。

根据《意大利民法典》第1343条的规定,判定不法原因的基准为强制性规范与公序良俗。所谓强制性规范(norme imperative),就是那些可以使法律行为归于无效的必须遵守的规定(norme inderogabili),⑥ 例如,《意大利民法典》第458条规定:"一切对自己的继承做出安排的协议,

---

① Vgl. Hein Kötz, *Europäisches Vertragsrecht*, 2. Aul., 2015, S. 71; Reinhard Bork, *Allgemeiner Teil des Bürgerlichen Gesetzbuchs*, 4. Aufl., 2016, S. 256ff.

② Cfr. Francesco Caringella, *Manuale di diritto civile*, *II. Il contratto*, DIKE Giuridica Editrice, 2011, p. 168.

③ Ibid.

④ Cfr. Giorgio Cian, Alberto Trabucchi, *Commentario breve al Codice Civile*, CEDAM, 2014, p. 1490; Mario Bessone, *Istituzioni di diritto privato*, G. Giappichelli Editore-Torino, 2013, p. 527.

⑤ Cfr. Adolfo Di Majo, *Codice civile, con la costituzione, I trattati U. E., e le principali norme complementari*, con la collaborazione di massimiliano pacifico, Dott. A. Giuffrè Editore, 2014, p. 383.

⑥ Cfr. Massimiliano Di Pirro, *Manuale di istituzioni di diritto privato (diritto civile)*, SIMONE, 2017, p. 261.

在不妨碍第 768 条及以下其他条款的情形下，均无效。在继承尚未开始时，任何处分或者放弃继承权的文件，无效。"① 这一法条，便是一项典型的强制性规范。对于私法上的强制性规范而言，最为重要的功能便在于是合同归于无效。以犯罪合同（reati-contratto）为例，在刑法层面，该合同无疑会受到刑法规范的制裁，订立犯罪合同行为本身便系属违反刑法强制性规范之举，不过在私法（合同法）层面上，犯罪合同则因违反强制性规范而仅仅在私法上发生合同无效之法律效果，而无须介入刑罚领域，其缘故在于，私法上的强制性规范通常不具有惩罚性，其只是令当事人的合意无法发生当事人所意欲发生的法律效果而已。②

而所谓公共秩序（ordine pubblico），则是指在特定的历史时期内，维持既定社会秩序所必需的原则与价值观。③ 在意大利合同法上，作为公共秩序的一系列原则与价值观大部分体现于宪法之中，尤其是作为公共秩序的对于个人基本权利的尊重。因此，损害当事人人格权的合同如果超过法律限制，则应当无效，例如，以放弃未来食物为内容的合同。④ 在分类方面，公共秩序可以进一步细分为政治公序（ordine pubblico politico）与经济公序（ordine pubblico economico），前者捍卫国家与家庭，以及个人的自由与完整性；后者则主要保护商品流通等经济需求。⑤

最后，所谓善良风俗（buon costume），即特定社会中所通行的社会道德原则（不限于性道德）。⑥ 善良风俗本质上是社会良知意义上的关于公共或者私人正直的基础性准则，与公共秩序相同，根据具体情况、时间与地点的不同，善良风俗可能具有不同的内容。⑦ 由此可见，由于公共秩序与善良风俗具有某种程度上的抽象性与流变性，因此，有关不法原因的判

---

① Cfr. Giorgio Cian, Alberto Trabucchi, *Commentario breve al Codice Civile*, CEDAM, 2014, p. 493.

② Cfr. Massimiliano Di Pirro, *Manuale di istituzioni di diritto privato（diritto civile）*, SIMONE, 2017, pp. 261-262.

③ Ibid., p. 262.

④ Ibid.

⑤ Cfr. Pietro Trimarchi, *Istituzioni di diritto privato*, Giuffrè Editore, 2014, pp. 202-206.

⑥ Cfr. Massimiliano Di Pirro, *Manuale di istituzioni di diritto privato（diritto civile）*, SIMONE, 2017, p. 262.

⑦ Ibid.

定，常常也需要具体问题具体分析。

此外，根据《意大利民法典》第 1344 条的规定，倘若合同系规避强制性规范之手段，乃规避法律之合同（contratto in frode alle legge），则该合同之原因也被视为不法原因。①

（二）主观原因与客观原因

部分意大利学者主张应当将原因区分为主观原因与客观原因。所谓主观原因，即合同当事人订立合同之直接目的（scopo immediato），② 例如，甲与乙订立买卖合同，约定甲以一定数额的价款自乙处购买一处不动产，此处，甲订立买卖合同的主观原因是获得乙的不动产所有权，而乙订立买卖合同的主观原因是自甲处获得一定数额的价款。在此处，主观原因与主观意义上的动机仍然可以被区分开。主观原因乃合同当事人订立合同之直接目的，而动机则并非直接目的，而是除直接目的之外的其他目的（scopo ulteriore），例如，在前述甲与乙订立的合同中，除了获得不动产所有权这一直接目的之外，甲也可能存在购买该不动产并以高价转售，购买该不动产用于出租，购买该不动产用于自己居住，拆除该不动产并修筑新不动产或者以该不动产为基础开设酒店等其他目的；这些目的并非合同的直接目的，故而并非合同原因，而仅仅只是订立合同的动机（motivi）。③

所谓客观原因，则是指合同当事人订立合同所具有的经济功能与社会功能。④ 例如，在客观意义上，前述提及的甲与乙所订立的买卖合同，对于甲而言，该合同具有能够使其获得乙的不动产所有权的经济—社会功能；对于乙而言，该合同具有能够是其自甲处获得一定数额价款的经济—社会功能。客观原因并不涉及合同当事人的个人目的，其是合同在客观意义上所能够发挥的作用。

（三）抽象原因与具体原因

持原因具体主义的学者通常认为，合同原因应当区分为抽象原因与具体原因。所谓抽象原因，即合同在一般意义上所蕴含的经济—社会功能（funzione economico-sociale）；而所谓具体原因，即合同在具体意义上所蕴

---

① Cfr. Giorgio Cian, Alberto Trabucchi, *Commentario breve al Codice Civile*, CEDAM, 2014, p. 1493.

② Cfr. Pietro Trimarchi, *Istituzioni di diritto privato*, Giuffrè Editore, 2014, p. 192.

③ Ibid.

④ Cfr. Alberto Trabucchi, *Istituzioni di diritto civile*, CEDAM, 2013, p. 135.

含的经济—个别化功能（funzione economic-individuale）。[1] 抽象原因偏重于从法律行为效力角度观察合同功能，其本质上就是合同作为法律行为所具有的法律效力（effetti negoziali）。[2] 例如，甲与乙订立一份买卖合同，约定甲以一定数额的价款购买乙的一本书，在该合同中，甲订立该合同的抽象原因是其得以借由该合同而实现获得乙之书的所有权这一经济—社会功能；而乙订立该合同的抽象原因，则是其可以凭借该合同自甲处获得一定数额的金钱这一经济—社会功能，而这两大经济—社会功能，其实都是合同效力之展现。而具体原因则倾向于从个性化的利益角度观察合同功能，其本质上是"利益的综合，而非法律行为之效力（sintesi di interessi, non di effetti negoziali）"[3]。例如，在前述提及的甲与乙订立的书籍买卖合同中，甲订立买卖合同的具体原因是其喜欢乙所拥有的这本书，因此意欲获得这本书的所有权；而乙订立买卖合同的具体原因则是，其对于甲开出的报价十分满意，其愿意舍弃书籍所有权，而获得甲所提供的价款。

须予以提示的是，《意大利民法典》的立法者认为，所谓合同原因，其实就是合同所具有经济—社会功能，换言之，立法者倾向于认为，合同原因即合同的抽象原因。[4] 而所谓具体原因（la causa in concreto），则缘于最高法院判例之创设。[5] 意大利最高法院在一则判例中写道："将原因概念解释为一种经济—社会功能是过时的意识形态展现，这种过时的意识形态将原因设置为控制合同社会功能的工具……不言而喻的是，这种合同原因理论无法解释典型合同的原因何以具有不法性"[6]；职是之故，"合同原因其实就是合同所能直接实现之利益的综合，它甚至超越了目前正在被使用的典型模型。合同推动力的综合（合同的具体原因），并非合同当事人的意志。合同原因在合同当事人的行为中仍然有迹可循，其是具体合同所

---

[1] Cfr. Francesco Caringella, *Manuale di diritto civile*, *II. Il contratto*, DIKE Giuridica Editrice, 2011, p. 159.

[2] Ibid.

[3] Ibid.

[4] Cfr. Francesco Galgano, *Diritto privato*, CEDAM, 2013, p. 248.

[5] Cfr. Francesco Caringella, *Manuale di diritto civile*, *II. Il contratto*, DIKE Giuridica Editrice, 2011, pp. 159-160.

[6] Cass. civ., sez. III, n. 10490/2006.

蕴含的个性化的个人功能,而非传统理论所认知的那种抽象的刻板形象"①,由此可见,意大利最高法院认为,将合同原因解释为抽象原因,具有民法典立法时期的意识形态因素,作为抽象原因的合同原因其实是对合同功能的一种控制,随着时代变迁,仅将合同原因视为抽象原因不仅在逻辑上难以自圆其说(依据抽象原因论,典型合同之原因几乎不会成为不法原因),也与时代精神存在抵牾,故而在抽象原因之外,也应当注意从合同所能实现的利益的总和角度,对合同原因予以具体分析。从抽象原因到具体原因的嬗变,既蕴含着意大利自身社会历史的变迁,同时也展现了意大利最高法院判例的权威性。

(四) 内部原因与外部原因

所谓内部原因,是指存在于合同之中的原因。例如,甲与乙订立一份买卖合同,该合同的内容是甲以一定数额的价款购买乙的一辆自行车,在该合同中,甲订立合同的原因为其可以获得自行车的所有权,乙订立合同的原因是其可以取得一定数额的金钱,合同原因存在于该买卖合同之中。

所谓外部原因,则是存在于合同之外的原因。在意大利合同法上,部分合同的成立,仅仅只是为另一份合同之履行而服务,故而这类合同,其真正的原因并不在合同本身之中,而存在于另一份合同之上,换言之,假设存在两份合同,即合同(甲)与合同(乙),合同(甲)成立在先,而合同(乙)成立在后,合同(乙)成立的目的在于更好地履行合同(甲),则此时,合同(乙)之原因并不在合同(乙)成立时产生,而是已经预先存在于合同(甲)之中,此时,合同(乙)之原因,便是一种"外部原因"(causa esterna)。②

(五) 合同原因与履行原因

所谓合同原因,即作为合同构成要件之一,使合同得以存在并且具有相应法律效力的正当性理由;所谓履行原因(causa della prestazione),则是债务人履行债务的正当性理由。③ 仅就合同法而言,合同原因其实是一项在内涵方面较履行原因更广的分析性概念,合同当事人履行合同的原

---

① Cass. civ., sez. Ⅲ, n. 10490/2006.

② Cfr. Francesco Caringella, *Manuale di diritto civile*, *II. Il contratto*, DIKE Giuridica Editrice, 2011, p. 165.

③ Cfr. C. Massimo Bianca, *Istituzioni di diritto privato*, Dott. A. Giuffrè Editore, 2014, p. 435.

因，应当回溯至之所以订立合同处寻找，换言之，合同原因其实就是合同当事人履行合同之原因。①

四 不同类型合同中的合同原因：合同原因的识别

前已述及，在意大利合同法上，原因是合同的构成要件之一，换言之，原因是判定一份合同是否是合格法律行为或者交易行为的一项法律标准。② 而依据合同类型的不同，合同原因也有所不同。

（一）典型合同（有名合同）的合同原因

在《意大利民法典》中，立法者在一系列合同性交易模型中设置了各种抽象计划（schemi astratti），一旦合同当事人选择特定的交易模型，那么也就意味着合同当事人选择实现某一特定抽象方案。③ 这些合同性交易模型就是典型合同，或称有名合同，其最大特点是，合同当事人所订立之合同，"与法律所给定的合同类型相吻合（corrispondente a un determinato tipo fissato dalla legge）"④，例如，甲与乙就甲以一定数额的价款向乙购买一本书订立一份买卖合同，而《意大利民法典》第1470—1551条对买卖合同做出了明确规定，故而买卖合同便是一种典型合同。

对于典型合同而言，识别其合同原因较为简单，因为典型合同的原因常常由法律所明确规定。以买卖合同为例，《意大利民法典》第1470条规定："买卖，是以移转物的所有权或者其他权利为宗旨，并以此获得价款的合同"⑤，由此可见立法者所设计的买卖合同，包含两个方面的抽象计划或者功能：第一，在买受人方面，买卖合同的功能在于令买受人获得物的所有权或者其他权利；第二，在出卖人方面，买卖合同的功能在于令出卖人获得相应的价款，而这两大经济—社会功能（也可以说是立法者设计的抽象计划），其实就是买卖合同的原因。⑥ 由于典型合同的原因通常

---

① Cfr. C. Massimo Bianca, *Istituzioni di diritto privato*, Dott. A. Giuffrè Editore, 2014, p. 435.

② Cfr. Massimiliano Di Pirro, *Manuale di istituzioni di diritto privato (diritto civile)*, SIMONE, 2017, p. 258.

③ Ibid., p. 259.

④ Ibid.

⑤ Cfr. Giorgio Cian, Alberto Trabucchi, *Commentario breve al Codice Civile*, CEDAM, 2014, p. 1861.

⑥ Cfr. Francesco Galgano, *Il negozio giuridico*, Dott. A. Giuffrè Editore, 2002, p. 99.

为法律所直接规定，故而典型合同的原因也被称为典型原因（causa tipica），① 与之相应的是，典型合同便系属"基于典型原因而生成的法律行为（negozi a causa tipica）"②。

（二）非典型合同（无名合同）的合同原因

《意大利民法典》第 1322 条规定："当事人各方可以在法律规定和行业标准的范围内，自由决定合同的内容。当事人各方也可以订立特别规范没有规定的合同类型，不过应当以实现法律所保护的利益为限"③，该条文表明，《意大利民法典》奉行合同自由原则，当事人既可以选择订立典型合同，也可以根据自己的意愿订立法律并未规定的合同类型，而这类法律没有规定的合同，即为非典型合同，或称无名合同。④

对于非典型合同而言，识别其合同原因是一件相对困难的事。由于非典型合同是合同当事人依据私法自治而自由缔结的合同，故而这类合同常常并无相对应的明晰法律规定，其无法像典型合同那样，以法律为依据，直接发现抽象的合同原因。有鉴于此，意大利著名民法学家比安卡认为，此时应当抛弃既有的抽象原因教条，转而运用具体原因理论去探寻非典型合同的具体原因，只是该具体原因应当依据《意大利民法典》第 1322 条的规定，而必须以实现法律保护的利益为限。⑤ 而另一位意大利民法学家加尔加诺则认为，尽管非典型合同中并不像典型合同那样存在清晰的抽象原因，但也不能就此认为非典型合同就不存在客观功能意义上的原因。加尔加诺指出，原因本质上乃私法自治之矫正工具，是保护私法自治的正当性，而仔细分析《意大利民法典》第 1322 条第 2 款，可以发现，尽管民法典准许当事人自由订立法律所没有规定的合同，但这一自由却是以"实现根据法律规定而值得被保护的利益"为前提条件的，换言之，对于非典型合同而言，倘若该合同中并不存在根据法律规定而值得被保护的利益，

---

① Cfr. Francesco Galgano, *Diritto privato*, CEDAM, 2013, p. 248.

② Cfr. Massimiliano Di Pirro, *Manuale di istituzioni di diritto privato（diritto civile）*, SIMONE, 2017, p. 259.

③ Cfr. Giorgio Cian, Alberto Trabucchi, *Commentario breve al Codice Civile*, CEDAM, 2014, p. 1428.

④ Cfr. C. Massimo Bianca, *Istituzioni di diritto privato*, Dott. A. Giuffrè Editore, 2014, p. 440.

⑤ Ibid.

那么在法律解释上便应当认为该非典型合同因缺乏适格原因而无效。① 由加尔加诺的理论路径可知，其倾向于认为非典型合同的原因就是根据法律规定而值得被保护的利益，而在此意义上，非典型合同仍然存在作为经济—社会功能的抽象原因。

(三) 混合合同的原因

所谓混合合同 (contratto misto)，是指两个及两个以上典型合同之原因相结合的合同。② 例如，停车合同 (contratto di posteggio)，其合同原因实际上就是租赁之原因与存放之原因的结合，因为停车合同即具有租赁功能，也具有存放的功能；又如，养老合同 (contratto di pensione)，其合同原因其实是租赁之原因与家务劳动之原因的结合。③ 尽管混合合同的原因主要为两个及两个以上典型合同原因的结合，但这并不意味着混合合同一定存在多个原因。例如，在供应合同中，尽管通说认为供应合同也是一种混合合同，不过理论上一般认为供应合同只具有唯一原因 (un'unica causa)。④ 一般来说，混合合同的原因均为多个原因的一种结合。

须予以提示的是，混合合同并非一种独立的法律行为类型，混合合同这一术语本身也并不意味着混合合同与非典型合同一样，是一种与典型合同完全存在差异的合同，事实上，对于混合合同的法律适用而言，意大利私法学界存在三种理论。

第一，吸收理论 (la teoria dell'assorbimento)。⑤ 所谓吸收理论，是指对于混合合同而言，将构成混合合同的两个甚至两个以上典型合同要素予以比较，倘若其中之一居于主要地位，则以该典型合同要素所对应的规则

---

① Cfr. Francesco Galgano, *Il negozio giuridico*, Dott. A. Giuffrè Editore, 2002, pp. 101–103.

② Cfr. C. Massimo Bianca, *Istituzioni di diritto privato*, Dott. A. Giuffrè Editore, 2014, p. 440; Cfr. Massimiliano Di Pirro, *Manuale di istituzioni di diritto privato (diritto civile)*, SIMONE, 2017, p. 259.

③ Cfr. Massimiliano Di Pirro, *Manuale di istituzioni di diritto privato (diritto civile)*, SIMONE, 2017, p. 259.

④ Cfr. C. Massimo Bianca, *Istituzioni di diritto privato*, Dott. A. Giuffrè Editore, 2014, p. 440.

⑤ Cfr. Massimiliano Di Pirro, *Manuale di istituzioni di diritto privato (diritto civile)*, SIMONE, 2017, p. 260.

为主要规则。① 例如，在停车合同中，存放功能较之于租赁功能而言处于更为重要的地位，因此，停车合同应当主要适用存放合同的规范。②

第二，类推适用理论（la teoria dell'applicazione）。③ 所谓类推适用理论，是指对于混合合同而言，应当经由比较，适用与该混合合同最为相似的典型合同的规范。④

第三，合并理论（la teoria della combinazione）。⑤ 所谓合并理论，是指对于混合合同而言，每一项构成混合合同的合同要素类型均受其所属类型的规范之支配，⑥ 换言之，混合合同的每一合同要素均各自应当适用与之相对应的典型合同规范。⑦

意大利合同法理论一般认为，以上三种理论，尤其是吸收理论与合并理论均可以适用于混合合同。不过吸收理论与合并理论在适用顺序上则存在差异：对于混合合同而言，首先，应当适用合并理论，即将混合合同中的各合同要素分别适用不同类型的合同规则；其次，倘若这种分别适用并不恰当，则适用主要合同要素之规则。⑧

（四）关联合同的原因

所谓关联合同（contratti collegati），是指合同之间存在相互依存关系的合同，⑨ 恰如意大利民法学家卡林格拉所言，所谓关联合同，乃"一种特殊的合同技术，其旨在借由一系列合同的缔结以便获得一项统一经济效果"⑩，换言之，关联合同即只有通过多个合同才可以实现一项整体

---

① Cfr. Massimiliano Di Pirro, *Manuale di istituzioni di diritto privato（diritto civile）*, SIMONE, 2017, p. 260.

② Ibid.

③ Ibid.

④ Ibid.

⑤ Ibid.

⑥ Cfr. C. Massimo Bianca, Istituzioni di diritto privato, Dott. A. Giuffrè Editore, 2014, p. 441.

⑦ Cfr. Massimiliano Di Pirro, *Manuale di istituzioni di diritto privato（diritto civile）*, SIMONE, 2017, p. 260.

⑧ Ibid.

⑨ Cfr. C. Massimo Bianca, *Istituzioni di diritto privato*, Dott. A. Giuffrè Editore, 2014, p. 441.

⑩ Cfr. Francesco Caringella, *Manuale di diritto civile, II. Il contratto*, DIKE Giuridica Editrice, 2011, p. 235.

性经济—社会功能（complessiva funzione economic–sociale）的合同联立状态。①

关联合同包含两种类型。第一种类型是基于自愿（volontario）而产生的关联合同。② 由于《意大利民法典》第 1322 条第 2 款赋予了当事人以实现法律保护的利益为限订立无名合同的自由，因此合同当事人可以依据私法自治项下的合同自由原则，而自愿缔结两个甚至两个以上存在关联性的合同，例如，当事人可以基于自愿而约定两份合同，其中一份合同受另一份合同的制约（如将该合同约定为另一份合同的从合同）。③

第二种类型是基于必要性或者功能性（necessario o funzionale）而产生的关联合同。④ 当合同当事人所订立的两个或者两个以上合同具有功能追求层面上的统一性时，此时这些合同则系属关联合同。⑤ 例如，订立国际货物销售合同，常常伴随以交付国际货物销售合同中的货物为目的的船舶承运合同，因此，船舶承运合同与国际货物销售合同便具有统一经济利益层面上的关联。⑥ 功能性关联合同的最大特点是，处于关联关系的每一份合同均可以自行产生自己的法律效果，不过这些法律效果却因功能的相互依赖而处于一种复杂难解的关联状态之中，任何一份合同的缺失均会削弱其他合同的功能。⑦ 不过，存有疑问之处在于，是否应当将预约与本约也视为功能性关联合同。就此而言，学说上存在不同观点，一派学者主张，不应将预约与本约视为关联合同，例如，意大利法学家比安卡便指出，预约与本约之间所具有的关联既非基于当事人之间的自愿，严格来说也非基于功能方面的牵连，预约与本约之间其实仅存在"遗传性关联"（collegamento genetico），即一份合同对于另一份合同的订立具有约束力或者不

---

① Cfr. Massimiliano Di Pirro, *Manuale di istituzioni di diritto privato（diritto civile）*, SIMONE, 2017, p. 260.

② Cfr. C. Massimo Bianca, *Istituzioni di diritto privato*, Dott. A. Giuffrè Editore, 2014, p. 442.

③ Cfr. Francesco Galgano, *Il negozio giuridico*, Dott. A. Giuffrè Editore, 2002, p. 110.

④ Cfr. Massimiliano Di Pirro, *Manuale di istituzioni di diritto privato（diritto civile）*, SIMONE, 2017, p. 260.

⑤ Ibid.

⑥ Cfr. C. Massimo Bianca, *Istituzioni di diritto privato*, Dott. A. Giuffrè Editore, 2014, p. 442.

⑦ Cfr. Massimiliano Di Pirro, *Manuale di istituzioni di diritto privato（diritto civile）*, SIMONE, 2017, p. 260.

具约束力之关系，而这种关系与功能性关联合同之间的关联性存在显著差别。① 而另一派学者则认为，预约与本约也可以纳入功能性关联合同的范畴，例如，意大利民法学者萨巴托便认为，预约与其本约其实也是源于功能层面上的原因而发生关联的，区分遗传性关联与功能性关联其实并无太大实益。②

而接下来的问题则是，既然关联合同通常由两份，甚至两份以上的合同所构成，那么关联合同中的原因究竟是单一的还是多元的呢？就此而言，意大利私法学界提出了主观说与客观说两种学说回应这一问题。

主观说认为，对于关联合同原因的探寻而言，应当摆脱关联合同所制造的合同框架约束，而回归合同当事人意志的解释层面，关联合同的原因其实取决于合同当事人所意欲追求的法律效果，而合同当事人所意欲获得的，绝非合同订立本身，而是潜藏于一系列合同背后的"对于某一实用目的之追求"（perseguimento di un fine pratico）。③ 因此，根据主观说，关联合同原因究竟是单一的还是多元的，并不取决于关联合同的数量，而是由当事人自身意志所决定。④

客观说则具有两种不同的理论路径。一种理论路径认为，对于多份合同的原因确认而言，应当对合同自身之间的关系予以深刻审查，倘若多份合同的分立仅具有形式上的意义，实质上多份合同在相互结合中已经丧失了自己的个性，成为一项复合合同（contratto composto）那么对于这类合同而言，便应当认为其只存在一项合同原因，因为此时只存在一份合同；不过，如果多份合同仍旧保持了结构与原因方面的独立地位，则这些合同仅构成关联合同（contratti collegati），那么此时便应当认为这类关联合同存在多元原因。⑤ 另一种理论路径认为，应当引入履行概念，考察多份合同中，部分合同的履行对于其他合同而言是否具有功能性的从属关系（rapporto di subordinazione funzionale），或者多份合同之间仅仅具有平等关系（rapporto di equiordinazione），由此便可以识别多份合

---

① Cfr. C. Massimo Bianca, *Istituzioni di diritto privato*, Dott. A. Giuffrè Editore, 2014, p. 442.

② Cfr. Francesco Caringella, *Manuale di diritto civile*, *II. Il contratto*, DIKE Giuridica Editrice, 2011, p. 236.

③ Ibid., p. 239.

④ Ibid.

⑤ Ibid.

同究竟是单一合同还是仅仅具有关联关系的多份合同。① 不过恰如意大利民法学者卡林格拉所言，以是否存在从属关系或者平等关系为标准区分关联合同与单一合同，存在瑕疵，这个标准既不严格，也很难在实践中得到适用，因为对于合同履行而言，常常并不能轻易确认何者处于主要地位。②

在主观说与客观说之外，部分意大利民法学者也另辟蹊径，寻求识别关联合同原因的其他方法。例如，有学者便指出，根据具体原因理论，目前盛行的将合同原因认定为合同的经济—社会功能的观念将会被修正，在具体原因理论的视野下，所谓合同原因应当是合同的所具有的经济—个性化功能，其本质上乃是合同的实践理性（ragione pratica del contratto），是当事人订立合同的具体理由（ragione concreta）;③ 而倘若以这种具体原因理论为前提，那么便应当认为，对于关联合同而言，除了处于关联状态的各份合同自身所具有的合同原因以外，这一系列合同仍然存在一项作为实际交易原因之原因，各份合同自身的原因即局部原因（cause parziali），而全部关联合同之原因则为整体原因（causa complessiva），其是全部交易活动的基础。④ 不过，倘若采纳局部原因与整体原因的区分，则必然会衍生出一项推论，即拥有局部原因的单一合同，即可能是有名合同，也有可能是无名合同，不过，倘若将拥有整体原因的一系列合同视为一个整体，那么这一系列合同通常会合并为一项无名合同。⑤ 部分学者甚至认为，在承认整体原因的基础上，构成关联合同的具体合同（singoli contratti）其实只是一份整体性合同的合同片段（frammenti contrattuali），其本质上并非真正意义上的完整合同。⑥ 而由此而推之，则不难发现，对于关联合同而言，真正的原因其实是当事人实际参与交易之理由，即关联合同的整体原因。

---

① Cfr. Francesco Caringella, *Manuale di diritto civile*, *II. Il contratto*, DIKE Giuridica Editrice, 2011, p. 239.

② Ibid.

③ Ibid., p. 240.

④ Ibid.

⑤ Ibid., pp. 240-241.

⑥ Ibid., p. 241.

五 动机

动机不仅广泛存在于《意大利民法典》中，也是一项影响合同效力的较为重要的因素。不过，颇为耐人寻味的是，尽管《意大利民法典》第四编第二章第二分节冠以"关于合同原因"（Della causa del contratto）之名，①但却于第 1345 条对共同的不法动机进行了规定。②或许，理由在于，尽管意大利合同法理论普遍认为，动机并非原因，但从法典条文设置角度来看，动机的确是与原因存在相关性的内容，因此，基于这种相关性，而将不法动机之规定置于合同原因一节，亦属便宜之举。

（一）动机的概念

在意大利合同法上，所谓动机（i motivi），是指当事人意欲实施一项法律行为的个人目的（scopi individuali），是不属于法律行为内容的，当事人可以因法律行为而获得满足的利益（interessi）。③由此可见，动机是一项具有主观色彩的概念，其首先是指当事人自身订立合同所欲实现之目的；其次是指当事人依据合同而可以取得利益；④最后是这种目的或者利益，均不属于合同之内容，而在合同之外。⑤正是在此意义上，意大利民法学家卡林格拉认为，所谓动机，就是"导致合同当事人订立合同的一系列个人理由"（le ragioni individuali che spingono i contraenti ad addivenire alla stipulazione contrattuale）。

（二）动机与原因的区分

在传统原因理论下，所谓原因，乃抽象意义上之合同的经济与社会功能，而在此理论背景下，动机与原因的区分非常明确，两者之间存在一系列差异：

---

① Cfr. Giorgio Cian, Alberto Trabucchi, *Commentario breve al Codice Civile*, CEDAM, 2014, p. 1490.

② Cfr. Roberto Calvo, Alessandro Ciatti Càimi, *Diritto privato*, Zanichelli Editore, 2017, p. 345; Giorgio Cian, Alberto Trabucchi, *Commentario breve al Codice Civile*, CEDAM, 2014, p. 1497.

③ Cfr. Massimiliano Di Pirro, *Manuale di istituzioni di diritto privato（diritto civile）*, SIMONE, 2017, p. 264.

④ Ibid.

⑤ Cfr. C. Massimo Bianca, *Istituzioni di diritto privato*, Dott. A. Giuffrè Editore, 2014, p. 436.

第一,是否具有个性不同。原因是非个人化的合同要素(elemento impersonale)。① 例如,买卖合同的合同原因为出卖人获得约定的价款,而买受人取得约定的标的物所有权或者其他权利,即使买卖合同的标的物有所不同,但买卖合同的原因均不会发生变化。例如,甲与乙订立一份书籍买卖合同,约定乙以一定数额的金钱向甲购买一本书;而丙与丁订立一份自行车买卖合同,约定丁以一定数额的金钱向丙购买一辆自行车;尽管甲、乙、丙、丁订立合同所欲实现的具体合同内容存在差异,但在合同原因方面,却具有一致性,即出卖人(甲、丙)自买受人处获得约定数额的价款,而买受人(乙、丁)自出卖人处取得标的物所有权。相反,动机系属合同的个人要素(elementi personali),② 具有鲜明的个性化色彩,当事人订立合同的动机可能多种多样。例如,甲与乙订立一项书籍买卖合同,约定甲以一定数额的金钱向乙购买一本书,在该项合同中,甲订立合同的动机既可能是买给自己,供自己阅读之用,也可能是为他人购买,作为他人生日礼物,甚至也可能是购买该书之后,将其用于捐赠等。由此可见,与原因相比,动机具有丰富多彩的个性化特点。

第二,性质不同。原因是合同的客观要素(elemento oggettivo),原因不以合同当事人的主观意志为转移,原因本质上是蕴含于合同之中的,合同在客观意义上所具有的经济—社会功能。而动机则系属合同的主观要素(elemento soggettivi),其本质上是存在于当事人内心的,当事人之所以订立合同的个人理由。③

第三,典型性与稳定性不同。原因是合同的典型性要素与固定元素(elemento tipico e costante),任何合同均存在原因,而动机则并非典型性元素与固定要素,其对于合同而言系属非典型要素与变量型元素。④

第四,法律地位不同。原因是合同的构成要件之一,欠缺原因之合同为无效合同。⑤ 而动机通常而言在合同之外,其并不属于合同内容的范

---

① Cfr. Massimiliano Di Pirro, *Manuale di istituzioni di diritto privato (diritto civile)*, SIMONE, 2017, p. 264.

② Ibid.

③ Ibid.

④ Ibid.

⑤ Cfr. Pietro Trimarchi, *Istituzioni di diritto privato*, Giuffrè Editore, 2014, p. 194.

畴。① 不过，须予以注意的是，倘若动机没有保留于当事人的内心，而是在合同中得以客观展现，成为合同所欲直接实现的利益（interessi che il contratto è diretto a realizzare），那么此时，动机便会获得法律上的重要性，而被视为合同内容的一部分。②

不过，倘若将理论的视角置换为具体原因理论，动机与原因之间的差异则会变得微乎其微。支持具体原因理论的学者一般认为，所谓具体原因，其实就是合同订立所欲直接实现的个性化利益；③ 而所谓动机，本质上也是当事人订立合同所欲实现的个人利益，只不过与原因不同的是，动机并不属于合同内容的范畴罢了。④ 因此，在具体原因理论的视野下，某一事物究竟是原因还是动机，其实有赖于合理的合同解释，倘若当事人所欲通过合同实现的利益借由意思表示而彰显于合同之中，则这项利益即为原因，系合同的构成要件之一；倘若当事人所欲借由合同实现的利益并未体现于合同之中，而是秘而不宣，仅存在于当事人内心之中，则该利益便属于动机。

（三）不法动机

在明晰动机概念的基础之上，不法动机的定义也就呼之欲出：所谓不法动机（motivo illecito），即具有不法性之动机。⑤

在意大利合同法上，不法动机可能构成合同的无效事由。《意大利民法典》第1345条规定："各方当事人仅为共同的不法动机缔结的合同，为不法合同"⑥；第1418条第2款规定："欠缺第1325条规定的要件的、原因不法的、存在第1345条规定的动机不法的以及欠缺第1346条规定的标的要件的，合同无效"⑦，因此，根据《意大利民法典》第1345条与第

---

① Cfr. C. Massimo Bianca, *Istituzioni di diritto privato*, Dott. A. Giuffrè Editore, 2014, p. 436.

② Ibid.

③ Ibid., pp. 433-435.

④ Ibid., p. 436.

⑤ Cfr. Massimiliano Di Pirro, *Manuale di istituzioni di diritto privato（diritto civile）*, SIMONE, 2017, p. 264.

⑥ Cfr. Giorgio Cian, Alberto Trabucchi, *Commentario breve al Codice Civile*, CEDAM, 2014, p. 1497.

⑦ Cfr. Francesco, Caringella, Luca Buffoni, Francesca Della Valle, *Codice Civile e delle leggi civili speciali, annotato con la giurisprudenza*, Dike Giuridica Editrice, 2014, p. 1104.

1418条第2款的规定，倘若合同各方当事人出于共同的不法动机而缔结合同，则该合同无效。[1] 不过，存有疑问的是，何谓"共同的不法动机"（motivo illecito comune）？[2] 意大利民法通说一般认为，此处的共同不法动机必须具备三大要素：第一，该动机体现于合同当事人之间的合意之中，[3] 换言之，该动机属于合同当事人的共同动机，仅合同一方具有之动机为不法动机，并不构成合同无效的理由，即使合同另一方知晓该不法动机也是如此。[4] 第二，该共同动机具有不法性，其不法性的判定基准为强制性规范与善良风俗。[5] 第三，该共同不法动机是订立合同的唯一理由（ragione esclusiva）。[6] 因此，一项动机唯有具备以上三大要素时，方可构成合同的无效事由。例如，甲与乙达成合意，双方约定，由甲向乙提供保险箱，以帮助乙藏匿自己的赃物一段时间，此时，甲与乙所订立的合同便存在共同的不法动机，因为甲与乙之间的合意体现出双方存在共同的隐匿赃物的不法动机，故而该合同应属无效。[7] 由此可见，不法动机作为合同无效事由，在认定方面较不法原因而言，更为严格。

须予以提示的是，不法动机在合同以外的领域也具有意义。《意大利民法典》第626条规定："当遗嘱人订立遗嘱的唯一动机是不法动机时，该动机使遗嘱无效"[8]，第788条规定："当赠与人决定赠与的唯一动机是不法动机时，该动机使赠与无效"[9]，由此可见，对于遗嘱与赠与而言，

---

[1] Cfr. Massimiliano Di Pirro, *Manuale di istituzioni di diritto privato（diritto civile）*, SIMONE, 2017, p. 264.

[2] Cfr. Andrea Torrente, Piero Schlesinger, *Manuale di diritto privato*, Giuffrè Editore, 2013, p. 572.

[3] Ibid.

[4] Cfr. Giorgio Cian, Alberto Trabucchi, *Commentario breve al Codice Civile*, CEDAM, 2014, p. 1497.

[5] Cfr. Andrea Torrente, Piero Schlesinger, *Manuale di diritto privato*, Giuffrè Editore, 2013, p. 572.

[6] Cfr. Massimiliano Di Pirro, *Manuale di istituzioni di diritto privato（diritto civile）*, SIMONE, 2017, p. 264; Andrea Torrente, Piero Schlesinger, Manuale di diritto privato, Giuffrè Editore, 2013, p. 572.

[7] Cfr. Andrea Torrente, Piero Schlesinger, *Manuale di diritto privato*, Giuffrè Editore, 2013, p. 572.

[8] Cfr. Giorgio Cian, Alberto Trabucchi, *Commentario breve al Codice Civile*, CEDAM, 2014, p. 569.

[9] Ibid., p. 645.

当遗嘱人或者赠与人单方所具有的,导致遗嘱或者赠与产生的唯一动机具有不法性时,遗嘱或者赠与无效。① 这一点与合同不同,因为导致合同无效的动机,必须是合同当事人所共有的"共同不法动机"。

(四) 动机错误

对于一般意义上的合同而言,动机错误并不具有影响合同效力的作用。不过,对于遗嘱与赠与来说,动机错误则可能构成遗嘱与赠与无效的原因。②《意大利民法典》第624条第2款规定:"当促使遗嘱人订立遗嘱的唯一动机存在错误时,无论该错误是法律错误还是事实错误,则该动机错误均构成遗嘱无效的原因"③,这表明,动机错误对于遗嘱效力而言至关重要,倘若订立遗嘱的人因存在事实认知或者法律认知方面的错误,而订立遗嘱,即使该错误作为动机并未形成意思表示,彰显于遗嘱之中,但只要具有错误的动机是遗嘱人订立遗嘱的唯一动机,则该动机错误会导致遗嘱无效。同时,《意大利民法典》第787条规定:"当促使赠与人决定赠与的唯一动机存在错误,无论该错误是事实错误还是法律错误,该赠与均可因该动机错误而被提起撤销之诉"④,由此表明,倘若赠与人因事实或者法律方面的认知存在错误,导致其做出赠与决定之唯一动机为错误动机,则可以通过诉讼撤销该赠与。⑤

第三节 合同标的

《意大利民法典》第1325条认为,标的系合同的构成要件之一,换言之,对于意大利私法而言,唯有具备适格且适法之标的,方可构成完整而

---

① Cfr. Massimiliano Di Pirro, *Manuale di istituzioni di diritto privato (diritto civile)*, SIMONE, 2017, p. 265.

② Cfr. Andrea Torrente, Piero Schlesinger, *Manuale di diritto privato*, Giuffrè Editore, 2013, p. 572.

③ Cfr. Giorgio Cian, Alberto Trabucchi, *Commentario breve al Codice Civile*, CEDAM, 2014, p. 568.

④ Ibid., p. 645.

⑤ Cfr. Massimiliano Di Pirro, *Manuale di istituzioni di diritto privato (diritto civile)*, SIMONE, 2017, p. 265.

合法的合同。兹就作为意大利私法上合同构成要件之一的标的展开论述。

一 标的之概念

(一) 合同标的之性质：客观标的抑或主观标的

标的（oggetto）这一概念在意大利私法上具有十分丰富但欠缺清晰性的内涵。① 例如，意大利私法学家特里马齐便认为，所谓标的，其实就是指承诺的行为，例如，移转所有权或者其他权利的行为。由此可见，特里马齐并不认为物可以构成合同之标的。②

意大利私法学家加尔加诺则认为，合同标的应当与《意大利民法典》第1322条规定的合同内容相区别，合同标的并非合同内容，其只能是一种财产（cosa），或者在更一般意义上，只能是一种权利（物权或者债

---

① Cfr. Francesco Caringella, *Manuale di diritto civile*, II *Il contratto*, DIKE Giuridica Editrice, 2011, p. 296. 事实上，"标的"一词在我国民法学界中内涵也同样丰富，甚至不清晰。例如，部分学者认为，所谓合同标的，其实就是合同双方当事人的权利和义务所指向的对象，即民事活动所欲实现的目的，其可以是实物和货币，也可以是某项工程、劳动活动或者某种脑力劳动的成果，甚至可以是一些非物质财富的权利。由此可见，这一派学者主要将合同标的视为合同目的，与此同时，该派学者也认为，合同标的其实就是合同的标的物。与合同目的说相似的是，也有学者认为，所谓合同标的，乃为获得特定经济结果在履行义务时所应尽最大努力去实现的一项"利益追求"，其实这种利益追求，与合同目的并无本质性差异。而另一派则学者认为，所谓合同标的，的确是合同权利义务指向的对象，不过，准确来说，所谓合同标的却应当是合同关系的客体。与合同目的论不同，将合同标的视为合同的客体具有鲜明的客观倾向。当然，还有学者认为，所谓合同的标的，其实就是一种债的标的，即给付，换言之，就是债务人履行义务的特定行为，具体而言，即合同义务人的给付行为，如移转动产或者不动产的行为、提供服务的行为、完成工作成果的行为等，在此基础上，该派学者认为，标的不同于标的物，标的物指的是标的指向或者依托的客观实体，如动产、不动产、劳务、工作成果等。这种观点其实仍然属于客观理论范畴，只不过将合同标的限定为行为而已。由此可见，关于合同标的，我国的学说理论极不统一，事实上，在我国民法学语境中，"合同的客体、合同的标的和合同的内容是同一问题的不同称谓"，甚至有部分学者在合同法的著述中只使用了"合同内容"这一术语而完全舍弃了合同标的这一概念。参见皮纯协、何士英编著《经济合同法浅说》，山西人民出版社1982年版，第24页；吴志忠《买卖合同法研究》，武汉大学出版社2007年版，第49页；王玉梅《合同法》，中国政法大学出版社2008年版，第30页；朱广新《合同法总则》（第二版），中国人民大学出版社2012年版，第138页；李永军《合同法》（第三版），法律出版社2010年版，第210页；韩世远《合同法总论》（第四版），法律出版社2018年版，第338页以下。

② Cfr. Pietro Trimarchi, *Istituzioni di diritto privato*, Giuffrè Editore, 2014, p. 189.

权），这种权利在合同中根据约定由合同一方通过承诺的给付行为移转至另一方处。① 从这一点来说，不难发现，加尔加诺倾向于将合同标的视为真正意义上的"客体"（意大利语中 oggetto 确实有客体的意涵），而并不认为给付行为系属合同标的。

另一位意大利私法学家吉多·阿尔帕（Guido Alpa）也倾向于严格定义合同标的，其认为，合同标的不同于债之标的（oggetto dell'obbligazione），并非给付，合同标的也不是给付之标的（oggetto della prestazione），其并非债务人履行债务的具体行为，如作为、不作为或者给予，所谓合同标的，乃作为合同基础的财产或者行为（la cosa o l'attività sulla quale si fonda il negozio）。② 阿尔帕对将合同标的与债之标的、给付标的两大概念予以区分的做法深值赞同，同时，与特里马齐和加尔加诺相似的是，阿尔帕所定义的合同标的，也具有浓厚的客体性格。

与加尔加诺等学者的观点相比，意大利私法学家托伦特与施莱辛格对合同标的之界定则更为严格。托伦特与施莱辛格从《意大利民法典》条文出发，认为合同"标的"一词，其实就是指物（res）而非合同之内容（contenuto）。例如，《意大利民法典》第 1472 条第 1 句前半句为："当买卖合同之标的为未来物时（Nella vendita che ha per oggetto una cosa futura）"③，此处的"标的"，无疑是指物。④ 托伦特与施莱辛格指出，尽管部分学者主张将合同标的解释为合同内容，但在他们看来，最好还是严格区分标的与内容两大概念，而将"内容"一词着重用于适用《意大利民法典》第 1322 条之合同自由原则的，规制合同各方之间关系的领域，而不宜将合同标的与合同内容予以混同。⑤

而与上述法学家观点大相径庭的是，部分意大利学者认为，"合同标的"之概念，应当从更为主观的合同内容角度予以澄清，申言之，所谓合同标的，其实不过是当事人依据合意订立之合同所具有的内容的另一种称

---

① Cfr. Francesco Galgano, *Il negozio giuridico*, Dott. A. Giuffrè Editore, 2002, p. 120.

② Cfr. Guido Alpa, *Il contratto in generale*, Giuffrè Editore, 2014, p. 67.

③ Cfr. Adolfo Di Majo, *Codice civile, con la costituzione, I trattati U. E., e le principali norme complementari, con la collaborazione di massimiliano pacifico*, Dott. A. Giuffrè Editore, 2014, p. 395.

④ Cfr. Andrea Torrente, Piero Schlesinger, *Manuale di diritto privato*, Giuffrè Editore, 2013, p. 559.

⑤ Ibid.

第三章　合同的构成要件

谓而已，其本身并无任何特殊性可言。

例如，意大利著名私法学家比安卡便明确指出，"合同内容即合同之标的（il contenuto del contratto è l'oggetto del contratto），其乃合同各方当事人所设立之事实效果或者法律后果"①，换言之，在比安卡看来，合同标的其实就是合同内容的同义词，两者可以完全相互替代。

而意大利私法学家罗伯托·卡尔沃（Roberto Calvo）与亚历山德罗·奇亚蒂·卡米（Alessandro CiattiCàimi）则认为，合同标的，体现为缔约各方根据合同约定，为实现自身承诺所负担的履行义务，②而由于合同义务本身即属合同内容之范畴，故而可以认为，和比安卡一致，卡尔沃与卡米同样认为合同标的应当自合同内容的角度予以解释。

此外，也有部分意大利学者认为，"合同标的"这一术语具有多元内涵的特点。例如，意大利私法学家卡林格拉便认为，在意大利私法语境中，标的可能是指给付（prestazione），可能是指物（res）或者移转物之所有权或者其他权利的行为（trasferimento della proprietà di una cosa o di un altro diritto）。③而意大利私法学家马乔更是直截了当地指出，"合同标的"一词本身便存在相互迥异的解释，尽管其具有为合同各缔约方提供保证的功能，但事实上，合同标的却只是一项彻头彻尾的假设（una ipotesi）。④

通过上述关于意大利学者的学说梳理，不难看出，合同标的在意大利合同法中是一项暧昧的概念。意大利私法学家玛丽亚·卢多维卡·德·多米尼西斯（Maria Ludovica De Dominicis）便富有深意地指出，事实上，《意大利民法典》并未规定合同标的之标准定义，尽管意大利私法学界不断有人力图通过理论构造弥补这一缺憾，但迄今为止，这项努力难谓成功，"合同标的"这一术语仍然具有难以理解与内涵不清晰的特点。⑤

不过，自意大利私法史角度而观之，"标的"一词最初并非内涵模糊之概念，在1865年《意大利民法典》中，明确规定，唯有物（cose）方可成为合同之标的，由此可见，合同标的原初含义其实非常明确，即作为

---

① Cfr. C. Massimo Bianca, *Istituzioni di diritto privato*, Dott. A. Giuffrè Editore, 2014, p. 409.

② Cfr. Roberto Calvo, Alessandro Ciatti Càimi, *Diritto privato*, Zanichelli Editore, 2017, p. 334.

③ Cfr. Francesco Caringella, *Manuale di diritto civile*, II. Il contratto, DIKE Giuridica Editrice, 2011, p. 296.

④ Cfr. Mario Bessone, *Istituzioni di diritto privato*, G. Giappichelli Editore-Torino, 2013, p. 526.

⑤ Cfr. Maria Ludovica De Dominicis, *Obbligazioni e Contratti*, Primiceri Editore, 2017, p. 207.

合同对象的物。① 不过，在嗣后的私法演进过程中，合同标的逐渐开始与"给付""内容"等概念发生意义上的交集，这使得合同标的之概念开始由清晰转向模糊，最终蜕变为一项亟待厘清的术语。

（二）合同标的与合同内容：应当严格区分的两大概念

从前述论述中可知，合同内容与合同标的是一组存在概念交叉的术语。尽管前已述及，从私法史演进来看，合同标的最初其实与合同内容并无交集，合同标的其实指的东西非常简单，即合同所指向之物，此处之物是具有哲学意义之客观存在，是严格意义上的客体，例如，在买卖合同中，出卖人出卖之物，便是合同之标的。② 因此，倘若仅将合同标的解释为合同所指向之物，那么合同标的与合同内容之间便不会出现概念意涵上的部分重叠，其缘故在于，所谓合同内容，本质上乃是合同各方当事人所设立之事实效果或者法律后果，③ 系属依据当事人意志所凝结的主观拟制物，其并非哲学意义上的客体，故而与传统的合同标的概念完全不同。当然，由于《意大利民法典》第 1325 条明确将标的规定为一切合同所必须具备之要件，这便出现了一个问题——对于买卖合同这类合同而言，作为客观存在的合同标的清晰可见，不过，对于另一些合同，例如未来物买卖合同或者服务合同而言，作为客观存在的合同标的不复存在，但因为《意大利民法典》第 1325 条之教义性设计，所以必须认为未来物买卖合同或者服务合同中必然存在合同标的，而为了回应民法典所设置的教义学难题，部分意大利学者便采取了软化"标的"概念的方法，即将合同标的解释为"合同各方当事人所设立之事实效果或者法律后果"，"缔约各方根据合同约定为实现自身承诺所负担的履行义务"等，从而将合同标的由客观存在之客体概念转换为合同各方当事人之间的关系性范畴。这样做的好处当然是弥合了法典教义与学说理论之间的鸿沟，但问题也十分明显：尽管"合同标的"一词在意大利语中以"客体"（oggetto）一词表述，但却并无突出的客体性质，反而与合同内容之间发生了严重的概念混淆。也正是因为如此，部分意大利私法学家，例如比安卡，便更进一步地宣称，

---

① Cfr. Francesco Caringella, *Manuale di diritto civile*, *II. Il contratto*, DIKE Giuridica Editrice, 2011, p. 296.

② Cfr. Francesco Galgano, *Corso di diritto civile：il contratto*, Seconda edizione, CEDAM, 2011, p. 177.

③ Cfr. C. Massimo Bianca, *Istituzioni di diritto privato*, Dott. A. Giuffrè Editore, 2014, p. 409.

合同内容就是合同标的，两者完全是同义词，这样的理论处理方式未免草率而粗糙。

私见以为，合同标的与合同内容应当予以较为严格的区分，理由在于：第一，两者作为意大利法教义学体系中的实证法律概念，所作用的领域不同。合同标的主要作为合同的构成要件而存在，而合同内容则并非合同的构成要件，而是缔结合同的各方当事人欲借由合同所实现的事实与法律效果。第二，两者所适用的法律渊源不同。在《意大利民法典》中，合同标的最为经典的法律渊源为《意大利民法典》第1325条，该条文将标的明确规定为合同的必备要件之一；而合同内容最为突出的法律渊源则是《意大利民法典》第1322条，该条文依据合同自由原则，明确规定合同各方当事人在法律规定与行业规则所限范围内，可以自由约定合同内容。第三，合同内容分为主要内容与次要内容，认为合同内容与合同标的具有同质性的学者一般也认为，合同内容中决定合同标的之事物，是主要内容（contenuto sostanziale），[1] 这其实反而印证了合同内容与合同标的其实并非可以完全重叠之概念。第四，合同标的系属客体，其主要是物（cosa），而合同内容其实并非客体范畴之事物，其源于当事人之间的主观约定，两者并非可以等同之概念。当然，仅将合同标的解释为物，的确难以契合《意大利民法典》第1325条将标的设定为合同必备构成要件之意旨，故而可以运用法律拟制技术，在物之外，将权利，包括物权与债权［il diritto（reale o di credito）］视为与物同质之事物，[2] 从而维系合同标的与合同内容之间的稳定的概念区分。因此，参酌意大利私法学家Galgano之见解，宜将严格意义上的合同标的解释为物或者权利（所有权以外的其他物权或者债权）。

(三) 合同标的与基于合同的给付：直接客体与间接客体的观念区分

尽管在严格意义上，或许能够依靠法律拟制思维，而将合同标的严格限制在物或者权利的范围内，但从法教义学的角度来看，这种解释仍旧难谓尽善尽美，其缘故在于，《意大利民法典》自身在"标的"一词的使用

---

[1] Cfr. Francesco Caringella, *Manuale di diritto civile*, *II. Il contratto*, DIKE Giuridica Editrice, 2011, p. 297.

[2] Cfr. Francesco Galgano, *Corso di diritto civile：il contratto*, Seconda edizione, CEDAM, 2011, p. 176.

上便存在一定程度上概念混用现象。

众所周知,《意大利民法典》第四编第二章第三分节的标题为"关于合同标的(Dell'oggetto del contratto)"①,该分节项下第1346—1349条均属对于合同标的之规定。不过,耐人寻味之处在于,部分条文均不同程度地将"给付"一词与"标的"予以交叉使用,从而形成非常明显的概念混用现象。例如,《意大利民法典》第1347条的小标题为"标的发生的可能性(possibilità sopravvenuta dell'oggetto)"②,但具体条文却规定:"倘若初始的给付不能(la prestazione inizialmente impossibile)在条件成就或者期间届满之前转变为给付可能之状态,那么附条件或者期限的合同有效"③,而对照《意大利民法典》第1347条的小标题与条文之表述,可以发现,标的与给付基本系属同义词,小标题所言之标的发生的可能性,其指的就是给付的可能性。无独有偶,《意大利民法典》第1349条的小标题为"标的之确定(Determinazione dell'oggetto)"④,但该条文第1款第1句却规定:"合同中记载的给付由第三人确定的,在没有发生完全契合合同当事人意愿的情况下,第三人应当公平处理给付标的之确定事宜。"⑤而对照小标题与条文之表述,仍然可以发现,标的与给付,其实是作为同义词使用的。

因此,在理论上亟待诠释的,便是如何将"标的乃物(或者权利)"之观念与民法典认为"给付即标的"之教义予以合理化处理的问题。就此问题而言,意大利私法学家卡林格拉指出,必须承认,物乃合同之标的,同时,从民法典条文来看,也必须承认给付也是合同之标的;因此,逻辑上的大前提是,物与给付均为合同之标的。不过,由于物与给付确实并非同质事物,故而合理的理论路径是,对标的这一概念予以妥当性分类:由于给付乃债务人直接向债权人所做出的行为,故而给付应属合同的直接标的(oggetto diretto),至于物,或者其他财产,其实是给付所作用之对象,故而宜解释为合同的间接标的(oggetto indiretto),而在此意义

---

① Cfr. Francesco Caringella, Luca Buffoni, Francesca Della Valle, *Codice Civile e delle leggi civili speciali, annotato con la giurisprudenza*, Dike Giuridica Editrice, 2014, p. 930.

② Ibid., p. 933.

③ Ibid.

④ Ibid., p. 934.

⑤ Ibid.

上，卡林格拉进一步认为，由于物通常为给付所直接作用的对象，故而物与其他财产理应被解释为给付之标的（oggetto della prestazione）。① 此说既坚守了合同标的为物或者其他财产的观念，也较为合理地解释了民法典将给付与标的混同的规范现象，甚至科学地界定了给付标的之概念，深值赞同。

（四）一般标的理论的缺憾：概念区分的无效性

到此为止，我们可以发现，在意大利合同法上，"标的"一词可以指代之事物不可谓不多，标的可能是指合同的内容（il contenuto），也可能是指财产（i beni），特定化利益（l'interesse regolato），物（la cosa），给付（la prestazione），甚至合同之调整（il regolamento contrattuale），因此，"标的"一词确实内涵与外延都十分复杂，其常常处于意义并不清晰的境地之中。②

究其缘由，还是因为，作为普适性理论的一般标的理论原本便存在理论上的缺憾。众所周知，一切合同之原型，其实是物的买卖合同（la compravendita）。③ 在买卖合同中，出卖人负有将特定的有体物所有权移转给买受人的义务，而与之相对应的则是，买受人负有给付出卖人特定数额金钱的义务。在买卖合同中，标的的清晰可见——在此处，标的就是特定之物（la cosa）。由此可见，事实上，标的这种客体性的概念，在原初意义上便是买卖合同所特有的事物，因为倘若一项合同在性质上系属买卖合同，那么在这项合同中必然存在特定的可供出卖之物，而该物，便是标的。也正是因为如此，在买卖合同中，完全不需要将标的解释为合同内容或者给付等其他事物，只需要将出卖之物定性为标的即可，换言之，将古典意义上的标的理论适用于买卖合同这一具体合同类型，完全不会失效。不过，倘若进一步作类推思考，而认为其他合同中也蕴含标的，便会出现理论瑕疵。譬如，在买卖合同中，标的仍然能够较为清晰地被定义为有体物，不过，倘若以债权让与合同为观察对象，将标的仅仅定义为物的标的理论便会捉襟见肘，无能为力，因为，在债权让与中，根本不存在有体物；而如

---

① Cfr. Francesco Caringella, *Manuale di diritto civile*, *II. Il contratto*, DIKE Giuridica Editrice, 2011, p. 299.

② Ibid., p. 300.

③ Ibid.

果仍旧要坚持债权让与合同与买卖合同一样,都具有标的,那么,唯一的理论选择便是,对标的概念本身进行改造——例如,将"权利"也纳入标的之范畴。尽管凭借概念改造,仍然能够使标的理论适用于其他合同,但概念改造的后果也是极为严重的——合同标的不再拥有稳定而清晰的意义。由于权利也被纳入合同标的之范畴,在类推意义上,合同义务,作为合同权利与合同义务之上位概念的合同内容,以及作为合同权利与合同义务内容的给付,都可以被恰如其分地被理解为标的,到此为止,标的这一概念与其说因类推而获得了扩展,不如说由于过度类推,导致合同标的与合同内容等概念发生了融合,最终使合同标的之概念走向消亡。一言以蔽之,依托于一般标的理论而力图实现标的概念的清晰化表述及其与其他概念的区分,是无用的(inutilità)。①

因此,回溯一般标的理论,不难发现,一般标的理论其实就是一个将买卖合同之标的观念类推至典型合同,最后类推至所有合同的过程。② 私见以为,合同标的之最佳作用域,仍然在物的买卖合同领域,至于其他合同,则不必刻意适用合同标的理论,换言之,一般合同标的理论应当富有谦抑性地将自身的理论解释范围限制在买卖合同之中。当然,类似债权让与的与买卖合同相似的合同,可以通过法律拟制,将权利拟制为物,从而为这类合同设置坚实的标的基础,此举亦可适当扩张合同标的理论的作用域,便于契合《意大利民法典》所设置的合同构成要件教义性规则。不过,对于其他合同而言,则直接用合同内容替代合同标的进行法律分析即可,这意味着,对于非买卖合同的合同而言,合同标的这项要件,应当予以相当程度上的缓和。

二 标的之条件

前已述及,尽管标的原本并非内涵与外延清晰之术语,不过在意大利合同法的法教义学层面上,仍然应当坚持标的乃一切合同所共有之构成要件,在此教义之下,合同内容,以及合同中的权利与义务,仍然得以在宽泛意义上被纳入标的之范畴。当然,作为合同构成要件的标的,须符合特

---

① Cfr. Francesco Caringella, *Manuale di diritto civile*, *II. Il contratto*, DIKE Giuridica Editrice, 2011, p. 300.

② Ibid.

定的条件，方可成为适格标的，进而助力于合同效力之产生。根据《意大利民法典》第 1346 条的规定，作为合同标的之事物，须符合三项特定条件，即可能（possibile）、合法（lecito）以及已经确定或者可以确定（determinato o determinabile）。① 兹分述如下。

（一）标的须可能

所谓标的须可能，是指作为合同标的之事物必须是可以存在或者可以实现的。合同标的可以是物理意义上的物（cosa fisica），② 换言之，即应当存在或者能够存在之物。例如，在物的买卖合同中，能够成为合同标的之事物的，为有体物，如土地、房屋、书籍、家具等，而虚无空虚之物，譬如魑魅魍魉，由于并不存在于世间，而系想象之造物，故而不能成为该合同之标的。合同标的也可以是人之行为（comportamento umano），只不过该行为应当与行为实施者所具有的物理性或者精神性能力相匹配，换言之，即行为人具备实施行为的可能性。③ 例如，在绘画服务合同中，甲与乙约定，由乙为甲画一幅肖像，在该合同中，作为合同标的之绘画行为，也以乙具备一定绘画能力为基础，倘若乙只是诈欺者，其根本没有绘画能力，那么该绘画合同的标的便具有不可能性。

当然，一般认为，意大利合同法中的"标的须可能"，并不是单纯指自然意义上的可能，也包括法律意义上的可能，例如，即使某物在自然意义上存在，但其却属于禁止流通物，则该物无论如何也不能成为买卖合同的标的。④ 在此意义上，可以认为，"所谓可能，既是自然上的可能，也是法律上的可能（la possibilità deve essere sia naturale sia giuridica）"⑤。

倘若不符合标的须可能的条件，那么合同标的便为不能。而依照意大利合同法学界的观点，标的之不能可以分为以下几种类型。

1. 绝对不能与相对不能

以导致标的不能的原因为标准，可以将标的不能区分为绝对不能与相

---

① Cfr. Massimiliano Di Pirro, *Manuale di istituzioni di diritto privato（diritto civile）*, SIMONE, 2017, p. 552.

② Ibid.

③ Ibid.

④ Ibid.

⑤ Ibid.

对不能。所谓绝对不能(impossibilità assoluta)，又称客观不能 (impossibilità oggettiva)，是在客观层面上任何人均无法给付的状态。① 例如，甲与乙订立合同，约定由甲为乙将天上的星辰摘下来，而在该合同中，作为合同标的之摘星行为，事实上绝无实施之可能，故而该合同之标的为绝对不能。又如，甲与乙订立合同，约定甲将哮天神犬之所有权让与乙，而由于哮天神犬并非现实存在之物，即使甲勉力而给付之，恐怕也是鱼目混珠的冒牌货，故而该合同之标的亦系属绝对不能。再如，甲与乙订立合同，约定由甲将自己肾脏之所有权让与乙，尽管在物理层面上，甲的确可以通过手术将肾脏取出，交给乙，不过，《意大利民法典》第 5 条规定："倘若对人体的完整性可能造成永久性伤害，或者与法律、公共秩序与善良风俗相抵触的，则不得处分自己的身体"②，而肾脏系属人之重要器官，出售肾脏之行为显然会对身体的完整性造成永久性伤害，并且也明显悖于公共秩序与善良风俗，故而系属禁止流通物，因此，甲虽然能够在物理意义上将肾脏交给乙，但在法律意义上，甲却无法将肾脏的所有权交付给乙，因为肾脏作为买卖合同的标的，处于法律上的绝对不能状态。此外，从另一角度来看，根据《意大利民法典》第 810 条的规定，意大利民法上的权利客体 (oggetto di diritti)，乃法律上之物 (cosa in senso giuridico)，③ 而人体尽管受作为人格权的身体完整权 (diritto alla all'integrità fisica) 之保护，④ 但却是人格的物质载体，属于权利主体之范畴，而非权利客体，故而人体中之器官无法成为权利客体，或者更准确地说，器官无法成为所有权的客体。因此，甲当然可以在事实上将肾脏交给乙，但却无法在法律上将肾脏的所有权交付给乙，因为肾脏上根本不存在所有权。

所谓相对不能 (impossibilità relativa)，又称主观不能 (impossibilità soggettiva)，是取决于质量或者手段的充分性，或者义务人所处条件的一种标的不能状态，一言以蔽之，相对不能是基于主观因素所导致的标

---

① Cfr. Pietro Trimarchi, *Istituzioni di diritto privato*, Giuffrè Editore, 2014, p. 189; Francesco Caringella, *Manuale di diritto civile*, *II. Il contratto*, DIKE Giuridica Editrice, 2011, p. 304.

② Cfr. Giorgio Cian, Alberto Trabucchi, *Commentario breve al Codice Civile*, CEDAM, 2014, p. 1590.

③ Cfr. Stefania Cervelli, *I diritti reali*, Terza edizione, Giuffrè Editore, 2014, p. 1.

④ Cfr. Alberto Trabucchi, *Istituzioni di diritto civile*, CEDAM, 2013, pp. 293-295.

的不能。① 例如，甲与乙订立房屋租赁合同，约定由甲将自己的房屋出租给乙居住，而乙则支付给甲一定数额的租金。在合同成立生效之后，于债务履行期届满之时，甲却因自己想要居住该房屋而拒绝交房，此时，该租赁合同之标的便陷于相对不能，或者说主观不能的境地。

在法律效力方面，绝对不能与相对不能存在差异。意大利通说一般认为，倘若合同标的陷于绝对不能，那么将导致合同处于构成要件缺失的状态之中，根据《意大利民法典》第1346条、第1418条第2款的规定，此时合同应当归于无效。② 由此亦可看出，在意大利学界看来，《意大利民法典》第1346条所规定的"可能"，是指"并非处于绝对不能之状态"，倘若只是相对不能，那么并不构成对第1346条规定的违反。那么，接下来的问题则是，倘若合同标的陷于相对不能，应当适用何种规范，产生何种法律效果呢？就此而言，意大利学界普遍认为，合同标的之相对不能其实可能构成债务不履行（inadempimento delle obbligazioni），根据《意大利民法典》第1218条的规定，倘若导致标的陷于相对不能的，作为合同相对人的债务人不能证明债务之履行不能或者迟延履行不可归责于自己，则须因未能正确履行给付义务而向债权人承担损害赔偿责任。③

2. 自始不能与突然发生的不能

以标的不能发生的时间为基准，可以将标的不能区分为自始不能与嗣后不能。所谓自始不能（l'impossibilità originaria），是指合同在订立之时，标的便处于不能的状态。④ 例如，甲与乙订立合同，约定由甲为乙画一幅人物肖像，然而在合同订立时，甲根本就不会画画，此时，标的便陷于自始不能。所谓突然发生的不能（l'impossibilità sopravvenuta），是指在合同订立之后，标的突然发生的，因不可归责于债务人的原因而全部给付不能

---

① Cfr. Francesco Caringella, *Manuale di diritto civile*, *II. Il contratto*, DIKE Giuridica Editrice, 2011, p. 304.

② Ibid.

③ Cfr. Francesco Caringella, *Manuale di diritto civile*, *II. Il contratto*, DIKE Giuridica Editrice, 2011, p. 304; Giorgio Cian, Alberto Trabucchi, *Commentario breve al Codice Civile*, CEDAM, 2013, p. 1199.

④ Cfr. Andrea Torrente, Piero Schlesinger, *Manuale di diritto privato*, Giuffrè Editore, 2013, p. 560.

或者部分给付不能的状态。① 例如，甲与乙订立不动产买卖合同，约定甲将自己的一处房屋出让给乙，但是，合同订立之后，在甲将房屋过户给乙之前，一场大火彻底烧毁了这幢房屋，从而使甲无法向乙履行合同，此时，标的便陷于突然发生的不能。

就法律效力而言，自始不能与突然发生的不能存在不同。倘若标的系属自始不能的情况，则意味着，合同标的从一开始便并未充分满足《意大利民法典》第1325条所规定的标的要件，因此，标的自始不能的合同，应当归于无效。②

不过，须予以提示的是，即使标的为自始不能，但是，倘若合同本身为附条件或者附期限的合同，那么，根据《意大利民法典》第1347条的规定，标的自始不能在条件成就之前，或者期限届满之前，由不能转变为可能的，则该附条件或者附期限的合同仍旧有效，这种情况，被称为"突然发生的可能"（possibilità sopravvenuta）。③

而对于突然发生的不能而言，因合同在成立时，标的要件并无瑕疵，故而合同本身已经成立生效，不过，在合同成立生效之后，突然发生不能的，则应当分为以下两种情况处理。

第一，倘若突然发生的不能为全部不能（impossibilità totale），则根据《意大利民法典》第1256条的规定，该全部不能导致债务人免除债务；④ 同时，根据《意大利民法典》第1463条的规定，尽管债务人在突然发生的全部不能中得以被免除债务，但与之相对应的是，债务人因被免除债务，也不能向相对人请求与被免除债务相对应的债务之给付，如果债务人已经获得部分给付，其也应当根据不当得利返还的规定，返还已经获

---

① Cfr. Andrea Torrente, Piero Schlesinger, *Manuale di diritto privato*, Giuffrè Editore, 2013, p. 560; Francesco Caringella, *Manuale di diritto civile*, *II. Il contratto*, DIKE Giuridica Editrice, 2011, p. 304.

② Cfr. Andrea Torrente, Piero Schlesinger, *Manuale di diritto privato*, Giuffrè Editore, 2013, p. 560.

③ Cfr. Francesco Caringella, *Manuale di diritto civile*, *II. Il contratto*, DIKE Giuridica Editrice, 2011, p. 304; Giorgio Cian, Alberto Trabucchi, *Commentario breve al Codice Civile*, CEDAM, 2013, p. 1504.

④ Cfr. Giorgio Cian, Alberto Trabucchi, *Commentario breve al Codice Civile*, CEDAM, 2014, p. 1349.

得的给付。①

第二，根据《意大利民法典》第 1464 条的规定，倘若突然发生的不能为部分不能（impossibilità parziale），由于债务人能够做出的给付已然减损，因此，债务人的相对人有权请求减少自己所应当付出的对待给付，从而维护双方之间的公平交易关系。②

须予以注意的是，由于意大利合同法在物权移转问题上遵循合意主义原则，因此，根据《意大利民法典》第 1465 条第 1 款的规定，如果合同在性质上系属具有转让或者设定权利之法律效力的合同（contratto con effetti traslativi o costitutivi），那么，因不可归责于出让人的原因而致使物毁损灭失的，尽管该物尚未交付，仍然并不免除受让人应当履行的给付义务。③ 而在物为种类物的情况下，根据《意大利民法典》第 1465 条第 3 款的规定，如果出让人已经完成给付，或者标的物已经特定化时（例如，按照《意大利民法典》第 1378 条的规定而将物交付给承运人时），即使发生突然的不能，受让人之债务亦不会被免除。④

3. 永久不能与暂时不能

所谓永久不能（l'impossibilità definitiva），是指标的不能之状态确定地保持最终不能之状态。⑤ 无论是自始不能还是突然发生的不能，都有可能系属永久不能之列。所谓暂时不能（l'impossibilità temporanea），是指标的暂时性地处于不能之状态，标的仍然存在由不能转变为可能之可能性。⑥ 与永久不能一致，自始不能与突然发生的不能，均可能只是暂时的标的不能。

就法律效力而言，永久不能将导致合同归于无效（nullo）。⑦ 而对于暂时不能来说，根据《意大利民法典》第 1347 条的规定，倘若合同附有

---

① Cfr. Giorgio Cian, Alberto Trabucchi, *Commentario breve al Codice Civile*, CEDAM, 2014, p. 1847.

② Ibid., p. 1852.

③ Ibid., p. 1854.

④ Ibid.

⑤ Cfr. Francesco Caringella, *Manuale di diritto civile*, *II. Il contratto*, DIKE Giuridica Editrice, 2011, p. 304.

⑥ Ibid.

⑦ Ibid.

条件或者期限，那么，在条件成就或者期限届满之前，暂时性标的不能已经转变为可能时，则合同仍旧有效。①

4. 事实不能与法律不能

所谓事实不能（l'impossibilità materiale），是指标的在物理意义上处于无法实现的状态。② 例如，甲与乙订立合同，约定甲将为乙提供一项地狱旅游项目的导游服务，而乙则支付一定数额的金钱作为回报。在这份合同中，作为合同标的之地狱旅游方面的导游服务，因地狱本身是不存在，故而在自然意义上应属标的不能。所谓法律不能（l'impossibilità giuridica），是指标的在法律意义上处于无法实现的状态，具体而言是指，以合同订立为基准时，根据当时的法律秩序所提供的规则框架体系，合同所约定的标的已经为法律所排斥因而无法实现的情况。③

标的之法律不能，在概念解释上，似乎与标的之不法（l'illiceità）存在意涵上的交叉，具体而言，标的之法律不能，通常而言，并不意味着标的在自然意义上处于不能状态，其之所以陷于不能，完全是缘于法律秩序干预的结果，而标的之不法与法律不能存在异曲同工之妙，标的之不法，也是奠基于法律秩序的介入基础之上，有悖于法律规定或者善良风俗时，标的被视为不法，而不法标的往往也意味着其在法律上具有不可被实现的属性。因此，在此意义上，标的之法律不能与标的不法，大抵而言，近乎同义词，也正是因为如此，意大利学界有人主张，标的之法律不能，与标的不法或者标的之不可处分性（l'indisponibilità dell'oggetto），难以区分。④ 不过，意大利私法学家卡林格拉却认为，尽管标的之法律不能与标的不法，均与法律秩序有关，但实际上两者仍然存在一定差异，标的不法的基本逻辑是，合同所约定之标的存在违反法律秩序或者善良风俗的情形，故而蕴含不法性；而标的之法律不能，则并无类似标的不法那样的规范判断过程，通常而言标的之法律不能并不需要去考察标的是否违反法律秩序或者善良风俗，其仅仅只是因法律的明确排除，而在法律上处于无法

---

① Cfr. Francesco Caringella, *Manuale di diritto civile*, *II. Il contratto*, DIKE Giuridica Editrice, 2011, pp. 304-305.

② Ibid., p. 302.

③ Ibid.

④ Ibid.

获得实现的状态而已;① 换言之,法律上不能之标的,甚至还没能进入不法性的判断阶段,便已经为法律所排除了,因此标的之法律不能是标的不法的前置性分析阶段,而非同一事物。此学说能够将不能与不法予以明晰区分,深值赞同。

在法律效力方面,事实不能会导致合同的永久无效。② 不过,须予以注意的是,有的事实不能可能因规范因素,而转变为可能。例如,依照事物本质,原本未来物(譬如《意大利民法典》第 820 条规定的,未与原物相分离的孳息)属于事实不能之物,以未来物为标的之合同,理应认定为无效;不过,《意大利民法典》第 1348 条却规定,在法律未特别禁止的条件下,未来物亦可作为合同之标的。③ 因此以未来物为标的之合同,仍属可能,并且严格来说,属于拟制的事实可能。而对于法律不能而言,其与事实不能一致,构成合同无效之原因(cause di nullità),会导致合同因欠缺适当标的而归于无效。④

(二) 标的须合法

根据《意大利民法典》第 1346 条的规定,标的也必须满足合法性(la liceità)要件,换言之,唯有合法之标的,方可构成合同之标的。⑤ 因此,倘若标的系属不法,则根据《意大利民法典》第 1418 条第 2 款的规定,合同便会归于无效。

1. 标的不法的概念

尽管《意大利民法典》中并未明确规定标的不法的概念,不过,在意大利司法实践中,一般认为,所谓合法性,是指契合强制性规范之意旨,或者符合公共秩序与善良风俗之状态;⑥ 因此,作为合法性的对立面,所谓不法性,即违反强制性规范,或者悖于公共秩序与善良风俗之状态。有鉴于此,标的不法(illiceità dell'oggetto),则应当被定义为作为合

---

① Cfr. Francesco Caringella, *Manuale di diritto civile*, *II. Il contratto*, DIKE Giuridica Editrice, 2011, p. 302.

② Ibid., p. 303.

③ Cfr. Francesco Galgano, *Il negozio giuridico*, Dott. A. Giuffrè Editore, 2002, p. 122.

④ Cfr. C. Massimo Bianca, *Istituzioni di diritto privato*, Dott. A. Giuffrè Editore, 2014, p. 500.

⑤ Cfr. Francesco Caringella, *Manuale di diritto civile*, *II. Il contratto*, DIKE Giuridica Editrice, 2011, p. 305.

⑥ Cfr. Pietro Trimarchi, *Istituzioni di diritto privato*, Giuffrè Editore, 2014, p. 189.

同构成要件之标的,具有违反强制性规范,或者悖于公共秩序与善良风俗的情形。①

2. 违反强制性规范所导致的不法性

部分意大利法学家认为,尽管违反强制性规范在《意大利民法典》中被明确规定为不法性之原因,然而在逻辑上,"违反强制性规范"(la contrarietà a norma imperative)这一表述仍然存在疑问。例如,意大利民法学家萨科便认为,"强制性"之修饰语,纯属多余(pleonastica)。② 而卡林格拉则进一步解释道,"强制性"表述之所以多余,乃是因为对于非强制性规范,如可处分性规范、指引性规范以及可操作性规范(la norma dispositiva, destinata ad operare)而言,唯有在合同当事人并无约定的情况下,方具有适用空间,倘若合同当事人以自己的约定排除非强制性规定的适用,此时,既非"违反规范"也非"违法",只不过是合同当事人在行使法律所赋予的特权罢了。③ 换言之,在"违反强制性规范"之外,并无"违反非强制性规范"作为对应性概念,如此一来,所谓"违反强制性规范",似乎简化为"规范违反"一词,更为简洁有力。不过,私见以为,萨科与卡林格拉的观点,值得商榷。诚如卡林格拉所言,对于非强制性规范之违反,根本不具有违反规范乃至违法的属性,从这一点上来说,构成不法性原因的规范违反,必然是对强制性规范之违反,但是,倘若将"强制性"之表述完全视为多余,甚至予以去除,则不免产生新的疑问——究竟违反何种规范方可导致不法性之产生?在"规范违反"的表述中,似乎难以找到答案。因此,尽管在逻辑上,唯有违反强制性规范方可导致不法性之产生,不过出于概念明晰之考虑,维持貌似多余的"强制性"表述,则不仅可以在概念层面上明示唯有违反强制性规范,才构成不法性,而且也在反对解释意义上,直接将非强制性规范之违反,排除在不法性范畴之外,可谓一举两得,并无不当之处。

但是,问题远未获得圆满解决——究竟何种规范在何种程度上可以被称为强制性规范?大部分所谓的"强制性规范",仅仅只是行政法意义上

---

① Cfr. Francesco Caringella, *Manuale di diritto civile*, *II. Il contratto*, DIKE Giuridica Editrice, 2011, p. 305.

② Ibid., p. 306.

③ Ibid.

的管制规范,违反这类规范,严格来说,只能产生行政法上的法律效果,例如罚款、吊销营业执照等,而无法直接导致合同无效,一般来说,真正导致合同无效的强制性规范,大多会在条文的文本中明确规定,在特定要件满足的情况之下,产生合同无效之效力。例如,《意大利民法典》第1876条规定:"以当事人之终生为期限设定终生年金的,在缔约时该当事人已经死亡的,终生年金合同无效"①,该条款表明,对于设定终生年金合同而言,倘若满足缔约时依据合同得以受领终生年金的人已经死亡的要件,则该终生年金合同,即告无效。《意大利民法典》第1876条无疑是一项强制性规范,不过该规范明晰地规定了合同无效的法律效果,此时即使不强调该规范的强制属性,似乎也并不影响该规范本身所蕴含的导致合同无效的法律效力。因此,在最严格意义上,或许并不存在因违反强制性规范而无效的合同,合同之所以无效,与其说是违反强制性规范,不如说只是因契合合同无效规范之构成要件,而产生的自然而然的法律效果。职是之故,在更激进的立场上,或许应当舍弃"强制性规范"的提法,径行以"导致合同无效的规范"替代之。而其他委诸强制性规范介入的合同无效情形,则改由公序良俗原则或者私法自治原则干预即可。

从意大利私法实践来看,关于违反强制性规范导致合同无效的问题,主流司法意见与学界理论也持较为谨慎的态度。例如,由意大利民法学家乔安·吉安与阿尔贝托·特拉布基所主持编纂的,作为意大利最具权威性的民法典评注之一的《日常法律之民法典简明评注》便指出,通常而言,除非合同所违反之规范(无论该规范性质如何)已经明确规定了合同无效的结果,否则合同的内容、形式等内容的不法性并不意味着合同必然无效;② 倘若合同所违反之规范并未明确规定合同无效的制裁性法律后果(sanzione di nullità),那么法官的任务便是以公共利益(interesse pubblico tutelato)为基准审视该规范的强制性质,倘若违反该规范,将导致私法自治(autonomia privata)遭到破坏的结果,则法官仍然可以保护私法自治,

---

① Cfr. Giorgio Cian, Alberto Trabucchi, *Commentario breve al Codice Civile*, CEDAM, 2014, p. 2383.

② Ibid., pp. 1715-1716.

也就是公共利益为由，裁判该合同因违反强制性规范而无效。① 另一本较为权威的民法典评注，由意大利民法学家卡林格拉、卢卡·布法尼与弗朗西斯卡·德拉·瓦勒所撰写的《民法典与民事特别法：法学注释》一书也认为，关于规范是否具有强制性质，必须在个案中以公共利益为尺度予以审视，例如，在合同违反刑法规范（sanzionato penalmente）的情况下，即使刑法规范并未明确规定合同无效的民事惩罚，但倘若违反该刑法规范损害了公共利益，则亦可确认该合同无效。② 由此可见，意大利的主流学说认为，强制性规范之违反，在判定上必须结合公共利益与私法自治，针对具体规范之效力予以分析。严格来说，在规范本身并未规定合同无效的法律后果时，合同并非因为"规范违反"而导致自身无效，而是因为有损公共利益与私法自治，而最终归于无效。当然，倘若意欲在宽泛意义上理解意大利民法上的强制性规范，则不妨将其看作彰显公共秩序原则（principi di ordine pubblico）的，包括区域性规范（norme regionali）的，③ 为了保护一般性的不可被否弃之利益的，当事人各方无法放弃的规范。④

3. 悖于公序良俗所发生的不法性

除违反强制性规范会导致不法性之外，标的悖于公序良俗，也会发生不法性。存在解释余地的是，对于标的不法而言，公共秩序与善良风俗的界限，究竟在什么地方。

就此而言，意大利民法学家卡林格拉认为，一般而言，公共秩序内在于给定的法律体系之中，可以凭借社会的政治与经济性质原则（principi di natura politica ed economica della società）而识别之。⑤ 换言之，在卡林格

---

① Cfr. Giorgio Cian, Alberto Trabucchi, *Commentario breve al Codice Civile*, CEDAM, 2014, p. 1716.

② Cfr. Francesco Caringella, Luca Buffoni, Francesca Della Valle, *Codice Civile e delle leggi civili speciali, annotato con la giurisprudenza*, Dike Giuridica Editrice, 2014, p. 1106.

③ 意大利的地方政府也可以制定使合同无效的强制性规范。Cfr. Giorgio Cian, Alberto Trabucchi, *Commentario breve al Codice Civile*, CEDAM, 2014, p. 1716; Sandro Merz, *Formulario commentato dei Contratti*, CEDAM, 2014, p. 124.

④ Cfr. Sandro Merz, *Formulario commentato dei Contratti*, CEDAM, 2014, p. 124.

⑤ Cfr. Francesco Caringella, *Manuale di diritto civile, II. Il contratto*, DIKE Giuridica Editrice, 2011, p. 307.

拉看来，公共秩序是一种抽象的，奠基于特定社会的政治与经济特点之上的法律体系内部事物。也有学者认为，公共秩序应当区分为国际公序与国内公序，换言之，公共秩序并非单纯的国内法概念，也是一个国际法概念。[①] 但对于私法而言，通常所言之公共秩序，仅为国内公序（odine pubblico interno）。[②]

但是须予以提示的是，对于意大利私法而言，伴随时间的推移，公共秩序的观念也在发生嬗变，其逐渐为"禁止"（interdizione）概念所替代，这使得古典的公共秩序观念开始逐步转变为"积极的公共秩序"（ordine pubblico positivo）。[③] 这种积极的公共秩序观念集中展现在两个领域：第一，管制，例如信贷政策与价格管制；第二，保护性干预，如消费者保护。[④] 正因为如此，意大利民法学家Trabucchi才指出，公共秩序原则甚至并不一定需要通过规范形式展现，其也可以寓于各种强制性规范体系（sistema delle disposizioni inderogabili）之中。[⑤] 因此，在某种意义上，强制性规范是公共秩序的具体展现；而公共秩序，则是强制性规范的原则性基础。

至于善良风俗，尽管其并非法律，但却在国家权力体系之外，自发地形成了一系列非形式化的，外在于法律之道德规则（regole deontologiche），其仍旧可以作为不法性的判定基准。[⑥] 例如，《意大利民法典》第2035条规定，基于有悖善良风俗之目的而为给付，给付者不得请求受领给付者返还，缘故在于，背于善良风俗之给付，属于不法性给付，故而法律褫夺了给付者依据不当得利规则请求受领给付者返还的权利。[⑦] 职是之故，倘若合同标的背于善良风俗，例如，甲与乙约定，以乙终身不婚为条件，而由甲支付乙十

---

① Cfr. Francesco Caringella, *Manuale di diritto civile*, *II. Il contratto*, DIKE Giuridica Editrice, 2011, p. 307.

② Cfr. Alberto Trabucchi, *Istituzioni di diritto civile*, CEDAM, 2013, p. 138.

③ Cfr. Francesco Caringella, *Manuale di diritto civile*, *II. Il contratto*, DIKE Giuridica Editrice, 2011, p. 307.

④ Ibid.

⑤ Cfr. Alberto Trabucchi, *Istituzioni di diritto civile*, CEDAM, 2013, p. 138.

⑥ Cfr. Francesco Caringella, *Manuale di diritto civile*, *II. Il contratto*, DIKE Giuridica Editrice, 2011, p. 307.

⑦ Cfr. Giorgio Cian, Alberto Trabucchi, *Commentario breve al Codice Civile*, CEDAM, 2014, p. 2547.

万欧元，则该合同之标的显然具有不法性。

4. 标的不法与原因不法

标的不法与原因不法之间似乎存在这么一种关系，那就是一旦标的不法，一般而言，便会导致原因不法，以不法标的为合同标的之合同，一般也就蕴含着不法原因。不过，一项合同存在不法原因，却并不意味着该合同之标的为不法，因为即使以合法标的为标的之合同，仍旧可能具有与标的无关的其他不法原因。①

不过，须予以提示的是，在当代意大利合同法概念体系中，标的与原因并非能够清晰界分的两大概念，事实上，只有在需要强调标的合法性的时候，标的与原因才可能需要做一定区分。② 例如，对于高利贷而言，我们可以认为高利贷在标的层面上具有合法性，因为借钱给他人并收取利息无疑为法律所认可。不过，倘若利息超过法律所认可的范围，则高利贷便是以获取违法利益为目的，故而其原因具有不法性，尽管其标的仍旧为合法。

(三) 标的已经确定或者可以确定

1. 标的已经确定或者可以确定的概念

所谓标的已经确定，或者可以确定，是指在合同履行意义上，合同标的已经特定，或者至少可以被特定化（certo e individuato o, quanto meno, individuabile nel momento dell'esecuzione）。③ 在意大利合同法上，标的已经确定或者可以确定是合同标的所应符合的条件之一，之所以会做如此规定，乃是因为标的之确定或者可能确定，对于明晰合同各方当事人之间的权利义务，使各方当事人清楚确认自己所做出的承诺，以及履行承诺的基准，具有非常直接而重要的作用。④ 倘若在订立合同时，标的尚未确定，甚至根本不具有被确定之可能，则自功能性角度而观之，合同自然丧失其意义。例如，甲与乙决定就某事订立合同，双方意思表示真实且一致，但却并未就合同标的形成合意，也未指定确定合同标的之相对人或者第三人，甚至也没有约定

---

① Cfr. Francesco Caringella, *Manuale di diritto civile*, *II. Il contratto*, DIKE Giuridica Editrice, 2011, p. 309.

② Ibid.

③ Cfr. Massimiliano Di Pirro, *Manuale di istituzioni di diritto privato（diritto civile）*, SIMONE, 2017, p. 554.

④ Cfr. Giorgio Cian, Alberto Trabucchi, *Commentario breve al Codice Civile*, CEDAM, 2014, p. 1501.

确定合同标的之合理期限，甲乙双方仅仅只是决定纯粹订立一项徒具形式之合同，但却并未赋予该合同明确的标的以及确定标的之方法。在这种情形中，第 2 款规定，首先，甲乙之间的合同，因标的并未确定，并且欠缺确定之可能，依据《意大利民法典》第 1346 条的规定，该合同之标的并不符合标的之条件；其次，由于合同标的不符合条件，依据《意大利民法典》第 1325 条的规定，该合同并未满足合同成立生效的构成要件，因为标的是合同成立生效所不可或缺之要件；最后，由于该合同欠缺标的条件，依据《意大利民法典》第 1418 条第 2 款的规定，该合同因缺乏第 1325 条所规定的标的要件，而归于无效。① 一言以蔽之，标的之已经确定或者可以确定，乃意大利合同法上合同成立并且生效之必备要件之一，倘若欠缺该要件，则合同最终将归于无效。

2. 标的已经确定或者可以确定的标准

一般而言，在认定标的已经确定，或者可以确定的标准方面，通常应当以合同双方当事人预先所设定，或者事先安排客观要素为标准对标的是否已经确定或者可以确定之事实予以认定。② 仅依据合同履行阶段的各种要素，譬如合同各方的嗣后行为（il comportamento successivo delle parti），无法反过来用于确认合同标的是否已经确定，或者可以确定。③ 理由在于，合同标的属于合同成立与生效之构成要件，而合同履行则属于有效合同之目的获得实现的过程，合同履行以合同之成立与生效为前提，而不能倒因为果，认为已经获得履行之合同，一定在合同订立阶段，便已经具备毫无瑕疵的合同标的要件。同时，须予以注意的是，尽管《意大利民法典》第 1346 条明文规定，合同标的应当已经确定，或者可以确定，但在解释上，不应在严格意义上将合同标的之确定或者可以确定理解为合同标的之基本要素得以充分被认知的状态。④ 当然，在法律没有规定如何确定合同标的之情形中，只要合同标的确定的方法不至于造成合同各方当事人的误解，那么一切方法均可适用，合同各方当事人可以借由约定而确定合

---

① Cfr. Adolfo Di Majo, *Codice civile, con la costituzione, I trattati U. E., e le principali norme complementari, con la collaborazione di massimiliano pacifico*, Dott. A. Giuffrè Editore, 2014, pp. 381, 383, 390.

② Cfr. Giorgio Cian, Alberto Trabucchi, *Commentario breve al Codice Civile*, CEDAM, 2014, p. 1501.

③ Ibid.

④ Ibid.

同标的确定之条件，还可以参考其他行为与文件，或者根据合同性质与事物本质而提出合同标的确定之标准。①

3. 第三人确定合同标的

《意大利民法典》第 1349 条第 1 款的规定："合同中明文规定由第三人确定合同标的，在没有发生合同当事人所希冀之完全契合其意思的情形中，第三人应当公正处理合同标的之确定问题。第三人没有确定合同标的，或者第三人确定合同标的之行为显失公平或者存在错误的，可以由法官对合同标的予以确定。"② 由此可见，《意大利民法典》允许合同各方当事人之外的第三人，介入合同标的之确定中。根据《意大利民法典》第 1349 条第 1 款的规定，倘若合同当事人约定由合同之外的第三人确定合同标的，则接受合同当事人委托之第三人，应当公正地确定合同标的，从而消弭合同当事人之间的争议。不过，倘若第三人没有确定合同标的，或者第三人在确定合同标的时，存在明显不公平或者错误之情况（manifestamente iniqua o erronea），则合同当事人可以另行通过司法程序，请求法官介入其中，而由法官确定合同标的。③

第三人介入合同各方当事人，依据合同而对合同标的予以确定的行为，属于私人仲裁（aritraggio）。在意大利私法上，仲裁分为正式仲裁（arbitrato rituale）与非正式仲裁（arbitrato irrituale），前者是指，通过一系列正式的程序，形成裁判结果之仲裁；后者则并无正式程序，在形式上较为自由而灵活。④ 不过，由《意大利民法典》第 1349 条第 1 款的规定可知，法律并未对仲裁形式提出要求，换言之，第三人究竟以正式仲裁之方式，抑或以非正式仲裁之方式确定合同标的，完全取决于合同当事人依据私法自治所做出的选择。⑤

同时，一般而言，尽管做出仲裁的第三人并非享有审判权的法官，但

---

① Cfr. Giorgio Cian, Alberto Trabucchi, *Commentario breve al Codice Civile*, CEDAM, 2014, p. 1501.

② Cfr. Adolfo Di Majo, *Codice civile, con la costituzione, I trattati U. E., e le principali norme complementari, con la collaborazione di massimiliano pacifico*, Dott. A. Giuffrè Editore, 2014, p. 383.

③ Cfr. Giorgio Cian, Alberto Trabucchi, *Commentario breve al Codice Civile*, CEDAM, 2014, p. 1506.

④ Ibid, p. 1504.

⑤ Ibid.

由于其自合同各方当事人处取得了授权，故而根据《意大利民法典》第1349条第2款的规定，第三人依据自己意志所为之仲裁，如无证据证明第三人存有恶意（mala gede），则合同各方当事人不得提出异议，而应当接受第三人所做出的仲裁结果。① 由此可见，倘若合同当事有证据证明第三人在确定合同标的时，心存恶意，则可以提出有效异议而否定第三人确定合同标的之效力。在这种情况下，结合《意大利民法典》第1349条第1款的规定，在合同当事人提出有效异议后，其显然可以进一步以第三人确定合同标的之行为存在明显不公平为由，而另行请求法官对合同标的予以确定。

此外，根据《意大利民法典》第1349条第2款第2句的规定，在没有第三人，并且合同当事人之间并未就替代人选达成合意的，则合同归于无效。② 例如，甲公司作为出卖人，与作为买受人的乙公司就购买某种型号的机器设备达成合意，约定由丙公司作为第三人，来确定究竟购买哪种型号的机器设备；在甲公司与乙公司达成合意后，原本应当由丙公司作为第三人，最终确定合同标的，具体而言，即确定乙公司究竟购买哪种型号的机器设备，然而天有不测风云，丙公司因为经营不善而破产倒闭了，丙公司最终未能确定合同标的。在这种情况下，倘若甲公司与乙公司最终并未就第三人的替代人选达成协议的，则根据《意大利民法典》第1349条第2款第2句的规定，合同应当无效。③ 理由在于，由于第三人之缺乏，使得合同标的始终无法确定，此时，即使《意大利民法典》第1349条第2款第2句并未做出合同无效的明确规定，依据《意大利民法典》第1418条第2款的规定，该合同最终也会因为合同标的之欠缺而归于无效。

最后，根据《意大利民法典》第1349条第3款的规定，第三人根据合同确定合同标的时，也应当注意合同可能产生的一般条件（condizioni generali）。④ 第三人对于合同标的之确定，应当以促成合同之成立为旨趣，而不应忽视客观实际，或者恶意确定合同标的，否则，第三人确定合同标

---

① Cfr. Giorgio Cian, Alberto Trabucchi, *Commentario breve al Codice Civile*, CEDAM, 2014, p. 1504.

② Cfr. Francesco Caringella, Luca Buffoni, Francesca Della Valle, *Codice Civile e delle leggi civili speciali, annotato con la giurisprudenza*, Dike Giuridica Editrice, 2014, p. 935.

③ Cfr. Francesco Galgano, *Diritto privato*, CEDAM, 2013, p. 255.

④ Cfr. Sandro Merz, *Formulario commentato dei Contratti*, CEDAM, 2014, p. 49.

的之行为，可能会构成存在明显不公平或者错误，甚至存在恶意之合同标的之确定行为，最终导致合同无效。①

三 标的作为合同构成要件之命运

意大利私法学家加尔加诺曾谓，从合同内容的角度上看，所谓合同标的，即广义上之物（cosa），或者更为准确地说，即在合同中，应当被移转或者交付的权利，包括物权或者债权［diritto（reale o di credito）］，以及应当给付的服务。② 毫无疑问，在将标的解释为狭义的物时，合同标的之概念无疑非常清晰，例如，甲与乙就一辆汽车达成买卖合同，约定甲以15万元的价格，将自己的汽车出卖给乙，在该买卖合同中，所谓合同标的，便十分清楚地指向汽车。不过，当合同中欠缺狭义的物之因素时，在解释上，合同标的之概念的确与合同内容之间存在混同，也正因为如此，意大利私法学家比安卡才会直言不讳地主张，"合同内容即合同之标的（il contenuto del contratto è l'oggetto del contratto），其乃合同各方当事人所设立之事实效果或者法律后果"③。

因此，从合同构成要件的角度来讲，合同标的在解释层面上应当与合同内容实现合流，换言之，对于意大利私法而言，在教义学层面上，真正能够与合同内容实现区分的合同标的，只有合同标的为有体物之特定情形，其余情形中，合同标的之规范适用，应当结合合同内容的相关规定，实现法效的妥当安置。

第四节 合同形式

一 合同形式的概念及其一般规则

（一）合同形式的概念

就概念而言，依据意大利私法通说，所谓合同形式，即"合同各方当

---

① Cfr. Sandro Merz, *Formulario commentato dei Contratti*, CEDAM, 2014, p. 50.
② Cfr. Francesco Galgano, *Diritto privato*, CEDAM, 2013, p. 253.
③ Cfr. C. Massimo Bianca, *Istituzioni di diritto privato*, Dott. A. Giuffrè Editore, 2014, p. 409.

事人表示合意之社会手段（il mezzo sociale attraverso il quale le parti manifestano il loro consenso）"①。

而从法律行为一般理论的角度来看，一切涉及意思表示之事项，均与特定形式相关，理由在于，倘若当事人意欲他人理解自己之意思，则通常而言，都会通过特定的语言（i segni del linguaggio）或者实质性行为（comportamento materiale）向相对人传递自己的内心真意，故而对于合同而言，任何合同，均具有一定形式，否则合同根本无从发生。②因此，在法律行为理论的视阈内，合同法意义上的形式，可以较为准确地被认定为，促成法律行为之方法，或者对外表达法律行为意思之表示，③诸如公证（l'atto pubblico）、私人书面形式（la scrittura privata）、口头形式（la forma orale）以及实质性行为（il comportamento materiale）等。④

不过，作为合同构成要件的形式，显然并非一般意义上的合同形式，⑤乃因一切合同均有其形式，无形式即无合同，故而立法者不太可能将一般意义上的合同形式设定为合同的构成要件，乃因一般意义上的合同形式，在合意的形成过程中，便已经具备，而无须另行加以规定。《意大利民法典》第1325条规定："合同之构成要件为：……（四）形式，并且法律规定欠缺该形式将招致合同无效之惩罚"⑥，这意味着，并非一切形式均为合同的构成要件，唯有法律规定特定合同所必须具备的形式，并且一旦欠缺该形式，则合同最终将归于无效的合同形式，才是作为合同构成要件的形式。

因此，作为合同构成要件的合同形式，不应纯粹解释为促成合同成立

---

① Cfr. Francesco Caringella, *Manuale di diritto civile*, *II. Il contratto*, DIKE Giuridica Editrice, 2011, p. 363.

② Cfr. Andrea Torrente, Piero Schlesinger, *Manuale di diritto privato*, Giuffrè Editore, 2013, p. 526.

③ Cfr. Guido Alpa, *Il contratto in generale*, Giuffrè Editore, 2014, p. 78.

④ Cfr. Francesco Caringella, *Manuale di diritto civile*, *II. Il contratto*, DIKE Giuridica Editrice, 2011, p. 364.

⑤ Cfr. Antonino Cataudella, *I contratti: parte generale*, Quarta edizione, G. Giappichelli Editore-Torino, 2014, p. 30.

⑥ Cfr. Francesco Caringella, Luca Buffoni, Francesca Della Valle, *Codice Civile e delle leggi civili speciali, annotato con la giurisprudenza*, Dike Giuridica Editrice, 2014, p. 889.

之社会手段，而应当严格界定为法律规定特定合同必须具备的，倘若有所欠缺即产生合同无效之法律后果，促成合同成立之社会手段。①

（二）合同形式的一般规则

根据《意大利民法典》第 1325 条的规定，倘若法律规定部分合同必须具备不可欠缺之形式的，则合同以法定形式订立，是合同所应当契合的构成要件之一。② 换言之，特定的合同形式并非合同的一般构成要件，唯有法律规定部分合同必须具备特定形式的，该特定形式才属于合同之构成要件。在此意义上，合同形式属于合同的特别构成要件。

尽管合同形式并非合同的一般构成要件，但倘若法律规定特定合同必须具备特殊形式，但该特定合同却欠缺该法定形式的，则会导致不利性法律后果之发生。例如，《意大利民法典》第 1350 条规定："下列行为应当以公证或者私人书面形式为之，否则将导致合同无效：（一）移转不动产所有权的合同；（二）设立、变更或者移转不动产用益权、地上权、永佃权授予人与永佃权人的权利的合同；（三）设立前述所规定的各种权利之共有的合同；（四）设立或者变更不动产地役权、使用权与居住权的合同；（五）放弃前述所规定的各项权利的行为；（六）赎回永佃权不动产的合同；（七）不动产典质合同；（八）期限超过 9 年的不动产租赁合同；（九）向公司或者社团授予期限超过 9 年或者不定期的，不动产用益权或者其他物权的合同；（十）设立永久年金或者终身年会的行为，但国家有关年金的规定除外；（十一）分割不动产与不动产他物权的行为；（十二）以前述规定有关的各种法律关系之争议为标的之和解；（十三）法律所特别规定的其他行为。"③ 由此可见，倘若合同当事人之间所订立的合同，乃是类似移转不动产所有权的合同的，法律规定必须采纳公证或者私人书面形式之合同，一旦当事人并未采用法定形式订立合同，则合同最终将归于无效。

对于法律规定必须具备特定形式的合同而言，合同形式之欠缺，属于重大合同瑕疵，倘若应当具备特定形式之合同嗣前存在预约的，则欠缺法

---

① Cfr. Antonino Cataudella, *I contratti: parte generale*, Quarta edizione, G. Giappichelli Editore-Torino, 2014, p. 30.

② Cfr. Sandro Merz, *Formulario commentato dei Contratti*, CEDAM, 2014, p. 11.

③ Cfr. Francesco Caringella, Luca Buffoni, Francesca Della Valle, *Codice Civile e delle leggi civili speciali, annotato con la giurisprudenza*, Dike Giuridica Editrice, 2014, p. 936.

定形式之状态甚至会影响预约的法律效力。《意大利民法典》第 1351 条规定："未以本约之法定形式缔结的，则预约无效。"① 这意味着，倘若预约系以未来缔结必须具备法定形式之本约为旨趣，那么，在预约最终未能以法定形式缔结的情形中，预约最后也会归于无效。

最后，对于合同形式而言，《意大利民法典》还设置了一项推定条款。《意大利民法典》第 1352 条规定："当事人就未来所缔结之合同所应当采取的形式形成书面合意的，推定该形式为使合同得以有效之形式。"② 这表明，在立法者看来，当事人就合同形式所达成合意，具有类似法定形式之功效，当事人未以约定形式订立合同的，则合同仍旧会因欠缺约定之特定形式而无效。

二 合同形式自由原则

（一）合同形式自由原则的旨趣

合同形式自由原则，属于合同自由原则的一项次级原则，其意涵为，无论合同采纳何种形式缔结，合同均可能生效，换言之，合同形式自由原则意味着，除法律另有规定外，合同不因特定形式之欠缺而无效。③

合同形式自由原则是一项近代民法所确认的合同法原则。事实上，倘若将视角移转至罗马法，则不难发现，特定形式与特定合同类型的结合，几乎是不证自明之理，而特定形式的缺乏，则会直接影响特定合同的法律效力。

例如，罗马法上的曼兮帕蓄（mancipatio），或曰要式买卖，其字面意思为"转移到另一只手上"（Uebertragung in eines Andern Hand），④ 旨趣在于移转财产权于他人名下，而假如以现代意大利私法的视角而为观察则不难发现，所谓曼兮帕蓄，其实就是一种意大利私法语境中的"物权合

---

① Cfr. Francesco Caringella, Luca Buffoni, Francesca Della Valle, *Codice Civile e delle leggi civili speciali, annotato con la giurisprudenza*, Dike Giuridica Editrice, 2014, p. 940.

② Ibid., p. 961.

③ Cfr. Francesco Caringella, *Manuale di diritto civile*, *II. Il contratto*, DIKE Giuridica Editrice, 2011, p. 365.

④ Vgl. Wilhelm Rein, *Das römische Privatrecht und der Civilprozess bis in das erste Jahrhundert der Kaiserherrschaft: ein Hülfsbuch zur Erklärung der alten Classiker, vorzüglich für Philologen*, 1836, S. 138.

同"（contratto con effetti reali），即以物权，或者说财产权之移转为目的之合同。① 不过，罗马法上的曼兮帕蓄，并不奉行合同形式自由原则，而是反其道而行之，恪守极为严格的法律形式主义。罗马法学家盖尤斯在其《法学阶梯》一书中对曼兮帕蓄有如下叙述：

　　Gai. 1，119。要式买卖，正如我们已经谈论过的那样，是一项象征性买卖，它是罗马市民所特有的法律制度。这种交易按照下列描述展开：需要不少于五名已达适婚年龄之罗马市民充当见证人，此外，还需要另外一名与见证人具有同等法律地位的人手持一把铜秤，此人被称为"司秤"。要式买卖中的买受人抓住标的物，说道："根据奎里蒂法，我主张此人属于我，我用这块铜与这把铜秤将他买下"，随后，买受人用铜块敲击铜秤，并将铜块交予出卖人，犹如自己已经支付价金。（Est autem mancipatio, ut supra quoque diximus, imaginaria quaedam venditio; quod et ipsum ius proprium civium Romanorum est. Eaque res ita agitur: adhibitis non minus quam quinque testibus civibus Romanis puberibus et praeterea alio eiusdem condicionis, qui libram aëneam teneat, qui appellatur, libripens ' is, qui mancipio accipit, rem tenens ita dicit: HUNC EGO HOMINEM EX IURE QUIRITIUM ESSE AIO ISQUE MIHI EMPTUS ESTO HOC AERE AËNEAQUE LIBRA; deinde aere percutit libram idque aes dat ei, a quo mancipio accipit, quasi pretii loco. ）②

　　曼兮帕蓄可谓罗马法中法律形式主义（Rechtsformalismus）的典型例证。③ 对于买卖双方而言，曼兮帕蓄不仅要求其邀请多达五位已经达到适婚年龄的罗马市民担任见证人，并且还必须邀请一位达到适婚年龄的罗马市民充当持铜秤的"司秤"，如此一来参与要式买卖的行为人便多达八

---

① Cfr. Francesco, Caringella, Luca Buffoni, Francesca Della Valle, *Codice Civile e delle leggi civili speciali, annotato con la giurisprudenza*, Dike Giuridica Editrice, 2014, pp. 1009-1011.

② Ulrich Manthe（Hrsg.），*Gaius Institutiones*（*Die Institutionen des Gaius*），2. Aufl.，2004，S. 78-79；T. Lambert Mears, *The Institutes of Gaius and Justinian, the Twelve Tables, and the CXVIIIth and CXXVIIth Novels, with Introduction and Translation*, London: Stevens and Sons, 119 Chancery Lane, 1882, p. 284; [古罗马] 盖尤斯：《法学阶梯》，黄风译，中国政法大学出版社 2008 年版，第 32 页。

③ Vgl. Max Kaser/Rolf Knütel/Sebastian Lohsse, *Römisches Privatrecht*, 21. Aufl.，2017，S. 50-52.

人，即出卖人、买受人、司秤以及五位见证人。① 在满足人数要件的基础上，曼兮帕蓄还必须依据特定程式展开。在曼兮帕蓄中，即使标的物并非奴隶，买受人也应当准确无误地说出"根据奎里蒂法，我主张此人属于我，我用这块铜与这把铜秤将他买下"这句话，随后，买受人必须以铜块敲击铜秤，并将铜块与铜秤交予出卖人，方可导致等同于支付价金之法律效果的出现，最终完成交易，获得标的物所有权。须予以提示的是，曼兮帕蓄并非真实买卖，而是一项象征性买卖（symbolischer Kauf），或者说虚构买卖（imaginaria venditio），② 对于要式买卖的双方当事人而言，一旦曼兮帕蓄符合各种程式性要件，则即刻发生标的物所有权移转之法律效果，至于是否实际支付价金，在所不问。③

此外，自罗马私法上的合同分类角度而观之，亦可发现罗马合同法领域中所富含的浓郁的法律形式主义气息。

例如，罗马法学家盖尤斯曾谓，"……让我们看看那些产生于合同的债。能够导致债产生的合同一共分为四种，即借由物而形成的合同、凭借言辞而缔结的合同、依靠文书而成立的合同以及通过合意所订立的合同"④。由此可见，罗马法上的合同可以分为四类，即要物合同、言辞合同、文书合同以及合意合同。其中，非常值得注意之处在于，这四种合同的共通之处，仅在于它们均可产生债，但在更为抽象的层次上，这四种合同却并无统一而一致的效力渊源。要物合同的合同效力源于物之交付行为（consegna della cosa），⑤ 言辞合同的合同效力源于特定对话行为之完成

---

① Vgl. Max Kaser/Rolf Knütel/Sebastian Lohsse, *Römisches Privatrecht*, 21. Aufl., 2017, S. 52.

② Vgl. Wilhelm Rein, *Das römische Privatrecht und der Civilprozess bis in das erste Jahrhundert der Kaiserherrschaft: ein Hülfsbuch zur Erklärung der alten Classiker, vorzüglich für Philologen*, 1836, S. 138.

③ See H. F. Jolowicz, Barry Nicholas, *Historical Introduction to the Study of Roman Law*, Cambridge University Press, 1972, pp. 143-146.

④ "Et prius videamus de his quae ex contractu nascuntur. Harum quattuor genera sunt: aut enim re contrahitur obligatio, aut verbis, aut litteris, aut consensus." See T. Lambert Mears, *The Institutes of Gaius and Justinian, the Tewlve Tables, and the CXVIIth and CXXVIIth Novels, with Introduction and Translation*, London: Stevens and Sons, 119, Chancery Lane, 1882, p. 155, 452. 中文翻译同旨参见［古罗马］盖尤斯《法学阶梯》，黄风译，中国政法大学出版社1996年版，第226页。

⑤ Cfr. Andrea Lovato, Salvatore Puliatti, Laura Solidoro Maruotti, *Diritto privato romano*, G. Giappichelli Editore-Torino, 2014, pp. 478-479.

(parole),① 文书合同的合同效力源于特定账簿之记载（scrittura），② 而合意合同的合同效力尽管来自当事人之间的合意（consensu），③ 但却只能适用于买卖合同、租赁合同、合伙合同以及委托合同。④ 因此，从合同形式角度上看，由于要物合同等四种合同没有统一的效力渊源，故而各种合同形式，或者说合同的缔结方法也就各不相同，要物合同只能借由物之交付行为方可订立，言辞合同只能透过特定对话模式，才能订立合同，文书合同则依赖于誊账的对账行为。至于合意合同，的确没有什么特定的形式限制，但由于其只适用于买卖、租赁、合伙以及委托的情形，故而只能认为罗马法上，仅仅只在买卖等四种情形中，有限承认合同形式自由原则的有效性。

与罗马法相比，日耳曼法则在合同形式方面持更为开放与宽容的态度。在古老的德意志法看来，只要是当事人所真实做出之允诺，无论该允诺以何种形式为之，均在道义层面上应当使当事人受到自己所为允诺之约束。⑤ 从这一点上来说，日耳曼法似乎较罗马法而言，更为遵从合同形式自由原则。不过，日耳曼法也并非对合同形式漠然处之，⑥ 在日耳曼法中，既存在以书面形式缔结的合同，⑦ 也存在以誓言等形式缔结的合同。⑧ 总体而言，尽管德意志对罗马法予以了较为全面的继受，但在合同形式问题方面，罗马法与日耳曼法的确存在龃龉。⑨ 德意志最终的选择是尊重日耳曼法的传统，逐渐在债法领域承认形式自由原则。

而就整个欧陆私法的情况来看，伴随合意合同作为一般合同观念的兴起，合同形式自由原则逐渐勃兴。在合意被视为合同本质之所在的近代，

---

① Cfr. Andrea Lovato, Salvatore Puliatti, Laura Solidoro Maruotti, *Diritto privato romano*, G. Giappichelli Editore-Torino, 2014, p. 453.

② Ibid., p. 474.

③ Ibid., p. 498.

④ Ibid.

⑤ Vgl. Johann Caspar Bluntschli, *Deutsches Privatrecht*, 2. Aufl., 1860, S. 306.

⑥ Ibid.

⑦ Vgl. Carl Friedrich Eichhorn, *Einleitung in das deutsche Privatrecht: mit Einschluß des Lehenrechts*, 2. Aufl., 1825, S. 271ff.

⑧ Vgl. Johann Caspar Bluntschli, *Deutsches Privatrecht*, 2. Aufl., 1860, S. 308.

⑨ Ibid.

无合意即无合同。① 一般而言，近现代私法上的合同不再拘泥于形式，原因在于，对于近现代民法而言，包含合同形式自由原则的合同自由原则乃私人法律秩序之决定性基本要素（Grunddeterminante der privatrechtsordnung），② 奉行合同自由原则，对于个人而言，则具有促进人格发展，以及保证合同正确缔结之功能；③ 而对于公共利益而言，遵从合同自由原则，亦具有"借由合同公平分配物品之秩序功能"，"借由合同高效交换物品之经济功能"，"构造正义社会秩序之社会功能"，"从身份到契约之民主功能"，"平衡社会紧张之稳定功能"，"平等解决私人自治中纠纷的冲突解决功能"以及"促进法律创新的法律形成功能"④。职是之故，合同形式自由原则，乃至合同自由原则构成近现代民法所不可或缺之组成部分。严格来说，欠缺合同形式自由乃至合同自由，便意味着私法，甚至市民社会的消亡。

(二) 合同形式自由原则的缓和

不过，对于意大利合同法而言，尽管合同形式自由原则被尊奉为一项规则（regola），并且被视为《意大利民法典》第1322条所规定之私法自治原则的具体展现，但在《意大利民法典》中，仍旧存在许多形式强制的情况。⑤ 例如，前已述及《意大利民法典》第1350条规定，一系列特定合同必须采纳公证或者私人书面合同的形式缔结，否则合同无效；⑥《意大利民法典》第1编第14条也规定："社团与财团，须以公证方式设立之"⑦，在意大利通说中，应当类推适用《意大利民法典》第1350条的

---

① Cfr. Francesco Caringella, *Manuale di diritto civile*, II. Il contratto, DIKE Giuridica Editrice, 2011, p. 145.

② Vgl. Matthias Wendland, *Vertragsfreiheit und Vertragsgerechtigkeit: Subjektive und objective Gestaltungskräfte im Privatrecht am Beispiel der Inhaltskontrolle Allgemeiner Geschäftsbedingungen im unternehmerischen Geschäftsverkehr*, 2019, S. 58.

③ Ibid., S. 59ff.

④ Ibid., S. 62ff.

⑤ Cfr. Francesco Caringella, *Manuale di diritto civile*, II. Il contratto, DIKE Giuridica Editrice, 2011, p. 365.

⑥ Ibid.

⑦ Cfr. Giorgio Cian, Alberto Trabucchi, *Commentario breve al Codice Civile*, CEDAM, 2014, p. 88.

规定，倘若团体设立行为并未以公证方式为之，则设立行为无效。[1] 因此，对于意大利合同法而言，应系以合同形式自由（libertà di forma）为原则，而以合同形式强制（forma vincolato）为例外。[2]

事实上，合同形式自由原则甚至在预约领域都存在缓和现象。在1865年民法典时代，尽管在当时的意大利民法典中，并无预约概念，但理论上普遍认为，预约应当奉行合同形式自由原则，换言之，当事人可以任意形式缔结预约。[3] 不过，根据现行《意大利民法典》第1351条的规定，预约并未彻底遵从合同形式自由原则，其在形式问题上，与本约承受相同之限制，申言之，倘若法律规定本约必须以特定形式缔结，那么预约也应当选择相同之形式订立，否则预约无效。[4] 由此而观之，意大利合同法对合同形式自由原则予以了相当程度上的缓和。

缘何意大利民法会对合同形式自由原则予以缓和呢？在部分意大利民法学者看来，所谓合同形式之负担缩小了合同当事人的自由，其实源于一项过于乌托邦之观念（troppo utopistica idea），即将法律视为对自治的限制。但事实情况是，合同形式通常并不会过分增加合同当事人的负担，其反而常常发挥着保护弱者，防止强者滥用合同自由的功能。[5] 就合同形式自由而言，意大利民法学家卡林格拉认为，合同形式具有以下三种最为显著的功能。

1. 法律关系证明功能

所谓法律关系的证明功能（la funzione di certazza dei rapporti giuridici），是指以特定合同形式所缔结的合同，合同形式可以成为证明特定合同法律关系及其他法律关系存在的最为有力的证据。[6] 例如，《意大利民法典》第1350条规定，移转不动产所有权的合同应当采用公证或者私人书面形式订立，倘若该以移转不动产所有权为标的之合同，在订立时是以公证或者私人书面形式成立，那么公证或者私人书面形式所记载的内容，便足以

---

[1] Cfr. Francesco Caringella, *Manuale di diritto civile*, *II. Il contratto*, DIKE Giuridica Editrice, 2011, p. 365.

[2] Ibid.

[3] Ibid., p. 366.

[4] Ibid.

[5] Ibid.

[6] Ibid., p. 368.

证明当事人之间就不动产让与所达成的合意。

2. 恢复法律行为决定严肃性功能

所谓恢复法律行为决定严肃性功能（la funzione di recupero della serietà della determinazione negoziale），是指在合同原因阙如（或者说无法证明合同原因）时，合同形式所具有的，恢复法律行为意义上决定之严肃性的功能。① 部分意大利民法学者认为，尽管合同原因是合同所不可或缺的构成要件之一，但倘若存在特定合同形式，或者说合同依据特定形式而缔结时，则合同形式构成对合同原因的替代，依据特定形式而缔结的合同即被视为具备合同原因。

3. 消费者保护功能

在消费合同领域的立法中，也存在各种有关合同形式的规定，不过，通说一般认为，这些关于合同形式的规定，并不是为了减少消费者的合同自由，而是为了保护消费者的合法利益。这种为了保护消费者利益而设置的合同形式，在学说上被称为"消费者保护法律形式主义"（il formalismo di protezione del consumatore）。②

（三）小结

总体而言，合同形式自由原则乃现代商业社会的自然需求，因为唯有奉行形式自由主义，方可简化交易流程，加快交易速度，从而促进经济之发展与繁荣。③ 不过，尽管合同形式自由原则有利于现代商业之勃兴，但在一切交易形式中盲从合同形式自由原则，或许亦会产生不良后果，故而又应当在合同形式自由原则之外，设置一系列例外规则，以便防止交易速度过于迅速，进而损害合同当事人之利益。④ 一言以蔽之，尽管合同形式自由构成一项意大利合同法的原则，但为了使法律关系更容易被证明，恢复欠缺原因的法律行为决定严肃性以及保护消费者利益等诸多利益，合同形式自由原则应当被缓和。实际上，缓和合同形式自由原则的理由，在更为抽象的层面上，主要是基于合同正义之考虑。德国民法学者马蒂亚斯·温德兰（Matthias Wendland）曾说，正义具有和平与和解功能，利益实

---

① Cfr. Francesco Caringella, *Manuale di diritto civile, II. Il contratto*, DIKE Giuridica Editrice, 2011, p. 368.

② Ibid.

③ Cfr. Roberto Calvo, Alessandro Ciatti Càimi, *Diritto privato*, Zanichelli Editore, 2017, p. 299.

④ Ibid.

现、人格发展以及存在实现功能,以及秩序功能与共同利益促进功能。① 诚哉斯言,私见以为,合同形式自由原则绝非毫无限制之绝对原则,私法范畴内尊重自由的价值基础乃是因为在一般情形中,将合同形式自由赋予私人可以最大限度地实现正义,而倘若合同形式自由原则走向了正义的对立面,则其应当受到实质性的合同正义(materieller Vertragsgerechtigkeit)之制约与矫正,② 此时,依据合同正义原则,立法者可以在特定情形中设置合同形式的相关条款,规定欠缺法定合同形式的合同无效,从而最大限度地促成合同正义之实现。

三 要式合同

在意大利合同法上,对合同形式自由原则予以缓和的产物便是要式合同。所谓要式合同(contratti formali),即摆脱合同形式自由原则束缚的,由法律规定其缔结必须具备特定形式,方可使自身有效之合同。③ 在意大利合同法上,要式合同主要分为"实质意义上的要式合同"与"以证明为旨趣的要式合同"。④ 兹分述如下。

1. 实质意义上的要式合同

所谓"实质意义上的要式合同"(contratti formali ad substantiam),是指法律规定特定合同必须具备特定形式,方可发生法律效力之合同。⑤ 对于实质意义上的要式合同而言,法律规定的特定形式系该合同的构成要件之一,欠缺该法定形式,则合同最终将归于无效。⑥

在意大利的法律体系中,一般而言,实质意义上的要式合同均由法律直接规定。以《意大利民法典》为例,《意大利民法典》第1350条规定:

---

① Vgl. Matthias Wendland, *Vertragsfreiheit und Vertragsgerechtigkeit: Subjektive und objective Gestaltungskräfte im Privatrecht am Beispiel der Inhaltskontrolle Allgemeiner Geschäftsbedingungen im unternehmerischen Geschäftsverkehr*, 2019, S. 141-143.

② Ibid., S. 278.

③ Cfr. Francesco Caringella, *Manuale di diritto civile*, II. Il contratto, DIKE Giuridica Editrice, 2011, p. 369.

④ Ibid.

⑤ Ibid.

⑥ Cfr. Antonino Cataudella, *I contratti: parte generale*, Quarta edizione, G. Giappichelli Editore-Torino, 2014, p. 125.

"下列行为应当以公证或者私人书面形式为之，否则将导致合同无效：（一）移转不动产所有权的合同；（二）设立、变更或者移转不动产用益权、地上权、永佃权授予人与永佃权人的权利的合同；（三）设立前述所规定的各种权利之共有的合同；（四）设立或者变更不动产地役权、使用权与居住权的合同；（五）放弃前述所规定的各项权利的行为；（六）赎回永佃权不动产的合同；（七）不动产典质合同；（八）期限超过9年的不动产租赁合同；（九）向公司或者社团授予期限超过9年或者不定期的，不动产用益权或者其他物权的合同；（十）设立永久年金或者终身年会的行为，但国家有关年金的规定除外；（十一）分割不动产与不动产他物权的行为；（十二）以前述规定有关的各种法律关系之争议为标的之和解；（十三）法律所特别规定的其他行为。"① 除此以外，《意大利民法典》第782条第1句规定："赠与应当以公证方式为之，否则无效"②；《意大利民法典》第162条第1款规定："婚姻协议应当以公证方式订立，否则无效"③；《意大利民法典》第2328条规定，公司设立所依赖的合同或者单方文件，也应当以公证书形式存在，这表明，假如公司设立系以合同方式为之，该公司设立合同也是要式合同。④ 无独有偶，《意大利民法典》第2504条也规定，公司合并，应当以公证方式为之，这表明与公司设立相似，公司合并合同也是一项要式合同。⑤ 除《意大利民法典》外，在一些特别法中，也存在合同形式的特殊规定。由此可见，尽管实质意义上的要式合同数量并不多，但其却存在于买卖、不动产、公司、婚姻家庭等诸多领域，适用范围极为广泛。

2. 以证明为旨趣的要式合同

所谓"以证明为旨趣的要式合同"（contratti a prova formale），是指法律为增强合同证明力，而规定合同应当采纳特定形式的要式合同。⑥

---

① Cfr. Giorgio Cian, Alberto Trabucchi, *Commentario breve al Codice Civile*, CEDAM, 2014, p. 1508.

② Ibid., p. 641.

③ Ibid., p. 276.

④ Ibid., p. 3032.

⑤ Ibid., p. 3211.

⑥ Cfr. Francesco Caringella, *Manuale di diritto civile*, *II. Il contratto*, DIKE Giuridica Editrice, 2011, p. 369.

与实质意义上的要式合同相比,以证明为旨趣的要式合同尽管也存在形式之规定,但以证明为旨趣的要式合同即使欠缺形式,也不会像实质意义上的要式合同那样因形式欠缺而丧失法律效力。严格来说,以证明为旨趣的要式合同,其合同形式仅具有程序意义上(processuale)的法律效力。①《意大利民法典》第 2725 条规定:"依据法律或者当事人的意志,合同应当以书面形式被证明的,证人证言仅在第 2724 条第 3 项所规定的情形中方能获得认可。该规定也适用于欠缺书面形式将导致合同无效的情形。"② 这意味着,对于部分应当采纳书面形式的合同而言,其书面形式具有程序法上之效力,具体而言,由于《意大利民法典》第 2724 条第 3 项规定,当合同当事人非因过失而丢失可提供证明的文件时,证人证言方能获得认可,③ 故而,倘若合同当事人丢失书面合同时,假如其存在过失,则证人证言将无法获得认可,如果其对于丢失书面合同并无过失,则丢失书面合同的行为,将不会影响证人证言的法律效力,证人证言仍旧可能获得认可。由此可见,《意大利民法典》第 2725 条所规定的合同形式,其实只是以证明为旨趣的合同形式,严格来说,该合同形式只是证明合同是否成立生效的证明文件而已。当然,《意大利民法典》第 2725 条第 2 款也规定,该条第 1 款规定同样适用于欠缺书面形式即导致合同无效的情形,故而在《意大利民法典》第 2725 条第 2 款所规定的情形中,合同形式兼具证明文件与合同构成要件之双重法律地位。

接下来的问题则是,哪些合同是较为典型的以证明为旨趣的要式合同呢?例如,《意大利民法典》第 1967 条规定:"和解应当具有书面形式之证明,并且应当契合第 1350 条第 12 项之规定"④,该条规定表明,对于和解而言,书面形式一方面是其证明形式,同时,由于《意大利民法典》第 1350 条第 12 项规定,和解应当具备书面形式,否则和解将会因法定形式之欠缺而无效,故而意大利私法上的和解,既是一项实质意义上的要式

---

① Cfr. Francesco Caringella, *Manuale di diritto civile*, *II. Il contratto*, DIKE Giuridica Editrice, 2011, p. 375.

② Cfr. Giorgio Cian, Alberto Trabucchi, *Commentario breve al Codice Civile*, CEDAM, 2014, p. 3491.

③ Ibid., p. 3490.

④ Ibid., p. 2481.

合同，也是一项以证明为旨趣的要式合同。而《意大利民法典》第 1888 条第 1 款规定："保险合同应当以书面形式证明。"① 该项规定表明，保险合同并非欠缺书面形式便会无效的实质意义上的要式合同，而是应当以书面形式作为自身证明的，以证明为旨趣的要式合同，其书面形式，乃是以证明为目的之书面形式（forma scritta ad probationem）。② 无独有偶，《意大利民法典》第 1928 条也规定："关于保险关系的一系列再保险一般合同，应当以书面形式证明"③，该条款所提及的书面形式，亦属以证明为目的之书面形式之列。④ 此外，《意大利民法典》第 2556 条规定："应当登记的企业以让与所有权或者企业收益为标的之合同，应当以书面形式证明；同时，应当具备法律为移转企业的单一财产或者根据合同的特殊性质所规定的形式。"⑤ 该项规定表明，对于应当登记的企业以让与所有权或者企业收益为标的之合同而言，书面形式乃该合同的证明形式，一旦具备书面形式，则以让与所有权或者企业收益为标的之合同便可享有证明文件。不过，书面形式仅仅只是该合同的证明形式，该合同由于涉及财产或者其他利益的移转，故而还应当遵守《意大利民法典》上关于财产或者其他利益移转的法定形式规定。例如，《意大利民法典》第 782 条规定，赠与应当以公证的方式为之，否则无效。⑥ 因此，倘若该应当登记的企业所订立的以让与所有权或者企业收益为标的之合同同时也是一项赠与合同，则以书面形式订立仅仅只是使该合同具备以证明为旨趣之形式，唯有以公证方式完成合同订立，该合同方可最终成立并且生效。

当然，对于以证明为旨趣的要式合同而言，也存在理论上的争议。一派学者认为，所谓以证明为旨趣之形式，事实上与实体意义上的形式大相径庭，其功能只不过在于要求合同当事人采纳某种被考虑的形式

---

① Cfr. Giorgio Cian, Alberto Trabucchi, *Commentario breve al Codice Civile*, CEDAM, 2014, p. 2390.

② Ibid., p. 2391.

③ Ibid., p. 2431.

④ Cfr. Francesco Caringella, *Manuale di diritto civile*, *II. Il contratto*, DIKE Giuridica Editrice, 2011, p. 375.

⑤ Cfr. Giorgio Cian, Alberto Trabucchi, *Commentario breve al Codice Civile*, CEDAM, 2014, p. 3256.

⑥ Ibid., p. 641.

(assolvere la forma in esame）而已。① 而另一派学者则认为，以证明为旨趣的形式，与实体意义上的形式一致，均为具有强制性的形式（forma vincolata），只是在性质层面上，以证明为旨趣的形式，乃证明之形式（froma delle prova），而非行为之形式（forma dell'atto）。② 换言之，以证明为旨趣的形式仅具有程序法上的意义，而不具有实体法上的意义，以证明为旨趣之形式并非合同的构成要件，欠缺这种形式，原则上并不影响合同的法律效力。

  总体而言，第二种学说更具有说服力。理由在于，以证明为旨趣的合同形式似乎与实体意义上的合同形式并不存在交集。前已述及，《意大利民法典》第 2556 条规定："应当登记的企业以让与所有权或者企业收益为标的之合同，应当以书面形式证明；同时，应当具备法律为移转企业的单一财产或者根据合同的特殊性质所规定的形式"③，由此可见，立法者并不认为以证明为旨趣的合同形式与实体意义上的合同形式具有一致性，在解释论意义上，仅具备以证明为旨趣的合同形式并不会使《意大利民法典》第 2556 条所涉及的合同在构成要件意义上直接契合有关合同形式的规定，对于合同效力而言，应当登记的企业以让与所有权或者企业收益为标的之合同，仍须以《意大利民法典》第 1350 条的规定为准，换言之，具备以证明为旨趣的合同形式并不会直接导致合同在构成要件意义上满足形式要件。④ 同时，反过来说，欠缺以证明为旨趣的合同形式，原则上亦不会影响合同之效力，正如意大利民法学家卡林格拉所言，倘若合同双方当事人并未按照法律的规定，采用以证明为旨趣的合同形式，那么合同仍旧可能发生法律效力，因为完全可以认为，合同当事人依据私法自治而排除了以证明为旨趣的合同形式之适用。⑤ 不过，以证明为旨趣的合同形式也并非毫无法律上的强制效力，事实上，欠缺以证明为旨趣的合同形式，

---

  ① Cfr. Francesco Caringella, *Manuale di diritto civile*, *II. Il contratto*, DIKE Giuridica Editrice, 2011, p. 375.

  ② Ibid.

  ③ Cfr. Giorgio Cian, Alberto Trabucchi, *Commentario breve al Codice Civile*, CEDAM, 2014, p. 3256.

  ④ Cfr. Francesco Caringella, *Manuale di diritto civile*, *II. Il contratto*, DIKE Giuridica Editrice, 2011, p. 375.

  ⑤ Ibid.

仍旧可能在证据法与程序法上遭遇法律上的不利性后果。[1] 例如，根据《意大利民法典》第 2725 条的规定，原则上，在根据法律规定，合同应当以书面形式缔结时，证人证言不得采用，唯有在合同当事人非因自己过失而丢失证明文件时（《意大利民法典》第 2725 条第 3 项），方可采用证人证言。又如，《意大利民法典》第 2721 条第 1 款规定："合同标的之价值超过 5000 里拉（2.58 欧元）时，不得采用证人证言"[2]，而《意大利民法典》第 2729 条第 2 款规定："法律排除证人证言时，推定不被承认"[3]，这意味着，对于合同标的超过 2.58 欧元的合同而言，倘若没有采用书面形式等其他形式，原则上无法通过证人证言的形式证明合同的相关事实，甚至法官也不得运用推定，确定合同的相关事实。因此，依据《意大利民法典》第 2725 条、第 2724 条第 3 项、第 2721 条第 1 款以及第 2729 条第 2 款的规定，不难发现，倘若合同欠缺以证明为旨趣的合同形式，无疑会增加合同当事人在证明方面的困难程度，因此，以证明为旨趣的合同形式仍旧蕴含一定的程序法意义上的强制效力。[4]

综上所述，尽管存在多种证明合同事实的方法，但在部分情形中，法律可能会规定某种形式（通常为书面形式）为特定合同的证明形式，此即以证明为旨趣之合同形式。[5] 欠缺以证明为旨趣之合同形式不会影响合同的法律效力，合同仍旧可能生效，但欠缺这种合同形式可能导致合同当事人的证明困难。[6]

四 法定合同形式

在意大利私法上，法定合同形式主要有两种，即公证（atto pubblico）与

---

[1] Cfr. Francesco Caringella, *Manuale di diritto civile*, *II. Il contratto*, DIKE Giuridica Editrice, 2011, p. 376.

[2] Cfr. Giorgio Cian, Alberto Trabucchi, *Commentario breve al Codice Civile*, CEDAM, 2014, p. 3487.

[3] Ibid., p. 3497.

[4] Cfr. Francesco Caringella, *Manuale di diritto civile*, *II. Il contratto*, DIKE Giuridica Editrice, 2011, p. 376.

[5] Cfr. Antonino Cataudella, *I contratti: parte generale*, Quarta edizione, G. Giappichelli Editore-Torino, 2014, p. 126.

[6] Ibid.

私人书面形式（scrittura privata）。① 兹分述如下。

（一）公证

所谓公证，即公证人，或者其他获得授权的公务员所拟定的文件。②《意大利民法典》第 2699 条规定："公证，即公证人，或者其他获得授权可以制作等同于公证书效力之文件的公务员，按照正确行使所拟定的文件。"③ 而作为一份公证人，或者其他获得授权的公务员所制作的文件，根据《意大利民法典》第 2700 条的规定，公证原则上具有充分的证明效力。④ 这意味着公证作为一种合同的法定形式，能够为合同相关事实提供最大限度的证明力支持。

当然，尽管公证具有极高的证明效力，但也并非任何公证均能获得此种法律效力。《意大利民法典》第 2701 条规定："由无权或者无能力的公务员所制作之文件，或者未依据规定形式拟定之文件，倘若当事人已经签字，则具有等同于私人书证的证明效力。"⑤ 由此可见，假如公证由没有权力或者欠缺能力的公职人员所制作，或者公职人员为遵循法律规定的形式拟定公证文书的，则公证无法发生《意大利民法典》第 2700 条所规定的"充分证明效力"。当然，按照《意大利民法典》第 2701 条的规定，公证即使因公职人员没有权力或者能力，或者因未遵守法定形式而不发生公证效力，如果公证文书为私人所签署，仍旧可以在私人之间发生私人书证之法律效力，这种情况被称为"公证的转化"（conversione dell'atto pubblico）。⑥

此外，根据《意大利民法典》第 1350 条的规定，对于移转不动产所有权的合同，设立、变更或者移转不动产用益权、地上权、永佃权授予人

---

① Cfr. Antonino Cataudella, *I contratti*: *parte generale*, Quarta edizione, G. Giappichelli Editore-Torino, 2014, p. 127.

② Ibid.

③ Cfr. Giorgio Cian, Alberto Trabucchi, *Commentario breve al Codice Civile*, CEDAM, 2014, p. 3458.

④ Cfr. Antonino Cataudella, *I contratti*: *parte generale*, Quarta edizione, G. Giappichelli Editore-Torino, 2014, p. 127.

⑤ Cfr. Giorgio Cian, Alberto Trabucchi, *Commentario breve al Codice Civile*, CEDAM, 2014, p. 3467.

⑥ Ibid.

与永佃权人的权利的合同,设立前述所规定的各种权利之共有的合同,设立或者变更不动产地役权、使用权与居住权的合同,放弃前述所规定的各项权利的行为,赎回永佃权不动产的合同,不动产典质合同,期限超过9年的不动产租赁合同,向公司或者社团授予期限超过9年或者不定期的不动产用益权或者其他物权的合同,设立永久年金或者终身年会的行为(但国家有关年金的规定除外),分割不动产与不动产他物权的行为,以前述规定有关的各种法律关系之争议为标的之和解,以及法律所特别规定的其他行为(如社团或者财团的设立行为等),公证均在构成要件意义上,构成以上合同或者法律行为的形式要件,倘若欠缺公证之形式,又没有其他法定合同形式,则根据《意大利民法典》第1350条的规定,上述合同或者法律行为均会因法定形式之欠缺,而最终归于无效。[1] 当然,根据《意大利民法典》第1350条的规定,上述合同或者法律行为亦可采用私人书面形式之合同形式,故而在没有公证的情况下,倘若合同当事人以私人书面形式的方式订立合同,合同仍旧符合形式要件之规定。[2]

(二) 私人书面形式

所谓私人书面形式,或者说私人书证,即以笔写就,或者使用打字、印刷(通常不附带签字)等方法拟定,最后由合同当事人所签署的文件。[3]

在效力方面,私人书面形式具有与公证文书相同的证明效力。《意大利民法典》第2702条规定:"倘若被制作的文件被确认为署名人所签署,或者文件被视为依法获得确认,则在遭遇虚假诉讼之前,署名人所制作的私人书证具有充分的证明效力"[4],由此可见,只要私人书面形式合法有效,则私人书面形式便会产生等同于公证文书的证明效力。

当然,私人书证的制作,也可能存在公证人或者其他被授权的公务人员介入的情况。《意大利民法典》第2703条规定:"公证人,或者其他获

---

[1] Cfr. Giorgio Cian, Alberto Trabucchi, *Commentario breve al Codice Civile*, CEDAM, 2014, p. 1508.

[2] Ibid.

[3] Cfr. Francesco Caringella, *Manuale di diritto civile*, *II. Il contratto*, DIKE Giuridica Editrice, 2011, p. 377.

[4] Cfr. Giorgio Cian, Alberto Trabucchi, *Commentario breve al Codice Civile*, CEDAM, 2014, p. 3467.

得授权的公务人员对签字予以认证。认证以公务人员证明署名人乃是当着自己的面完成签名为证据。公务人员应当预先核实署名人的身份。"① 由此可见，即使合同当事人所采用的并非公证形式，而是私人书面形式，公证人或者其他获得授权的公务人员仍旧可以参与合同形式的制作，具体而言，公证人或者其他获得授权的公务人员可以证明签名行为的真实有效性，从而确认私人书证的真实有效性。不过，须予以提示的是，即使公证人或者其他获得授权的公务人员没有参与到私人书证的制作过程中，也不影响私人书证的法律效力，只是在证明意义上，当事人要证明该私人书证的签字出自签字人之手，在无公证人或者其他获得授权的公务人员的介入情形中更加困难。

此外，与公证相同，私人书面形式构成特定合同的法定合同形式，属于特定合同的构成要件之一（参见《意大利民法典》第 1325 条第 4 款），倘若法律规定特定合同必须具备私人书面形式（参见《意大利民法典》第 1350 条），而特定合同欠缺私人书面形式，又没有公证等其他法定合同形式的，则该特定合同最终将被确认为无效。②

---

① Cfr. Giorgio Cian, Alberto Trabucchi, *Commentario breve al Codice Civile*, CEDAM, 2014, p. 3472.

② Cfr. Andrea Torrente, Piero Schlesinger, *Manuale di diritto privato*, Giuffrè Editore, 2013, p. 526.

第四章

合同的成立

《意大利民法典》第 1326 条规定："合同在要约人知道相对人所发出的承诺时成立。"[1] 尽管从第 1326 条的文本意涵来看，该条款所规定的是合同的成立，而非合意的成立，一方面，从《意大利民法典》的编制体系来看，第 1326 条处于"当事人合意"（Dell'accordo delle parti）[2] 一节之下；另一方面，合同的构成要件并非只有要约与承诺所构成的合意，尚包括原因、形式等其他构成要件，因此严格来说，《意大利民法典》第 1326 条所规定的，其实只是合意的成立。[3] 当然，必须指出的是，在通常情况下，对于意大利私法而言，合意的成立也往往同时意味着合同的成立，故而合意成立与合同成立亦可被等同视之。

第一节 合意的成立

依据《意大利民法典》第 1326 条的规定，合意之成立，系采用各国所通行的"要约—承诺"规则。

---

[1] Adolfo Di Majo, *Codice civile, con la costituzione, I trattati U. E., e le principali norme complementari, con la collaborazione di massimiliano pacifico*, Dott. A. Giuffrè Editore, 2014, p. 381.

[2] Cfr. Giorgio Cian, Alberto Trabucchi, *Commentario breve al Codice Civile*, CEDAM, 2014, p. 1438.

[3] Cfr. Francesco Galgano, *Diritto privato*, CEDAM, 2013, p. 237.

一 要约

所谓要约（proposta/offerta），是指当事人一方向另一方所做出的，意欲订立合同的意思表示，该意思表示中包含一切可供合同成立的要素，并且蕴含表意人甘愿受自身意思表示约束的意志。[1] 要约是促使合同成立的第一步，仅就要约本身而言，其实质上是一项单方意思表示，或者说，一项不构成独立法律行为的单方行为（atto unilaterale），[2] 不过，与遗嘱等作为独立法律行为的单独行为不同，仅凭要约不可能导致法律行为的产生，其只是合同缔结的一个阶段而已。在意思表示分类中，要约属于需要受领的意思表示（dichiarazioni recettizie），[3] 申言之，一方面，表意人所做出的要约一般来说是针对特定相对人所做出的意思表示；另一方面，要约必须经由受领人的受领行为，方可发挥其订立合同之功能，倘若要约没有为相对人所受领或者及时受领，则无法实现要约人意欲订立合同之目的。

要约不同于要约邀请。在日常的社会经济交往过程中，要约往往并非交易的第一步，要约邀请常常才是引发交易事件，导致合同得以成立的起点。所谓要约邀请（invito a trattare/invito a proporre），是指希望他人向自己发出要约的意思表示。[4] 与要约相比，要约邀请中欠缺订立合同所需要的一系列必要内容，要约邀请常常是行为人（尤其是商家）向公众（潜在的客户或者消费者）所发布的消息，在这种消息中，并无订立合同所需的诸如价款、履行方式等内容，发出要约邀请的主体也没有在要约邀请中表达一旦受要约邀请人做出类似承诺的意思表示，则要约邀请人与受要约邀请人之间即刻成立合同之意思。[5] 要约邀请所具有的作用在于引诱受要约邀请人发出要约，尽管要约邀请常常是合同得以成立的第一步，但在法律分析层面上，要约邀请并不会受到法律的直接评价，其并非合同成立的必备要件。

---

[1] Cfr. Sandro Merz, *Formulario commentato dei Contratti*, CEDAM, 2014, p. 12; Guido Alpa, *Il contratto in generale*, Giuffrè Editore, 2014, p. 21.

[2] Cfr. Guido Alpa, *Il contratto in generale*, Giuffrè Editore, 2014, p. 21.

[3] Cfr. Giorgio Cian, Alberto Trabucchi, *Commentario breve al Codice Civile*, CEDAM, 2014, p. 1439.

[4] Cfr. Francesco Galgano, *Diritto privato*, CEDAM, 2013, p. 238.

[5] Cfr. Guido Alpa, *Il contratto in generale*, Giuffrè Editore, 2014, p. 21.

须注意的是，意大利私法认为，要约既可以向特定人发出，也可以向不特定的社会公众发出，例如，在报纸上刊登的以建议购买或者出卖特定商品为内容的分类广告可以要约的方式发布。[1]

二 承诺

所谓承诺（accettazione），即受领要约一方反过来向要约方所做出的，决定接受要约的意思表示。[2]《意大利民法典》第1322条第1款规定："当事人各方可以在法律规定和行业标准的范围内，自由决定合同的内容"，此即"合同自由原则"（autonomia contrattuale），[3] 根据合同自由原则，要约人自然可以依据自己的自由意志，提出蕴含特定内容的要约，不过与其同时，受要约人原则上并无必须接受要约的义务，受要约人根据合同自由原则，亦可依据自己的自由意志，决定是否接受要约人所做出的要约；倘若受要约人决定不接受要约，则合同无法成立，倘若受要约人决定接受要约，并做出了合格的承诺，则根据《意大利民法典》第1326条第1款的规定，要约人在知晓受要约人所做出的承诺时，合同即告成立。[4] 接下来的问题则是，在何种情况下，一项承诺可以构成合格的承诺。

根据《意大利民法典》第1326条第2款的规定，承诺应当在要约人所确定的期间内，或者根据事务性质或者惯例，在通常情况下所必需的期间内，到达要约人处。[5] 具体而言：

第一，在要约人设定承诺期间的情形中，承诺应当在承诺期间内到达要约人处。根据合同自由原则，要约人可以为自己所做出的要约设定承诺期间。所谓承诺期间（termine per accettare），是指要约人在要约中所附加的要约有效期间，具体而言，在要约人做出要约之后，于承诺期间内，受

---

[1] Cfr. Francesco Galgano, *Diritto privato*, CEDAM, 2013, p. 238.

[2] Ibid., p. 237.

[3] Cfr. Adolfo Di Majo, *Codice civile, con la costituzione, I trattati U. E., e le principali norme complementari, con la collaborazione di massimiliano pacifico*, Dott. A. Giuffrè Editore, 2014, p. 380.

[4] Cfr. Giorgio Cian, Alberto Trabucchi, *Commentario breve al Codice Civile*, CEDAM, 2014, p. 1438.

[5] Cfr. Adolfo Di Majo, *Codice civile, con la costituzione, I trattati U. E., e le principali norme complementari, con la collaborazione di massimiliano pacifico*, Dott. A. Giuffrè Editore, 2014, p. 381.

要约人均可做出承诺，而一旦受要约人在承诺期间内做出承诺，并且为要约人所知晓，则合同即告成立；不过，倘若受要约人并未在承诺期间内做出要约，则承诺期间一旦届满，要约立即失去效力，受要约人则无法做出合格的承诺。①

第二，倘若要约人并未设定承诺期间，则受要约人也并非可以在任意时间内均可做出合格承诺，而是应当根据要约与承诺所涉及的具体事务性质（natura dell'affare），结合惯例（usi），确定合理期间，倘若受要约人并未在该合理期间内做出承诺，则无法形成合意，成立合同。② 前述两种情形中的承诺均系属迟延承诺，无法产生合同成立的法律效果，不过，基于诚实信用原则之考虑，③ 根据《意大利民法典》第 1326 条第 3 款的规定，尽管受要约人陷于承诺迟延状态，但假如要约人及时向受要约人发出接受承诺的通知，则迟延之承诺可获效力上的补正，其仍旧可以构成合格承诺，进而导致合同成立。④

第三，须予以提示的是，要约人所确定的承诺期间或者由事务性质或者惯例所决定的通常合理期间均非消灭时效意义上的期间，根据《意大利民法典》第 2964 条的规定，这两种涉及承诺效力的期间，原则上不适用消灭时效有关中止、中断之规定，一旦期间届满，即发生失权（decadenza）⑤ 的效力，⑥ 具体而言，尽管"要约创设承诺之权力"（l'off-

---

① Cfr. Giorgio Cian, Alberto Trabucchi, *Commentario breve al Codice Civile*, CEDAM, 2014, p. 1441; Francesco Caringella, Luca Buffoni, Francesca Della Valle, *Codice Civile e delle leggi civili speciali, annotato con la giurisprudenza*, Dike Giuridica Editrice, 2014, p. 893.

② Cfr. Sandro Merz, *Formulario commentato dei Contratti*, CEDAM, 2014, p. 13.

③ 意大利立法者认为，迟延承诺因要约人的及时通知而维持其效力，其正当性基础在于诚实信用原则（Il principio di correttezza e buona fede）。而诚实信用原则直接体现在《意大利民法典》第 1175 条之中。《意大利民法典》第 1175 条规定："债权人与债务人应当依据诚实信用而行动。" Cfr. Francesco Caringella, Luca Buffoni, Francesca Della Valle, *Codice Civile e delle leggi civili speciali, annotato con la giurisprudenza*, Dike Giuridica Editrice, 2014, p. 632; Giorgio Cian, Alberto Trabucchi, *Commentario breve al Codice Civile*, CEDAM, 2014, p. 1121.

④ Cfr. Sandro Merz, *Formulario commentato dei Contratti*, CEDAM, 2014, p. 13.

⑤ 所谓失权是指因发生特定事由（如滥用权利）而导致权利失去效力的法律现象。Cfr. Giorgio Cian, Alberto Trabucchi, *Commentario breve al Codice Civile*, CEDAM, 2014, p. 3767.

⑥ Cfr. Adolfo Di Majo, *Codice civile, con la costituzione, I trattati U. E., e le principali norme complementari, con la collaborazione di massimiliano pacifico*, Dott. A. Giuffrè Editore, 2014, p. 654.

erente che crea il potere di accettare)①，要约使得受要约人得享做出合格承诺的私法上权利，但倘若受要约人并未在承诺期间或者由事务性质或者惯例所决定的合理期间内做承诺，即丧失做出合格承诺之权限。

此外，对于要约而言，由于要约人做出要约一般而言属于交易促成的在先阶段，故而要约人在要约形式方面享有更为充分的自由。而对于承诺而言，在形式方面，则受制于要约。《意大利民法典》第1326条第4款规定："当要约人对于承诺有形式要求的，欠缺该形式的承诺无效"②，这意味着在要约人在要约中明确指明承诺的特别形式时，倘若受要约人并未依据该形式做出承诺，例如要约人在要约中要求受要约人必须以书面文件的形式做出承诺，而受要约人却以口头形式做出承诺，则该承诺无法产生相应的法律效力，无法导致合意的成立。

三 承诺转化为要约

根据纯粹私人自治观念而为分析，则应当认为，要约与承诺系属完全不同的意思表示，前者的主要内容为提出促成合意成立的各种交易条件，后者的主要内容在于对前者所提出的交易条件予以接受，两者并无任何交集，倘若承诺与要约的内容不一致，则应当认为受要约人对于要约人所提出的条件并不赞同，故而才提出了与要约内容不一致的交易条件，此时，仅依据"要约—承诺"规则而作教义学分析，则不难得出受要约人已经拒绝了要约之结论，因此，该承诺理应无效。此外，从合意角度来看，受要约人提出与要约不一致的承诺，也使要约与承诺无法达成契合状态，换言之，要约人与受要约人最终仍然无法形成合意，合同自然也无以成立。不过，由于受要约人所提出的，与要约不一致的承诺并非单纯的拒绝要约之行为，在受要约人发出与要约不一致的承诺这一意思表示中，其实蕴含两层意思：第一，受要约人的确不赞同要约人所提出的全部交易条件或者部分交易条件，故而受要约人对要约内容做出了全面或者部分修正；第二，尽管受要约人对于要约人所提出的交易条件存在商榷心理，但受要约人并未失去与要约人订立合同的兴趣，也正因为如此，受要约人才会发出

---

① Cfr. Guido Alpa, *Il contratto in generale*, Giuffrè Editore, 2014, p. 29.

② Cfr. Adolfo Di Majo, *Codice civile, con la costituzione, I trattati U. E., e le principali norme complementari, con la collaborazione di massimiliano pacifico*, Dott. A. Giuffrè Editore, 2014, p. 381.

与要约不一致的承诺,而非单纯的拒绝要约的意思表示。职是之故,《意大利民法典》第1326条第5款规定:"与要约不一致的承诺,等同于要约",而令承诺在与要约不一致时,得以直接转化为新的要约,此举不仅更为契合受要约人的内心真意,而且可以去除要约人与受要约人之间不必要的磋商环节,促进交易与商业之便捷。① 当然,所谓要约与承诺不一致,并非指承诺与要约必须完全一致,而是指承诺与要约之间并无实质性差异(sostanzialmente diverso),换言之,承诺并未对要约做出根本性修正,倘若承诺与要约之间仅仅存在形式上的不同,但内容上却具有一致性,则仍应当成立合意,而不能因两者形式上的不一致而令承诺不生效力,并径行转化为要约,而唯有承诺与要约之间具有实质性差异时,承诺才会被视为要约。②

四 "要约—承诺"规则

根据《意大利民法典》第1326条第1款的规定,倘若一项合格的要约为要约人所发出,并且为受要约人所知晓,继而,受要约人相对应地发出与要约相一致的承诺,则自要约人知晓受要约人所做出的承诺时为止,合意即告成立。通常而言,要约人知晓承诺,系指实际知晓,换言之,原则上,尽管受要约人做出了承诺,甚至已经向要约人发出了承诺,倘若要约人确实不知道的,则无法成立任何合意。③ 不过,根据《意大利民法典》第1335条的规定,如果要约人作为承诺意思受领人,无法证明自己的不知道是无过错的,则要约人将被推定为已经知道承诺,继而根据《意大利民法典》第1326条第1款的规定而导致合意成立。④ 所谓意思受领人无法证明自己不知道系无过错,主要是指意思表示系以合理方式发出,例如,正常的邮寄、电子邮件等,并且意思表示已经到达受领人的可支配领域,受领人按照通常情况应当知悉该意思,但却没有知悉该意思,并且没有证据证明自己不知道该意思确系出于特别情事而导致自己不可能知晓该意思之状态。当然,《意大利民法典》

---

① Cfr. Sandro Merz, *Formulario commentato dei Contratti*, CEDAM, 2014, p. 13.

② Cfr. Giorgio Cian, Alberto Trabucchi, *Commentario breve al Codice Civile*, CEDAM, 2014, p. 1442.

③ Cfr. Guido Alpa, *Il contratto in generale*, Giuffrè Editore, 2014, p. 22.

④ Ibid.

第1335条所设置的有关意思受领的推定规则并非不可被推翻的拟制性规定，倘若意思受领人能够证明，存在一项特定情事导致受领人与意思表示发出者之间意思联络被破坏或者永久中断，并且自己无法在尽通常努力的情况下恢复这种联络，而最终导致自己无法知晓该意思的，则这一推定便可以被推翻。①

五　以其他方式成立合意

（一）借由直接履行成立合意

在日常社会经济交往过程中，尽管通过要约与承诺成立合意系属一般常态，不过为交易便捷考虑，在没有要约与承诺过程，而直接产生履行行为的场合，也可以成立合意。《意大利民法典》第1327条规定："根据要约人建议、事务性质或者惯例，履行必须在没有事前答复的情形下做出的，则合同自履行开始时起于履行地成立"②，根据这一规定，在以下三种特定情况下，履行行为本身可以导致合意成立。

第一，根据要约人建议，而借由履行行为成立合意。所谓要约人建议，是指要约人在要约中所表明的提议。要约人建议，可以分为两种情况，其一，"紧急交货"（consegna urgente），所谓紧急交货，是指在要约中，倘若要约人在要约中声明，因要约人急需某种货物，则受要约人一旦知晓要约，应当直接向要约人发货。③ 在这种情形中，一旦受要约人做出紧急交货的履行行为，合意即告成立。其二，"授权执行条款"（la clausola che autorizzi l'esecuz），所谓授权执行条款，是指要约人在要约中明确声明，一旦受要约人做出相应的履行行为，则合同即告成立。④ 因此，倘若要约人在要约中设置了授权执行条款，则受要约人依据要约人给予的授权，做出履行行为，即可在要约人与受要约人之间成立合意。须注意的是，通常而言，要约人的"默示建议"（implicita richiesta）不太可能导致合意因受要约人做出履行行为而成立，其缘故在于默示建议与《意大

---

① Cfr. Sandro Merz, *Formulario commentato dei Contratti*, CEDAM, 2014, p. 21.

② Cfr. Adolfo Di Majo, *Codice civile, con la costituzione, I trattati U. E., e le principali norme complementari, con la collaborazione di massimiliano pacifico*, Dott. A. Giuffrè Editore, 2014, p. 381.

③ Cfr. Giorgio Cian, Alberto Trabucchi, *Commentario breve al Codice Civile*, CEDAM, 2014, p. 1446.

④ Ibid.

利民法典》第1327条所规定的"要约人建议"在性质与逻辑上均存在不可调和的矛盾性。①

第二，根据事务性质，而借由履行行为成立合意。所谓根据事务性质（natura dell'affare）而凭借履行成立合意，主要是指合同所指向的交易事务本身所具有的性质决定该合同所蕴含的合意不需要通过要约与承诺规则成立，例如种类物消费行为、买方没有兴趣与意愿接受承诺意思的交易（譬如刷卡乘坐公共汽车）等，对于这类交易，当事人可借由履行行为而直接成立合意。②

第三，根据惯例，而借由履行行为成立合意。所谓惯例（usi），即特定行为所遵循的一般标准。③ 在意大利私法中，惯例系属法律渊源之一种，④ 倘若有惯例认为特定交易可以由当事人的履行行为而直接生成合意，则依据《意大利民法典》第1327条的规定，不妨承认，一旦当事人做出了符合惯例的履行行为，则合意即告成立。

在解释"借由直接履行成立合意"缘何可以导致合意成立的问题上，部分意大利学者认为，可以通过类推适用德意志法上的"事实合同关系"（rapporti contrattuali di fatto）理论，从而使"借由直接履行成立合意"规则获得坚实的法理基础。⑤

所谓"事实合同关系"（faktische Vertragsverhältnisse）理论，是德国法学家豪普特（Haupt）于1941年所提出的理论，该理论认为，即使欠缺意思表示，亦可在特殊情况下成立合同关系。⑥ 在此观点基础上，豪普特进一步将事实合同关系分为三类：第一，基于社会交往而成立的事实合同关系；第二，基于共同体关系中的秩序而成立的事实合同关系；第三，基于社会性给付义务而成立的事实合同关系。⑦ 在豪普特看来，事实合同关

---

① Cfr. Giorgio Cian, Alberto Trabucchi, *Commentario breve al Codice Civile*, CEDAM, 2014, p. 1446.
② Ibid.
③ Cfr. Francesco Galgano, *Diritto privato*, CEDAM, 2013, p. 39.
④ Ibid., p. 40.
⑤ Cfr. Francesco Caringella, *Manuale di diritto civile*, II. Il contratto, DIKE Giuridica Editrice, 2011, p. 632.
⑥ Vgl. Peter Lambrecht, *Die Lehre vom faktischen Vertragsverhältnis: Entstehung, Rezeption und Niedergang*, 1994, S. 1ff.
⑦ Ibid., S. 7-10ff.

系具有鲜明的社会属性，而不能交由具有纯粹私人属性的意思表示规则支配，当事人之间基于社会交往、共同体关系中的秩序以及社会性给付义务，可以直接成立合同关系，而不必拘泥于《德国民法典》有关意思表示规定的束缚；换言之，事实合同可以在作为法律行为一般构成要件的意思表示缺位的情况下直接成立。① "事实合同关系" 理论一度为德国联邦最高法院（BGH）所采纳，在1953年的停车场费用案中，德国联邦最高法院认为，尽管停车人并非就缴纳停车费做出任何意思表示，停车人与停车场管理人之间也并无要约与承诺过程，但是，根据豪普特的 "事实合同关系" 理论，基于社会性的给付义务，亦可成立事实合同关系，因此，在本案中，无论停车人内心真意为何（即使他已经表示出了与之相反的意思），一旦停车人使用了停车场，即应负有根据停车场所定的收费标准支付费用的义务。② 由德国联邦法院的判决不难发现，与其说德国联邦法院认为在停车人与停车场管理人之间成立合同关系，不如说此时在停车人与停车场管理人之间成立合同关系，是具有合理性的。③ 申言之，"事实合同关系" 理论的致命问题是在于，该合同关系尽管冠以事实之称谓，但实际上，倘若依据合同本身的定义与规则予以审视，所谓的事实合同或许根本就不是合同，而在笔者看来，停车费案中，即使不适用 "事实合同关系" 理论，通过不当得利规则，具体而言，令停车人偿付因停车所获得的无法律上原因的获利，似乎也能妥当解决该案件。同时，对 "事实合同关系" 理论持批判态度的德国学者还认为，"事实合同关系" 理论不是弥补了意思表示规则的不足，而是在根本上推翻了意思表示规则，最为典型之处便在于，其使得行为能力规则在部分合同的订立中处于毫无价值的境地，而这种情形将导致极大的社会不公，例如，根据 "事实合同关系" 理论，一个无行为能力人将会被赋予订立合同的能力，而事实上，无行为能力人，因其意思能力的不足，本不应被赋予订立合法有效合同之法律地位。有鉴于此，部分坚持 "事实合同关系" 理论的学者也被迫对该理论做出了修正，例如卡尔·拉伦茨便最终认为，即使是成立事实合同关系，

---

① Vgl. Wolfgang Fikentscher/Andreas Heinemann, *Schuldrecht: Allgemeiner und Besonderer Teil*, 11. Aufl., 2017, S. 58.

② Vgl. Dieter Medicus, *Allgemeine Teil des BGB*, 10. Aufl., 2010, S. 106-107.

③ Ibid., S. 107.

当事人也必须具备相应的行为能力。① 不过拉伦茨本人也承认，做出如此修正，将使得所谓的事实合同关系将可以借由默示意思表示理论获得解释，② 而这无异于构成对"事实合同关系"理论的釜底抽薪——其作为一项独立理论的必要性及其解释力已经不复存在。

尽管"事实合同关系"理论在德国受到了冷遇，但恰如如前述所言，在意大利私法学界，仍有部分学者认为，类推适用"事实合同关系"理论以便解释《意大利民法典》第1327条中的"借由直接履行成立合意"条款具有合理性，这种观点被称为"合同理论"（teoria contrattualistica），③该理论认为，《意大利民法典》第1327条在体系上隶属于"当事人合意"（Dell'accordo delle parti）一节，④ 故而该条款的规范目的在于列举当事人合意成立的方式，而根据《意大利民法典》第1327条所规定的"借由直接履行成立合意"规则，在只有要约而没有承诺（但有相应的履行行为）；或者既没有要约也没有承诺，但存在履行行为的情况下，均可以成立合意，这意味着，不依靠要约与承诺，而仅凭履行行为即可成立合意；而"事实合同关系"理论对此恰好具有相应的解释力，申言之，当事人合意的成立，可以仅凭作为社会事实的履行行为而直接成立，而并不需要系属意思表示的要约与承诺的参与。⑤

而另一派意大利学者则主张"债之渊源理论"（teoria fatto fonte di obbligazioni），该理论认为，从债之渊源的角度来看，《意大利民法典》第1173条规定："债源于合同、不法行为或者其他由法律所规定的，能够产生债的行为或者事实"⑥，这意味着，在合同与不法行为之外，其他行为

---

① ［德］卡尔·拉伦茨：《德国民法通论》（下册），王晓晔、邵建东、程建英、徐国建、谢怀栻译，法律出版社2003年版，第746页。

② 同上。

③ Cfr. Francesco Caringella, *Manuale di diritto civile*, *II. Il contratto*, DIKE Giuridica Editrice, 2011, p. 633.

④ Cfr. Adolfo Di Majo, *Codice civile*, *con la costituzione*, *I trattati U. E.*, *e le principali norme complementari*, *con la collaborazione di massimiliano pacifico*, Dott. A. Giuffrè Editore, 2014, p. 381.

⑤ Cfr. Francesco Caringella, *Manuale di diritto civile*, *II. Il contratto*, DIKE Giuridica Editrice, 2011, p. 633.

⑥ Cfr. Adolfo Di Majo, *Codice civile*, *con la costituzione*, *I trattati U. E.*, *e le principali norme complementari*, *con la collaborazione di massimiliano pacifico*, Dott. A. Giuffrè Editore, 2014, p. 365.

(atto) 或者事实 (fatto), 例如不当得利、非债清偿、无因管理等均可作为债之渊源而导致债之发生,[1] 因此,《意大利民法典》第 1327 条所规定的"借由直接履行成立合意"本质上并非当事人合意,而仅仅只是由法律所规定的能够产生债的行为或者事实罢了,[2] 其并不适合用"事实合同关系"理论予以解释。"事实合同关系"理论其实是对合同中应当蕴含合意 (accordo) 教义的否弃,[3] 而所谓的事实合同,与其说是合同,不如说只是类似合同的法律关系,即准合同 (quasi-contratti), 而有关准合同的调整自有不当得利、非债清偿等其他规则予以适用,故而"事实合同关系"理论对于意大利私法而言并无实益。[4]

在笔者看来,"合同理论"与"债之渊源理论"均存在一定缺陷。从体系解释的角度出发,《意大利民法典》第 1327 条的确隶属于"当事人合意"一节,因此,就此而言,《意大利民法典》第 1327 条所规定的"借由直接履行成立合意"应当尽量被解释为当事人合意的特殊形式,而参酌德国法理论,倘若履行行为中蕴含着行为人意欲对要约做出承诺的默示意思(或者双方均以履行行为表明自己意欲做出要约或者承诺的默示意思),则不妨认定此时的履行行为可以直接导致合意的成立,由此便可将借由直接履行成立合意作为"要约—承诺"规则的特殊形式纳入"要约—承诺"规则之中。倘若在履行行为中无法探寻行为人存在默示意思,则应当将这一情形排斥在《意大利民法典》第 1327 条的适用范围之外,而直接通过不当得利、无因管理或者非债清偿等规则的适用以解决问题。

(二) 借由沉默导致单务合同的成立

所谓沉默 (Schweigen), 即行为人没有做出意思表示的状态,这种状态被德国法学家弗卢梅形象地称为"没有言辞的表示"(Erklärung ohne Worte)。[5] 就历史沿革而言,沉默的法律效果历经了一系列变迁。罗马法

---

[1] Cfr. Mario Bessone, *Istituzioni di diritto privato*, G. Giappichelli Editore - Torino, 2013, pp. 439-440.

[2] Cfr. Francesco Caringella, *Manuale di diritto civile*, *II. Il contratto*, DIKE Giuridica Editrice, 2011, pp. 633-634.

[3] Ibid., p. 634.

[4] Ibid., p. 636.

[5] Vgl. Werner Flume, *Allgemeiner Teil des Bürgerlichen Rechts*, Zweiter Band, *Das Rechtsgeschäft*, 4. Aufl., 1992, S. 64.

倾向于否认沉默具有法律上的价值，换言之，罗马法认为，沉默不应产生任何法律效果，恰如罗马法谚所言："沉默并非当然承认，尽管它是一项不容否认的事实"（qui tacet non utique fatetur sed tamen verum est eum non negare）。[①] 相反，教会法则主张"沉默者视为同意"（qui tacet, consentire videtur）原则，[②] 该原则认为，"谁沉默，谁即视为同意"（Wer schweigt, scheint zuzustimmen），沉默本身构成一种默示的同意意思表示。[③] 与教会法所认定的原则不同，在日常民商事交往过程中，民众通常认为，沉默并不意味着同意，相反，沉默往往指向拒绝的内心真意。[④] 而现代德国民法似乎又回到了罗马法的原点，转而认为沉默根本就不是意思表示，原则上，沉默不会发生意思表示的效力。[⑤]

与德国民法相似，意大利私法也认为，沉默（silenzio）本身并不构成任何表示，[⑥] 换言之，原则上，纯粹沉默并无任制度层面上的价值。[⑦] 不过，在某些法律所规定的特殊情形中，沉默仍然具有相应的法律意义，可能导致当事人合意的成立。例如，《意大利民法典》第1333条规定："以订立仅由要约人负担债务的合同为目的而发出的要约，自受要约人知晓该要约时起不得撤回。受要约人可以在事务性质或者惯例所允许的期间内拒绝该要约。受要约人未拒绝的，合同成立"[⑧]，根据该条款规定，倘若要约所指向的合同为单务合同，则该要约一旦发出并且为受要约人所知晓，即成为不可撤回的要约；同时，受要约人对于这种特殊情形也较一般情形而言受到了一定拘束：受要约人可以选择在事务性质或者惯例所允许的期

[①] Cfr. Francesco Caringella, *Manuale di diritto civile*, *II. Il contratto*, DIKE Giuridica Editrice, 2011, p. 636.

[②] Vgl. Werner Flume, *Allgemeiner Teil des Bürgerlichen Rechts*, *Zweiter Band*, *Das Rechtsgeschäft*, 4. Aufl., 1992, S. 64.

[③] Vgl. Detlef Liebs, *Lateinische Rechtsregeln und Rechtssprichwöter*, 7. Aufl., 2007, S. 195.

[④] Vgl. Ludwig Enneccerus/Hans Carl Nipperdey, *Allgemeiner Teil des Bürgerlichen Rechts*, Zweiter Halbband, 15. Aufl., 1960, S. 944-945.

[⑤] Vgl. Reihard Bork, *Allgemeiner Teil des Bürgerlichen Gesetzbuchs*, 4. Aufl., 2016, S. 223.

[⑥] Cfr. Giorgio Cian, Alberto Trabucchi, *Commentario breve al Codice Civile*, CEDAM, 2014, p. 1326.

[⑦] Cfr. Guido Alpa, *Il contratto in generale*, Giuffrè Editore, 2014, p. 24.

[⑧] Cfr. Adolfo Di Majo, *Codice civile, con la costituzione, I trattati U. E., e le principali norme complementari, con la collaborazione di massimiliano pacifico*, Dott. A. Giuffrè Editore, 2014, p. 382.

间内拒绝该要约,不过,如果受要约人没有发出拒绝的意思表示,换言之,受要约人对拒绝该要约保持沉默状态,则尽管沉默本身并不构成任何意思表示,但仍然根据《意大利民法典》第1333条的规定而直接导致合同成立的法律效果,就此而言,沉默之功效等同于受要约人对该要约的承诺。[1]

六　合意成立的时间

(一) 既有学说重述

在意大利合同法中,有关合同成立时间标准的学说很多,包括发出主义、发送主义、受领主义以及认知主义。兹分述如下。

1. 发出主义

所谓发出主义 (principio dell'emissione),是指倘若要约为受要约人所知悉并且表示同意,则自受要约人收到要约时起,合同即告成立。[2] 发出主义的特点在于,一旦受要约人知悉要约并且表示接受要约,则合同自受要约人收到要约的时间起成立,从而最大限度地维护了受要约人对于合同成立的预期,限制了要约人撤回要约的权利,不过从要约人的角度来讲,发出主义剥夺了要约人撤回要约的权利,对于要约人十分不利。[3]

2. 发送主义

所谓发送主义 (principio della spedizione),是指当受要约人向要约人发出承诺的意思表示那一刻,合同才告成立。与发出主义相比,发送主义在证明方面更为清晰,在发出主义中,作为法律事实的要约为受要约人所知悉并且表示同意较为抽象,要证明这一点十分困难;与之相异的是,受要约人向要约人发出承诺的意思表示通常较为容易证明,譬如邮寄的回执,电话录音等。不过,发送主义也存在一定问题,由于寄送主义认为受要约人发出承诺意思表示那一刻,合同便已经成立,这意味着受要约人事实上丧失了撤回承诺的权利,这十分不利于受要约人。[4]

---

[1]　Cfr. Francesco Caringella, *Manuale di diritto civile*, *II. Il contratto*, DIKE Giuridica Editrice, 2011, p. 638.

[2]　Ibid., p. 656.

[3]　Ibid.

[4]　Ibid.

3. 受领主义

所谓受领主义（principio della ricezione），是指当承诺到达要约人处时，合同即告成立。① 受领主义的特点在于，因承诺到达要约人处时合同才告成立，故而在这之前，要约人既可以撤回其要约，受要约人也可撤回其承诺。受领主义的问题在于，其使得"承诺到达要约人"在效力上独立于"要约人知晓承诺"，而单独享有导致合同成立的法律效力，这一点可能导致受领意思表示者责任被排除的逻辑结果，因此，受领主义仍然并非尽善尽美的理论。②

4. 认知主义

所谓认知主义（principio della cognizione），是指合同成立的时间点以要约人知晓承诺为准，换言之，要约人一旦知晓受要约人所发出的承诺（而非单纯受领承诺），则合同即告成立。③ 不过，这一理论受到了诸多批评，理由在于，将这一理论作为合同成立的标准实在过分有利于要约人。④

（二）《意大利民法典》第 1326 条与第 1335 条的立法选择

《意大利民法典》第 1326 条明文规定，合同自要约人知晓对方当事人承诺时成立，从条文本身的表述上来看，意大利合同法有关合同成立的标准采纳了认知主义。具体而言，在意大利合同法上，受要约人收到要约、受要约人发送承诺、要约人收到承诺这三大法律事实均非合同成立的判断基准时间，而唯有要约人知晓受要约人所发出的承诺时，合同才能成立。

当然，《意大利民法典》所奉行的认知主义，并非纯粹认知主义，而是在一定程度上经过修正的认知主义。《意大利民法典》第 1335 条规定："对特定当事人发出的要约、承诺、对要约或者承诺的撤回或者其他意思表示，倘若该特定当事人没有证据证明自己不知道该意思表示是无过错的，则自意思表示送达该特定当事人住所时，视为该特

---

① Cfr. Francesco Caringella, *Manuale di diritto civile*, *II. Il contratto*, DIKE Giuridica Editrice, 2011, p. 656.

② Ibid., p. 657.

③ Ibid.

④ Ibid.

定当事人知晓该意思表示"①，该条款表明：第一，从理论上来说，《意大利民法典》仍然坚持认知主义，承认合同成立的时间为要约人知晓受要约人所发出的承诺的时间；第二，《意大利民法典》并未机械地肯定要约人必须实际知晓承诺方可导致合同成立，而是认为，即使要约人实际上并不知晓承诺，但要约人无法证明自己不知道该承诺没有过错，则此时合同成立的时间便不再拘泥于要约人实际知晓承诺的时间，而是直接推定承诺到达要约人住所时，要约人便已经知晓承诺，最终导致合同成立。结合《意大利民法典》第1326条与第1335条的规定，可以得见，《意大利民法典》其实既采纳了认知主义，也部分接受了受领主义的内容，在《意大利民法典》第1335条关于知晓承诺的推定规则，实际上是受领主义的一种体现，② 因为尽管在形式上，《意大利民法典》第1335条仍然遵循了《意大利民法典》第1326条关于合同成立的时间标准，但在实质意义上，其却巧妙地将合同成立的时间由要约人知晓承诺置换为了要约人受领承诺之时，由此实现了由认知主义向受领主义的过渡。不过，须予以注意的是，将要约人受领承诺的时间确认为合同成立的时间，奠基于对要约人知晓承诺的推定之上，倘若要约人能够证明自己不知道承诺确系无过错，具体而言，如果要约人能够证明存在某种事实或者情况，破坏或者永久中断了自己作为受领人与通信地址之间的联系，并且这种事实或者情况既不可避免也不能克服，③ 那么要约人便能够推翻《意大利民法典》第1335条所设置的推定，从而阻止合同的成立。

（三）合同成立的非要式性

从《意大利民法典》1326条与第1335条的内容来看，意大利合同法对于促使合同成立的意思表示并无任何形式上的要求，换言之，任何能够实现沟通与信息交互的交往方式，如书面文件往来、电话、面对面对话、

---

① Cfr. Adolfo Di Majo, *Codice civile, con la costituzione, I trattati U.E., e le principali norme complementari, con la collaborazione di massimiliano pacifico*, Dott. A. Giuffrè Editore, 2014, p.382.

② Cfr. Francesco Caringella, *Manuale di diritto civile, II. Il contratto*, DIKE Giuridica Editrice, 2011, p.657.

③ Cassazione civile sez. II, 06 ottobre 2011, n.20482; Sandro Merz, *Formulario commentato dei Contratti*, CEDAM, 2014, p.21.

传真等，均可以采用，合同当事人也可以在合同磋商中自由约定意思表示的形式，法律对此不予干预。①

(四) 多方合同的成立问题

所谓多方合同，是指合同当事人超过两人的合同。有关多方合同的成立问题，《意大利民法典》并未做出规定，故而深值商榷。② 意大利私法教义学一般认为，多项承诺可以对应一项要约，一项承诺也可以对应多方当事人，不过，这种对应关系为了实现逻辑上的顺畅与周延，应当区分合同意思表示的发送（spedizone）与接受（ricezione），③ 具体而言，意思表示的发送应当具有唯一性，唯其如此，方可保证合同成立判断的确定性；与之相仿，意思表示的接受则可以为复数，有关合同成立的时间判断以意思表示受领的时间为准即可。④

(五) 意思表示的受领能力

前已述及，《意大利民法典》第1335条设置了一项法律上的推定，即在接受意思表示一方无法证明自己不知晓该意思表示系无过错时，推定该意思表示到达接受意思表示一方住所时，其便已经知晓该意思表示，接下来存在疑问的便是，对于接受意思表示一方而言，法律是否应当考虑其是否具有相应的意思表示受领能力，以及该意思表示受领能力究竟与行为能力之间是什么关系。

在意大利合同法上，行为能力瑕疵不会影响合同的成立。如果缔约中的一方当事人欠缺行为能力，则根据《意大利民法典》第1425条的规定，该合同可以被撤销；⑤ 不过，可撤销的合同的效力瑕疵可以被治愈，其如果在时效届满后没有被撤销或者获得了认可，则会被视为自始有效且无瑕疵的合同。⑥ 仔细分析可以发现，可撤销合同效力治愈的基

---

① Cfr. Francesco Caringella, *Manuale di diritto civile*, *II. Il contratto*, DIKE Giuridica Editrice, 2011, p. 658.

② Ibid.

③ Ibid.

④ Ibid.

⑤ Cfr. Adolfo Di Majo, *Codice civile, con la costituzione, I trattati U. E., e le principali norme complementari, con la collaborazione di massimiliano pacifico*, Dott. A. Giuffrè Editore, 2014, p. 390.

⑥ Cfr. Alberto Trabucchi, *Istituzioni di diritto civile*, CEDAM, 2013, p. 157.

本逻辑前提乃是，可撤销合同是一项已经成立的，蕴含当事人合意的合同，倘若不承认这一点，那么可撤销合同便不复存在，其效力瑕疵自然也无法得到治愈，因此，可撤销合同必须以合同成立为前提，而导致合同可撤销的行为能力瑕疵则只是合同具有可撤销性的原因，其不会影响合同成立。

尽管上述逻辑具有一定合理性，但问题在于，《意大利民法典》1335条所设置的法律推定，却在一定程度上可能将无行为能力的意思表示受领人置于较为不利的境地，由于无行为能力人在意思能力与理解能力方面较完全行为能力人而言相对较低，证明能力也未尽完善，故而一旦无行为能力的意思表示受领人无法证明自己不知道该意思表示是无过错的，则会被推定为知晓该意思表示，进而直接导致合同成立。有鉴于此，部分意大利学者认为，可以通过对《意大利民法典》第1190条的类推适用解决这一问题。《意大利民法典》第1190条规定："如果债务人不能证明其给付行为有利于无行为能力的债权人，那么债务人的给付行为并不能使其脱离债务关系的束缚"[1]，该条款表明，倘若债权人是无行为能力人，则债务人应当以有利于债权人的方式履行债务，从而使该无行为能力债权人得以较为方便地受领给付，否则，债务人即使实施了给付行为也不能免除其给付义务。[2] 依据《意大利民法典》第1190条的立法精神，倘若意思表示的受领人为无行为能力人，则意思表示发出者也应当以有利于受领人的方式发出意思表示，倘若意思表示发出者无法证明这一点，则应当认定其并未发出合格的意思表示，因此也不得适用《意大利民法典》第1335条有关意思表示受领人知晓意思表示的推定规则。不过，也有观点认为，倘若意思表示发出者不知道意思表示受领人处于无行为能力状态，则受领人无行为能力这一事实对于意思表示发出者而言便是无关紧要的，其不应受《意大利民法典》第1190条的制约。[3]

---

[1] Cfr. Giorgio Cian, Alberto Trabucchi, *Commentario breve al Codice Civile*, CEDAM, 2014, p. 1169.

[2] Ibid.

[3] Cfr. Francesco Caringella, *Manuale di diritto civile*, *II. Il contratto*, DIKE Giuridica Editrice, 2011, p. 658.

第二节　要约与承诺的撤回

一　撤回抑或撤销：术语使用上的斟酌

（一）德国民法：要约拘束力与要约的不可撤回性

在德国民法上，有撤回（Widerruf）与撤销（Anfechtung）之分。[1] 所谓撤回，是指在意思表示生效前，意思表示发出者所做出的将该意思表示予以收回，从而使该意思表示不产生效力的制度；[2] 所谓撤销，是指法律行为中存在欺诈、胁迫或者错误时，一方当事人得以主张法律行为自始无效的法律行为。[3] 撤回与撤销在德国民法上存在较大不同：第一，两者适用对象不同。撤回所适用的对象是需要受领的意思表示（empfangsbedürftige Willenserklärungen）。[4] 而撤销所适用的对象，既包括意思表示，也包括法律行为，且不以需要受领的意思表示为限。例如，根据《德国民法典》第123条的规定，受恶意欺诈或者不法胁迫而做出意思表示的人，可以撤销该意思表示；而《德国民法典》第142条又规定："可撤销法律行为被撤销的，必须被视为自始无效。"[5] 由此可见，一方面，《德国民法典》存在意思表示与法律行为两大术语的混用现象，譬如《德国民法典立法理由书》便将法律行为定义为"私人性质的意思表示"（Privatwillenserklärun-

---

[1] Vgl. Peter Bassenge/Gerd Brudermüller/Jürgen Ellenberger/Isabell Götz/Christian Grüneberg/Hartwig Sprau/Karsten Thorn/Walter Weidenkaff (bearbeitet), *Palandt Bürgerliches Gesetzbuch*, 74. Aufl., 2015, S. 119, 161；朱庆育：《民法总论》（第二版），北京大学出版社2016年版，第212—213页。

[2] Vgl. Hans-Joachim Musielak/Wolfgang Hau, *Grundkurs BGB*, 14. Aufl., 2015, S. 39.

[3] Vgl. Christoph Hirsch, *BGB Allgemeiner Teil*, 9. Aufl., 2016, S. 62；Peter Bassenge/Gerd Brudermüller/Jürgen Ellenberger/Isabell Götz/Christian Grüneberg/Hartwig Sprau/Karsten Thorn/Walter Weidenkaff (bearbeitet), *Palandt Bürgerliches Gesetzbuch*, 74. Aufl., 2015, S. 161.

[4] Vgl. Reinhard Bork, *Allgemeiner Teil des Bürgerlichen Gesetzbuchs*, 4. Aufl., 2016, S. 234, 253ff.

[5] Vgl. Reiner Schulze, *Bürgerliches Gesetzbuch Handkommentar*, 9. Aufl., 2016, S. 109, 146.

g);① 另一方面，严格来说，撤销的适用对象既是意思表示，在一定程度上也是法律行为。例如，尽管《德国民法典》第 142 条使用了"可撤销法律行为"（anfechtbares Rechtsgeschäft）之表述，② 不过部分学者在讨论法律行为的可撤销问题时，仍然主要从"可撤销意思表示"（Anfechtbare Willenserklärung）的角度展开，其缘由在于意思表示的撤销，往往也同时意味着法律行为的撤销。③ 第二，两者行使阶段不同。不需要受领的意思表示一旦做出既告成立，但需要受领的意思表示则只能在受领人受领该意思表示之后方可生效，因此存在从意思表示的做出到意思表示的到达之间的时间差，而撤回便是在该时间差内实施的一项制度。④ 而撤销则在意思表示或者法律行为生效后，于撤销期间内不迟延地做出即可。⑤ 第三，两者法律效果不同。撤回所作用的需要受领的意思表示，在撤回到达受领人时，要么尚未到达受领人，要么与撤回的意思表示同时到达受领人处，无论如何，该需要被受领的意思表示尚未发生效力，而撤回的法律效果便是，将该需要被受领的意思表示由尚未发生效力但未来可能发生效力的状态转变为确定的不发生效力（nicht wirksam）的状态。⑥ 撤销则与之不同。撤销所作用的意思表示或者法律行为，依据《德国民法典》第 142 条的反对解释，在撤销之前处于有效状态，而一旦意思表示或者法律行为被撤销，则视为自始无效（als von Anfang an nichtig anzusehen）。⑦ 第四，两者法律性质不同。撤销在德国民法上系属单方法律行为，⑧ 而撤回则只是一

---

① Vgl. *Motive zu dem Entwurfe eines Bürgerlichen Gesetzbuches für das Deutsche Reich*, Band Ⅰ, *Allgemeiner Teil*, 1888, S. 126.

② Vgl. Reiner Schulze, *Bürgerliches Gesetzbuch Handkommentar*, 9. Aufl., 2016, S. 146.

③ Vgl. Manfred Wolf/Jörg Neuner, *Allgemeiner Teil des Bürgerlichen Rechts*, 10. Aufl., 2012, S. 453ff.

④ Vgl. Werner Flume, *Allgemeiner Teil des Bürgerlichen Rechts*, Zweiter Band, Das Rechtsgeschäft, 4. Aufl., 1992, S. 223.

⑤ Vgl. Manfred Wolf/Jörg Neuner, *Allgemeiner Teil des Bürgerlichen Rechts*, 10. Aufl., 2012, S. 462; Vgl. Reiner Schulze, *Bürgerliches Gesetzbuch Handkommentar*, 9. Aufl., 2016, S. 108, 113.

⑥ Vgl. Reinhard Bork, *Allgemeiner Teil des Bürgerlichen Gesetzbuchs*, 4. Aufl., 2016, S. 253.

⑦ Vgl. Peter Bassenge/Gerd Brudermüller/Jürgen Ellenberger/Isabell Götz/Christian Grüneberg/Hartwig Sprau/Karsten Thorn/Walter Weidenkaff（bearbeitet）, *Palandt Bürgerliches Gesetzbuch*, 74. Aufl., 2015, S. 161.

⑧ Vgl. Christoph Hirsch, *BGB Allgemeiner Teil*, 9. Aufl., 2016, S. 62.

项单纯的需要受领的意思表示。①

德国民法不仅认为应当区分撤回与撤销，还认为要约对于要约人原则上应当具有拘束力（Bindung），具体而言，根据《德国民法典》第145条的规定，除非要约人自己已经排除了要约的拘束力，否则要约人一旦向他人发出意欲订立合同的要约，且要约到达受要约人并发生效力，则要约人即受该生效要约之约束，而不得撤回要约。② 要约拘束力制度的存在，也就意味着在德国民法上，要约可以在生效前被撤回，但却不可以在生效后被撤回，撤回制度无法作用于要约。

（二）国际公约、国际商事惯例与《欧洲示范民法典草案》：要约撤回与要约撤销的明确区分

与德国民法所持的要约在送达受要约人后原则上不可撤销的观点不同，国际公约、国际商事惯例与部分区域组织立法草案认为要约在送达受要约人后，仍然可以在受要约人做出承诺之前被撤销。在国际公约、国际商事惯例与部分区域组织立法草案中，存在对要约撤回与要约撤销较为明确的区分。例如，《联合国国际货物销售合同公约》（CISG）第15条第2款规定："如果撤回通知先于要约送达受要约人或同时送达受要约人，则即使是一项不可撤销的要约，也是可以被撤回的"③，第16条第1款规定："在订立合同之前，如果撤销通知于受要约人发出承诺通知之前送达受要约人，便可撤销要约"④；在这两项条文中，存在要约撤回（withdraw）与要约撤销（revoke）的区分，前者针对未送达要约而设，而

---

① Vgl. Reinhard Bork, *Allgemeiner Teil des Bürgerlichen Gesetzbuchs*, 4. Aufl., 2016, S. 253.

② Vgl. Peter Bassenge/Gerd Brudermüller/Jürgen Ellenberger/Isabell Götz/Christian Grüneberg/Hartwig Sprau/Karsten Thorn/Walter Weidenkaff (bearbeitet), *Palandt Bürgerliches Gesetzbuch*, 74. Aufl., 2015, S. 167.

③ 高旭军：《〈联合国国际货物销售合同公约〉适用评释》，中国人民大学出版社2017年版，第93页。该条款的旧式翻译为"一项发价，即使是不可撤销的，得予撤销，如果撤回通知于发价送达被发价人之前或同时，送达被发价人"，参见张玉卿编著《国际货物买卖统一法——联合国国际货物销售合同公约释义》（第三版），中国商务出版社2009年版，第121页。

④ 高旭军：《〈联合国国际货物销售合同公约〉适用评释》，中国人民大学出版社2017年版，第97页。该条款的旧式翻译为"在未订立合同之前，发价得予撤销，如果撤销通知于被发价人发出接受通知之前送达被发价人"，参见张玉卿编著《国际货物买卖统一法——联合国国际货物销售合同公约释义》（第三版），中国商务出版社2009年版，第124页。

后者则作用于已经送达受要约人，但受要约人尚未承诺的要约。① 又如，《国际商事合同通则》（PICC）第2.1.3条第2款规定："一项要约即使不可撤销，仍可撤回，但撤回通知要在要约到达受要约人之前，或与要约同时到达受要约人"，第2.1.4条第1款规定："在合同订立之前，要约得予撤销，如果撤销通知在受要约人发出承诺之前到达受要约人"，这两大条款中也区分了对要约的撤回（withdraw）与撤销（revote），前者适用于没有送达至受要约人处的未生效要约，而后者则适用于已经送达受要约人处的生效要约。② 而在《欧洲示范民法典草案》中，尽管并未直接规定要约撤回条款，而只规定了要约撤销条款，但在该草案所附加的评论中，编纂者认为，应当区分撤回与撤销，具体而言，"在要约到达受约人之前可以被撤回，从而不发生效力。受约人不能对撤回的要约承诺。然而，要约可以在受约人接受发出前被撤销；被撤销的要约已经生效了，而且可能被接受，但如果接受未发出而且合同没有通过受约人的履行行为或其他任何行为订立，则当要约的撤销通知到达受约人时要约即被撤销"③，由此可见，《欧洲示范民法典草案》持与《联合国国际货物销售合同公约》以及《国际商事合同通则》一致的见解。

须予以提示的是，我国《合同法》也区分要约的撤回与要约的撤销。我国《合同法》第17条规定："要约可以撤回。撤回要约的通知应当在要约到达受要约人之前或者与要约同时到达受要约人"；同时，我国《合同法》第18条又规定："要约可以撤销。撤销要约的通知应当在受要约人发出承诺通知之前到达受要约人"，从条文表述上来看，我国《合同法》与《联合国国际货物销售合同公约》以及《国际商事合同通则》之规定并无二致，其缘故在于，我国《合同法》上要约撤回与要约撤销的区分，来源于立法者对《联合国国际货物销售合同公约》和《国际商事

---

① 高旭军：《〈联合国国际货物销售合同公约〉适用评释》，中国人民大学出版社2017年版，第93、97页。

② 张玉卿主编/审校：《国际统一私法协会国际商事合同通则2010》，中国商务出版社2012年版，第124—129页。

③ 欧洲民法典研究组、欧盟现行私法研究组编著：《欧洲私法的原则、定义与示范规则：欧洲示范民法典草案》（第一卷一般规定·第二卷合同及其他法律行为·第三卷债务及相应的债权），高圣平、付俊伟、梅夏英、陈永强、张初霞、张露萍、申海恩译，法律出版社2014年版，第278页。

合同通则》立法例的镜鉴。①

（三）普通法：要约撤回与要约撤销的混同

与前述两者相比，普通法具有自身特色。在普通法中，撤回与撤销并未得到严格区分，普通法通常认为，要约可以在其被接受前的任何时刻被撤回（be withdrawn），②在普通法中，要约不像德国民法所规定的那样具有拘束力。一言以蔽之，由于普通法中的要约并无独立的拘束力，因此，无论是要约到达受要约人之前还是要约到达受要约人之后，只要受要约人并未做出承诺，则要约人均可撤回其要约。由此可见，在普通法的语境中，以德国民法为参照，则要约是可以被撤销的，同时，以《联合国国际货物销售合同公约》《国际商事合同通则》以及《欧洲示范民法典草案》为参照，则会发现，普通法中的要约撤回实际上既包含严格意义上的要约撤销，也包含要约撤销，换言之，普通法上的撤回（withdraw）含义更为宽泛。不过必须指出的是，部分学者在论述要约撤销时，也可能使用"撤回"（withdraw）这一术语，③同时，也有学者会直接使用撤销（revoke）这一术语来描述要约的撤回，④例如，著名合同法学者Treitel与Peel便使用"受要约人未承诺前而被撤销的要约"（promise revoked before acted upon by promisee）来指称要约之撤回。⑤这表明，在普通法中，撤回（withdraw）与撤销（revoke）并未被严格区分，两大术语存在混用现象。

（四）意大利私法：基于比较法与术语意涵的思考

与前述各种立法例相比，意大利私法也具有自身特色。意大利私法并未如德国民法一般主张要约的拘束力，《意大利民法典》第1328条规定："在合同成立之前，要约可以被撤回"，这意味着在意大利私法看来，即使要约已经送达受要约人，只要受要约人并未因做出承诺且为要约人所知晓，导致合同成立，则要约均可撤回。从术语使用上来看，意大利语中对应撤回的术语是"revoca"，要约撤回的意大利语表述为"revoca della pro-

---

① 胡康生主编：《中华人民共和国合同法释义》（第3版），法律出版社2013年版，第50页。

② See Edwin Peel, *The Law of Contract*, Sweet & Maxwell, 2011, p. 42.

③ See P. S. Atiyan, Stephen A. Smith, *Atiyan's Introduction to the Law of Contract*, Oxford: Clarendon Press, 2005, p. 49.

④ See Neil Andrews, *Contract Law*, Cambridge University Press, 2011, p. 63.

⑤ See Edwin Peel, *The Law of Contract*, Sweet & Maxwell, 2011, p. 150.

posta"①，从语词比较角度来看，倘若将英语中的"revote"或者"revocation"翻译为撤销的话，似乎此处的意大利语"revoca"也应当翻译为撤销。不过，在笔者看来，由于意大利私法并未承认要约具有独立的拘束力，要约送达受要约人后原则上没有不可被撤销的效力，因此，对于意大利私法而言，也就没有必要区分要约的撤回与撤销，在要约的范畴内，统一使用"撤回"表述即可。② 至于意大利私法中真正涉及撤销的术语，应为"annullabilità"（可撤销性）、"chiedere l'annulamento"（请求撤销）或者"è annullabile"（被撤销），这些术语主要用于合同中存在错误、欺诈胁迫时，合同所具有的可撤销状态，其意涵基本等同于德国民法中的撤销。③

二 要约的撤回

根据《意大利民法典》第 1328 条第 1 款的规定，要约可以被撤回。④ 所谓要约撤回，是指在合同成立之前，要约人将自己嗣前发出的要约予以撤回，从而消灭要约拘束力的行为。⑤ 在意大利私法上，要约撤回本质上应属一项在内容上与要约相反的行为，其旨趣在于以消灭要约拘束力之新效力替代原有要约的效力，从而令要约人摆脱要约的法律束缚。⑥

在意大利私法理论中，要约撤回究竟是一项先合同行为，还是一项法律行为，这一问题存在理论争议。⑦ 部分学者认为，要约撤回是一项先合同行为（atto prenegoziale），其不适用法律行为规则中的行为能力缺陷条款或者合意瑕疵条款；而主流意见则认为，要约撤回是一项法律行为

---

① Cfr. Adolfo Di Majo, *Codice civile, con la costituzione, I trattati U. E., e le principali norme complementari, con la collaborazione di massimiliano pacifico*, Dott. A. Giuffrè Editore, 2014, p. 381.

② 在费安玲等学者所翻译的最为权威的《意大利民法典》中译本中，"revoca"便被翻译为"撤回"。参见费安玲等译《意大利民法典》，中国政法大学出版社 2004 年版，第 323 页。

③ Cfr. Adolfo Di Majo, *Codice civile, con la costituzione, I trattati U. E., e le principali norme complementari, con la collaborazione di massimiliano pacifico*, Dott. A. Giuffrè Editore, 2014, pp. 390-391.

④ Cfr. Francesco Caringella, *Manuale di diritto civile, II. Il contratto*, DIKE Giuridica Editrice, 2011, p. 650.

⑤ Cfr. Guido Alpa, Il contratto in generale, Giuffrè Editore, 2014, p. 32.

⑥ Cfr. Francesco Caringella, *Manuale di diritto civile, II. Il contratto*, DIKE Giuridica Editrice, 2011, p. 650.

⑦ Ibid., p. 651.

(negozio giuridico)，其要旨在于排除合同成立的法律效果。[1]

三 承诺的撤回

与要约相同，根据《意大利民法典》第 1328 条第 2 款的规定，承诺也可以被撤回，一旦承诺人有效地实施了一项承诺撤回行为，则不发生承诺的法律效力，合同也就无从成立，要约人与承诺人（受要约人）之间的关系将恢复至承诺人发出承诺之前的状态。[2]

四 不可撤回的要约

须予以注意的是，要约人并非可以任意撤回其要约，基于私法自治中自己责任理念以及相对人信赖保护等方面的考虑，要约在下列情形中不得撤回。

（一）合同成立之后的要约

根据《意大利民法典》第 1328 条的规定，要约人只能在合同成立之前撤回要约，申言之，根据《意大利民法典》第 1326 条的规定，一旦受要约人知晓该要约，合同即告成立，要约人则丧失撤回要约的权利。[3] 合同成立之后，要约人与承诺人之间即形成合同法律关系，此时倘若赋予要约人撤回要约的权利，无异于使要约人享有可以任意解除合同的权利，而根据《意大利民法典》第 1453—1469 条有关合同解除的一般条款的规定，私法主体并不享有对于合同的任意解除权，[4] 故而在法典体系与逻辑展开层面上，要约人也不能在合同成立之后享有撤回要约的权利。此外，合同成立之后，合同双方均受自己在要约或者承诺中所表达出的意思的约束，从维护合同安定性与交易安全的角度来讲，要约人也不得在合同成立之后撤回要约。

（二）附有要约期间的要约

《意大利民法典》第 1329 条第 1 款规定："如果要约受一个既定期间

---

[1] Cfr. Francesco Caringella, *Manuale di diritto civile*, *II. Il contratto*, DIKE Giuridica Editrice, 2011, p. 651.

[2] Ibid., p. 654.

[3] Cfr. Guido Alpa, *Il contratto in generale*, Giuffrè Editore, 2014, p. 33.

[4] 费安玲等译：《意大利民法典》，中国政法大学出版社 2004 年版，第 347—350 页。

的约束，那么要约人撤回要约的行为没有法律效力"①，该条款表明，倘若存在要约期间，则要约人无权撤回要约，即使在要约期间内要约人已经死亡或者突然丧失了行为能力，一旦受要约人在要约期间内做出承诺的意思表示，合同仍然于要约人知晓该承诺时成立。不过，倘若依据事务性质，要约人可以撤回要约的，则其仍然可以撤回要约。② 例如，受要约人是一名著名画家，要约人对该受要约人发出了一项请求其画一幅画像的要约，并且为该要约附加了要约期间，如果受要约人在要约期间内死亡，由于该要约在性质上具有人身指向性，换言之，只有作为画家的受要约人方可履行，故而尽管要约负有要约期间，则要约人仍旧可因事务性质的缘故而撤回要约。此外，在法律另有规定的情况中，要约人也能撤回附有要约期间的要约。例如，根据《意大利民法典》第1329条第2款以及第1330条的规定，企业主在经营企业期间发出了附要约期间的要约，在合同成立之前企业主死亡或者丧失行为能力的，要约效力不受影响，不过，倘若该企业主系小企业主（piccoli imprenditori），即自耕农、手工业者、小商人以及其他主要由自己或者家庭成员提供劳动的有组织地展开职业活动的人，则该企业主仍然可以撤回要约。③

(三) 合同一方当事人享有选择权的约定

根据《意大利民法典》第1331条的规定，假如合同各方当事人就"一方应受其意思表示约束，而另一方则享有接受或者不接受对方意思表示的选择权（opzione）"这一点达成合意，则前者做出的意思表示即被视为《意大利民法典》第1329条所规定之不可撤回的要约，换言之，在合同当事人之间，如果只有一方当事人单方享有接受或者不接受另一方当事人意思表示的选择权，而另一方当事人则无此权利，相反，其一旦做出意思表示，即受自己所做出的意思表示之约束，此时的意思表示无论是否是要约，都将被拟制为不可撤回的要约。④

合同一方当事人享有选择权的约定，简称选择权约定（patto di opzi-

---

① Cfr. Adolfo Di Majo, *Codice civile, con la costituzione, I trattati U. E., e le principali norme complementari, con la collaborazione di massimiliano pacifico*, Dott. A. Giuffrè Editore, 2014, p. 381.

② Cfr. Giorgio Cian, Alberto Trabucchi, *Commentario breve al Codice Civile*, CEDAM, 2014, p. 1447.

③ Ibid., pp. 1447-1448, 2755.

④ Ibid., p. 1449.

one），是指合同当事人之间就一方对于他方意思表示享有接受或者拒绝接受的权利达成合意的协议，① 法律性质上系属双方法律行为。② 在存在选择权约定的情形中，大致存在两种具体类型：第一，要约人与受要约人就要约人享有接受或者拒绝受要约人承诺的选择权，而受要约人应当受自己意思表示约束达成合意，嗣后，要约人对受要约人发出要约，而受要约人也对要约人发出了承诺；不过，由于选择权约定，因此，根据《意大利民法典》第1331条的规定，尽管受要约人对要约人所做出的意思表示实际上是一种承诺，但却会被拟制为不可撤回的要约。第二，要约人与受要约人就受要约人享有接受或者拒绝接受要约的选择权，而要约人应当受自己意思表示约束达成合意，嗣后，要约人对受要约人发出要约。此时，根据《意大利民法典》第1331条的规定，要约人所发出的要约应当被认定为不可撤回的要约。

仅就法律性质而言，选择权约定与不可撤回的要约完全不同，前者是一项完整的法律行为，而后者只是一项单纯的意思表示，不过，《意大利民法典》第1331条的规定却使选择权约定能够产生与不可撤回要约相同的法律效力。之所以会做出如此规定，主要缘于以下两大理由：其一，在要约人与受要约人就要约人享有接受或者拒绝受要约人承诺的选择权，而受要约人应当受自己意思表示约束达成合意的情形，原本依照《意大利民法典》第1326条的规定，一旦受要约人发出的承诺为要约人所知晓，合同便告成立，要约人根本没有拒绝要约的权利，不过，由于存在选择权约定，因此要约人仍然能够在知晓承诺的情况下，依据自主意志决定是否接受该承诺，这使得此时的要约人，虽然形式上仍然是要约人，但实质上却与受要约人的法律地位无异，故而，受要约人所做出的承诺应当被视为要约，又因受要约人在选择权约定中声明应受自己所做出的意思表示之约束，故而其所做出的承诺应当被视为不可撤回的要约。其二，在要约人与受要约人就受要约人享有接受或者拒绝接受要约的选择权，而要约人应当受自己意思表示约束达成合意的情形，由于要约人已经声明自己应受自身

---

① Cfr. Sandro Merz, *Formulario commentato dei Contratti*, CEDAM, 2014, p. 17.
② Cfr. Giorgio Cian, Alberto Trabucchi, *Commentario breve al Codice Civile*, CEDAM, 2014, p. 1449; Francesco Caringella, Luca Buffoni, Francesca Della Valle, *Codice Civile e delle leggi civili speciali, annotato con la giurisprudenza*, Dike Giuridica Editrice, 2014, p. 899.

意思表示之约束，故而应认为要约人已经放弃了撤回要约的权利，因此，要约人此时所做出的要约，应当被视为不可撤回的要约。

不过，由于选择权约定有关不可撤回要约的效力源于法律拟制，因此，可能会在合同成立方面出现条款缺失的问题，例如，在要约人与受要约人就要约人享有接受或者拒绝受要约人承诺的选择权，而受要约人应当受自己意思表示约束达成合意的情形，尽管受要约人所做出的承诺会被拟制为等同于《意大利民法典》第1329条所规定的附有要约期间的不可撤回的要约，但由于受要约人实际上所做出的并非要约，故而在受要约人的意思中，难以探寻到要约期间的内容。有鉴于此，《意大利民法典》第1331条第2款规定："对于承诺没有设定期限的，由法官设定之"，该条款的设置弥补了《意大利民法典》第1331条第1款法律拟制的不足。

(四) 为订立要约人单方义务合同而发出的要约

根据《意大利民法典》第1333条第1款的规定，为订立要约人单方义务合同而发出的要约，则一旦该要约为受要约人所知晓，该要约即为不可撤回的要约。[1] 所谓要约人单方义务合同，是指仅要约人一方负有义务，而不会遭受财产方面减损的合同，最为典型的要约人单方义务合同是赠与合同 (donazione)。[2] 前述已经提及，《德国民法典》第145条确立了要约拘束力原则，一般而言，一旦要约送达受要约人，要约便不可撤回；而与之相反，《意大利民法典》第1328条则否弃了要约拘束力原则，而认为只要合同未成立，要约均可被撤回。不过，以德国法为参照，《意大利民法典》第1333条第1款的内容亦可解释为，倘若要约系为订立要约人单方义务合同而发出，则要约一旦送达受要约人而为受要约人所知晓，要约人即受该要约之拘束，而不可撤回。由此可见，意大利私法也在此例外情况下承认要约一经送达，即具有形式拘束力与不可撤回性。

五 不可撤回的承诺

与要约相同，根据《意大利民法典》第1328条第2款的规定，承诺只能在合同未成立之前被撤回，具体而言，承诺撤回的通知必须在承诺送

---

[1] Cfr. Giorgio Cian, Alberto Trabucchi, *Commentario breve al Codice Civile*, CEDAM, 2014, p. 1451.

[2] Ibid., p. 1452.

达要约人，即要约人知晓该承诺之前送到要约人，否则，承诺撤回的通知将无法实现撤回承诺之目的，而承诺则发生不可撤回的效力，转变为不可撤回的承诺。[1]

六 对撤回通知的撤回

在意大利合同法上，也存在对撤回通知的撤回（revoca della revoca）问题，[2] 兹分在要约与承诺两大范畴内讨论该问题。

以《意大利民法典》第1326条、第1328条所确定的有关合意成立的标准以及要约撤回的一般规则为参照，一般应认为，对要约撤回的撤回，应当在受要约人知晓要约撤回通知之前为之，[3] 理由在于，一旦要约撤回为受要约人所知晓，则要约即刻被撤回，失去其效力，此时，即使对要约撤回的撤回通知到达受要约人，由于要约已经失去效力，要约撤回通知也附随性地因目的已达而归于无意义，从逻辑上来讲，对要约撤回的撤回通知理应因目的落空，没有适用对象而不发生法律效力，故而倘若要约撤回通知已经送达受要约人，则应当排除对要约撤回的撤回之可能性。[4] 不过，并非所有要约撤回通知均可撤回，要约撤回通知能否被撤回取决于要约撤回通知所采取的形式。[5] 例如，甲采用邮寄书面文件的方式向乙发出要约，而后又用电话告知的方式撤回其要约，对于这种要约撤回通知而言，由于乙已经即使获知了甲的要约撤回意思，依其性质，该要约撤回通知也就不存在被撤回的可能性了。至于对承诺撤回通知的撤回而言，由于承诺撤回通知需要送达要约人处，从而阻却合同的成立，故而只要将对承诺撤回通知的撤回先于承诺撤回通知到达要约人处，便可令承诺撤回通知失去效力，从而促成合同的成立。

当然，根据《意大利民法典》第1322条的规定，意大利合同法奉行合同自治原则（autonomia contrattuale），承认合同当事人享有自由确定合同内容，以实现法律保护的利益为目的订立各种无名合同的自由，这意味

---

[1] Cfr. Francesco Caringella, *Manuale di diritto civile*, *II. Il contratto*, DIKE Giuridica Editrice, 2011, p. 654.

[2] Ibid., p. 655.

[3] Ibid.

[4] Ibid.

[5] Ibid.

着，在法律框架下，只要不构成对合同权利的滥用，合同当事人对于合同的订立享有最大限度的自由。[1] 因此，依据合同自治原则，即使对要约或者承诺撤回通知的撤回后于要约撤回通知或者承诺撤回通知到达要约人或者受要约人，但倘若双方当事人依据自由意志而承认对要约或者承诺撤回通知的撤回效力，则该撤回仍旧可以发生撤回要约撤回通知或者承诺撤回通知的法律效力。

---

[1] Cfr. Mario Bessone, *Istituzioni di diritto privato*, G. Giappichelli Editore – Torino, 2013, pp. 513-517.

参考文献

一 中文类参考文献

(一) 著作类

[意] 彼得罗·彭梵得：《罗马法教科书》，黄风译，中国政法大学出版社2005年版。

[德] 伯恩哈德·格罗斯菲尔德：《比较法的力量与弱点》，孙世彦、姚建宗译，中国政法大学出版社2012年版。

[加] 查尔斯·泰勒：《世俗时代》，张容南、盛韵、刘擎、张双利、王新生、徐志跃、崇明译，上海三联书店2016年版。

费安玲等译：《意大利民法典》，中国政法大学出版社2004年版。

[古罗马] 盖尤斯：《法学阶梯》，黄风译，中国政法大学出版社1996年版。

高旭军：《〈联合国国际货物销售合同公约〉适用评释》，中国人民大学出版社2017年版。

[德] 格尔德·克莱因海尔、扬·施罗德主编：《九百年来德意志及欧洲法学家》，许兰译，法律出版社2005年版。

韩世远：《合同法总论》（第四版），法律出版社2018年版。

胡康生主编：《中华人民共和国合同法释义》（第三版），法律出版社2013年版。

黄风编著：《罗马法词典》，法律出版社2002年版。

[德] 卡尔·拉伦茨：《德国民法通论》（下册），王晓晔、邵建东、程建英、徐国建、谢怀栻译，法律出版社2003年版。

李浩培、吴传颐、孙鸣岗译：《拿破仑法典（法国民法典）》，商务印书馆 1979 年版。

李永军：《合同法》（第三版），法律出版社 2010 年版。

罗洁珍译：《法国民法典》（下册），法国出版社 2005 年版。

［英］梅特兰：《普通法的诉讼形式》，王云霞、马海峰、彭蕾译，商务印书馆 2010 年版。

欧盟现行私法研究组编著：《欧洲私法的原则、定义与示范规则：欧洲示范民法典草案》（第一卷一般规定·第二卷合同及其他法律行为·第三卷债务及相应的债权），高圣平、付俊伟、梅夏英、陈永强、张初霞、张露萍、申海恩译，法律出版社 2014 年版。

皮纯协、何士英编著：《经济合同法浅说》，山西人民出版社 1982 年版。

［意］桑德罗·斯奇巴尼选编：《民法大全选译·法律行为》，徐国栋译，中国政法大学出版社 1998 年版。

［美］施特劳斯：《古典政治理性主义的重生——施特劳斯思想入门》，郭振华等译，华夏出版社 2017 年版。

孙宪忠：《中国物权法总论》，法律出版社 2014 年版。

王玉梅：《合同法》，中国政法大学出版社 2008 年版。

吴志忠：《买卖合同法研究》，武汉大学出版社 2007 年版。

徐国栋：《优士丁尼〈法学阶梯〉评注》，北京大学出版社 2011 年版。

许章润：《汉语法学论纲》，广西师范大学出版社 2014 年版。

［法］雅克·盖斯旦、吉勒·古博、缪黑埃·法布赫－马南：《法国民法总论》，陈鹏、张丽娟、石佳友、杨燕妮、谢汉琪译，法律出版社 2004 年版。

於兴中：《法理学前沿》，中国民主法制出版社 2014 年版。

张玉卿编著：《国际货物买卖统一法——联合国国际货物销售合同公约释义》（第三版），中国商务出版社 2009 年版。

朱广新：《合同法总则》（第二版），中国人民大学出版社 2012 年版。

朱庆育：《民法总论》（第二版），北京大学出版社 2016 年版。

（二）论文类

费安玲：《1942 年〈意大利民法典〉之探研》，中国私法网：http：//

www.privatelaw.com.cn/Web_P/N_Show/? PID=2757,2004 年 6 月 14 日。

冉克平:《论私法上的合意及其判定》,《现代法学》2014 年第 5 期。

王晨光:《法律移植与转型中国的法制发展》,《比较法研究》2012 年第 3 期。

徐国栋:《〈法国民法典〉模式的传播与变形小史》,《法学家》2004 年第 2 期。

叶金强:《私法效果的弹性化机制——以不合意、错误与合同解释为例》,《法学研究》2006 年第 1 期。

郑立:《论合意(协议)是合同理论的基石》,《法学家》1993 年第 4 期。

二 意大利文类文献

(一) 著作类

Adolfo Di Majo, *Codice civile, con la costituzione, I trattati U.E., e le principali norme complementari, con la collaborazione di massimiliano pacifico*, Dott.A.Giuffrè Editore, 2014.

Alberto Trabucchi, *Istituzioni di diritto civile*, CEDAM, 2013.

Aldo Petrucci, *Nozioni elementari di diritto romano*, Edizioni Il Campano, Arnus University Books, 2014.

Aldo Pettrucci, *Corso di diritto pubblico romano*, G.Giappichelli Editore-Torino, 2012.

Alessio Zaccaria, *Obligatio est iuris vinculum: Lieamenti di diritto delle obbligazioni*, G.Giappichelli Editore-Torino, 2015.

Andrea D'Angelo, *Lezioni di diritto civile: Introduzione al diritto generale delle obbiligazioni*, G.Giappichelli Editore-Torino, 2014.

Andrea Lovato, Salvatore Puliatti, Laura Solidoro Maruotti, *Diritto privato romano*, G.Giappichelli Editore-Torino, 2014.

Andrea Torrente, Piero Schlesinger, *Manuale di diritto privato*, Giuffrè Editore, 2013.

Antonino Cataudella, *I contratti: parte generale*, Quarta edizione, G.Giappichelli Editore-Torino, 2014.

Antonio Guarino, *Diritto privato romano*, Editore Jovene Napoli, 2001.

C. Massimo Bianca, *Istituzioni di diritto privato*, Dott. A. Giuffrè Editore, 2014.

Carlo Manenti, *Sulla serietà della dichiarazione di volontà nei negozi giuridici*, Tip. A. Garagnani e figli, 1896.

Cesare Cantù, *Manuale di storia italiana*, Ulrico Hoepli, Editore Libraio, Milano, Napoli, Pisa, 1879.

Emidio Pacifici - Mazzoni, *Istituzioni diritto civile italiano*, Firenze: Eugenio e Flippo Cammelli, 1874.

Federico Carlo di Savigny, *Sistema del diritto romano attuale*, Volume Terzo, traduzione dall'originale Tedesco di Vittorio Scialoja, Torino: Unione Tipografico-Editrice, 1891.

Federigo Carlo di Savigny, *Il diritto del possesso*, tradotto dal Tedesco in Iltaliano dall'avv. Pietro Conticini, Napoli: Dalla Stamperia di Francesco Masi, 1840.

Felice Voltolina, *Commento al codice civile del regno d'Italia 25 giugno 1865*, Tipografia Municipale di Gaetano Longo, 1873.

Francesco Caringella, Luca Buffoni, Francesca Della Valle, *Codice Civile e delle leggi civili speciali, annotato con la giurisprudenza*, Dike Giuridica Editrice, 2014.

Francesco Caringella, *Manuale di diritto civile*, II. Il contratto, DIKE Giuridica Editrice, 2011.

Francesco Ferrara, *Corso di diritto civile: negozi giuridici ed atti illeciti*, Ufficio dispense del Gruppo Universitario Fascista, 1934.

Francesco Ferrara, *Della simulazione dei negozi giuridici*, Società editrice libraria, 1905.

Francesco Galgano, *Corso di diritto civile: il contratto*, Seconda edizione, CEDAM, 2011.

Francesco Galgano, *Il negozio giuridico*, Dott. A. Giuffrè Editore, 2002.

Francesco Galgano, *Le obbligazioni in generale*, CEDAM, 2011.

Francesco Gazzoni, Manuale di diritto private, Edizioni Scientifiche Italiane, 2019.

G. F. Puchta, *Corso delle istituzioni presso il popolo romano*, Vol. III, Milano: Stabilimento Civelli Giuseppe, 1858.

Giorgio Cian, Alberto Trabucchi, *Commentario breve al Codice Civile*, CEDAM, 2014.

Giovanni Battista Funaioli, *La coazione del volere nella forma dei negozi giuridici*, Circolo giuridico della R.Univ., 1925.

Giovanni Pugliese, Francesco Sitzia, Letizia Vacca, *Istituzioni di diritto romano*, G.Giappichelli Editore-Torino, 2012.

Giulio Perrotta, *Manuale di diritto privato*, Pe Primiceri Editore, 2016.

Giuseppe Pugliese, *La prescrizione nel diritto civile italiano*, parte seconda, trattato della prescrizione estintiva, Torino: Unione Tipografico-Editrice, 1802.

Giuseppe Satta, *La conversione dei negozi giuridici*, Società editrice libraria, 1903.

Guido Alpa, *Il contratto in generale*, Giuffrè Editore, 2014.

Luigi Cariota Ferrara, *Il negozio giuridico nel diritto privato italiano*, Edizioni Scientifiche Italiane, 2011.

Maria Ludovica De Dominicis, *Obbligazioni e Contratti*, Primiceri Editore, 2017.

Mario Bessone, *Istituzioni di diritto privato*, G. Giappichelli Editore - Torino, 2013.

Massimiliano Di Pirro, *Manuale di istituzioni di diritto privato (diritto civile)*, SIMONE, 2017.

Massio Brutti, *Il diritto privato nell'antica roma*, G.Giappichelli Editore-Torino, 2011.

Pietro Trimarchi, *Istituzioni di diritto privato*, Giuffrè Editore, 2014.

Riccardo Guastini, *Interpretare e argomentare*, Giuffrè Editore, 2014.

Roberto Calvo, Alessandro Ciatti Càimi, *Diritto privato*, Zanichelli Editore, 2017.

Sandro Merz, *Formulario commentato dei Contratti*, CEDAM, 2014.

Stefania Cervelli, *I diritti reali*, Giuffrè Editore, 2014.

Stefania Cervelli, *I diritti reali*, Terza edizione, Giuffrè Editore, 2014.

Tommaso Claps, *I presupposti della dichiarazione di volontà nei negozi giuri-*

dici, Tip.dello stabilimento S.Lapi, 1897.

Vincenzo Roppo, *Diritto privato*, G.Giappichelli Editore, 2018.

Vittorio Scialoja, *Responsabilità e volontà nei negozi giuridici*, Stabilimento tipografico italiano, 1887.

(二) 法典类

Codice di Napoleone il grande pel Regno D'italia, Firenze: Presso Molini, Landi, e Comp., 1806.

Codice civile del regno d'italia, Torino: Tipografia eredi botta, Firenze: Tipografia reale, 1865.

三 德文类文献

(一) 著作类

Anton Friedrich Justus Thibaut, *System des Pandekten Rechts*, Erster Band, 1846.

Anton Friedrich Justus Thibaut, *System des Pandekten-Rechts*, Zweiter Band, 1826.

Anton Friedrich Justus Thibaut, *Theorie der logischen Auslegung des römischen Rechts*, 1799.

Anton Friedrich Justus Thibaut, *Ueber die Nothwendigkeit eines allgemeinen bürgerlichen Rechts für Deutschland*, 1840.

Bernd Rüthers/Astrid Stadler, *Allgemeiner Teil des BGB*, 18.Aufl., 2014, S.113ff; *Reinhard Bork*, Allgemeiner Teil des Bürgerlichen Gesetzbuchs, 4.Aufl., 2016.

Bettina Scholze, *Otto Stobbe (1831–1887): Ein Leben für die Rechtsgermanistik*, 2002.

Carl Friedrich Eichhorn, *Einleitung in das deutsche Privatrecht: Mit Einschluß des Lehenrechts*, Dritte Verbesserte Ausgabe, 1829.

Christian Bumke, *Rechtsdogmatik: Eine Disziplin und ihre Arbeitsweise. Zugleich eine Studie über das rechtsdogmatische Arbeiten Friedrich Carl von Savignys*, 2017.

Christoph Hirsch, *BGB Allgemeiner Teil*, 9.Aufl., 2016.

Detlef Leenen, *BGB Allgemeiner Teil: Rechtsgeschäftslehre*, 2.

Aufl, 2015.

Detlef Liebs, *Lateinische Rechtsregeln und Rechtssprichwöter*, 7. Aufl., 2007.

Friedrich Carl von Savigny, *Geschichte des römischen Rechts im Mitteralter, Dritter Band*, 1822.

Friedrich Carl von Savigny, *Geschichte des römischen Rechts im Mitteralter, Erster Band*, 1834.

Friedrich Carl von Savigny, *Geschichte des römischen Rechts im Mitteralter, Füfter Band*, 1850.

Friedrich Carl von Savigny, *Geschichte des römischen Rechts im Mitteralter, Sechster Band*, 1831.

Friedrich Carl von Savigny, *Geschichte des römischen Rechts im Mitteralter, Siebenter Band*, 1851.

Friedrich Carl von Savigny, *Geschichte des römischen Rechts im Mitteralter, Vierter Band*, 1826.

Friedrich Carl von Savigny, *Geschichte des römischen Rechts im Mitteralter, Zweiter Band*, 1834.

Friedrich Carl von Savigny, *Vorlesungen über juristische Methodologie 1802-1842, Herausgegeben und eingeleitet von Aldo Mazzacane*, Neue, Erweiterte Ausgabe, 2004.

Georg Beseler, *Volksrecht und Juristenrecht*, 1843.

Hans Brox/Wolf‑Dietrich Walker, *Allgemeiner Teil des BGB*, 38. Aufl., 2014.

Hans Brox/Wolf‑Dietrich Walker, *Allgemeiners Schuldrecht*, 38. Aufl., 2014.

Hans Hattenhauer, *Europäiche Rechtsgeschichte*, 4. Aufl., 2004.

Hans‑Joachim Musielak/Wolfgang Hau, *Grundkurs BGB*, 14. Aufl., 2015.

Hein Kötz, *Europäisches Vertragsrecht*, 2. Aul., 2015.

Hein Kötz, *Vertragsrecht*, 2. Aufl., 2012.

Heinrich von Dernburg, *Pandekden, Ester Band, Allgemeiner Teil und Sachenrecht*, 7. Aufl., 1902.

Hermann Lange, *Römisches Recht im Mittelalter*, Band I, Die Glossatoren, 1997.

Jan Schröder, *Recht als Wissenschaft: Geschichte der juristischen Methodenlehre*, 2.Aufl., 2012.

Johann Caspar Bluntschli, *Deutsches Privatrecht*, 2.Aufl., 1860.

Karl Ferdinand Schulz, *Die Reception des römischen Rechts*, 1875.

Karl Kroeschell, *Deutsche Rechtsgeschichte*, Band 3: Seit 1650, 5.Aufl., 2008.

Karl Türk, *Historisch - dogmatische Vorlesungen über das deutsche Privatrecht*, 1832.

Konrad Zweigert/Hein Kötz, *Einführung in die Rechts-vergleichung*, 3.Aufl., 1996.

Matthias Wendland, *Vertragsfreiheit und Vertragsgerechtigkeit: Subjektive und objective Gestaltungskräfte im Privatrecht am Beispiel der Inhaltskontrolle Allgemeiner Geschäfsbedingungen im unternehmerischen Geschäfsverkehr*, 2019.

Max Kaser/Rolf Knütel/Sebastian Lohsse, *Römisches Privatrecht: ein Studienbuch*, 21.Aufl., 2017.

Peter Bassenge/Gerd Brudermüller/Jürgen Ellenberger/Isabell Götz/Christian Grüneberg/Hartwig Sprau/Karsten Thorn/Walter Weidenkaff (bearbeitet), *Palandt Bürgerliches Gesetzbuch*, 74.Aufl., 2015.

Peter Lambrecht, *Die Lehre vom faktischen Vertragsverhältnis: Entstehung, Rezeption und Niedergang*, 1994.

Reiner Schulze, *Bürgerliches Gesetzbuch Handkommentar*, 9.Aufl., 2016.

Reinhard Bork, *Allgemeiner Teil des Bürgerlichen Gesetzbuchs*, 4.Aufl., 2016.

Richard Schröder, *Lehrbuch der Deutschen Rechtsgeschichte*, 1889.

Rolf Knütel/Berthold Kupisch/Sebastian Lohsse/Thomas Rüfner, *Corpus Iuris Civilis, Die Institutionen: Text und Übersetzung*, 3.Aufl., 2013.

Rolf Stürner, *Jaurnig Bürgerliches Gesetzbuch Kommentar*, 16.Aufl., 2015.

Ulrich Manthe (Hrsg.), *Gaius Institutiones (Die Institutionen des Gaius)*, 2.Aufl., 2010.

Uwe Kischel, *Rechtsvergleichung*, 2015.

Uwe Wesel, *Geschichte des Rechts: Von den Frühformen bis zur Gegenwart*, 4.Aufl., 2014.

Wilhelm Rein, *Das römische Privatrecht und der Civilprozess bis in das erste Jahrhundert der Kaiserherrschaft：ein Hülfsbuch zur Erklärung der alten Classiker, vorzüglich für Philologen*, 1836.

Wilhelm Theodor Kraut, *Grundriß zu Vorlesungen über das Deutsche Privatrecht mit Einschluß des Lehns und Handelrechts uebst beigefügten Quellen*, 1856.

Wolfgang Fikentscher/Andreas Heinemann, *Schuldrecht：Allgemeiner und Besonderer Teil*, 11.Aufl., 2017.

（二）法典类

Motive zu dem Entwurfe eines Bürgerlichen Gesetzbuches für das Deutsche Reich, Band Ⅰ, Allgemeiner Teil, 1888.

四　英文类文献

（一）著作类

A.W.B.Simpson, *A History of the Common Law of Contract：The Rise of the Action of Assumpsit*, Oxford：Clarendon Press, 1975.

Barry Nicholas, *An Introduction to Roman Law*, Oxford：University Press, 1962.

Elisabetta Grande, *Development of Comparative Law in Italy*, *The Oxford Handbook of Comparative Law*, Edited by Mathias Reimann, Reinhard Zimmermann, Oxford University Press, 2006.

Eva Steiner, *French Law：A Comparative Approach*, Oxford University Press, 2012.

Franz Wieacker, *A History of Private Law in Europe：With Particular Reference to Germany*, translated by Tony Weir, Oxford University Press, 1995.

G.H.Treitel, Edwin Peel, *The Law of Contract*, Sweet & Maxwell, 2011.

H. F. Jolowicz, Barry Nicholas, *Historical Introduction to the Study of Roman Law*, Third Edition, Cambridge University Press, 1972.

Harold J.Berman, *Law and Revolution：The Formation of the Western Legal Tradition*, Harvard University Press, 1983.

Hugo Grotius, *The Introduction to Dutch Jurisprudence*, Now first rendered into English by Charles Herbert, London：John Van Voorst, Paternoster

Row, 1845.

J. B. Moyle, *The Institutes of Justinian*, Oxford: At the Clarendon Press, 1889.

James Gordley, *The Philosophical Origins of Modern Contract Doctrine*, Clarendon Press, 1993.

Jean Domat, *The Civil Law in Its Natural Order*, Volume I, Translated from the French by William Strahan, Boston: Charles C. Little and James Brown, 1850.

John Bell, Sophie Boyron, Simon Whittaker, *Principles of French Law*, Oxford University Press, 2008.

John W. Cairns, *Creation of the Ius Commune: From Casus to Regula*, Edinburgh University Press, 2010.

Joseph Chitty, H.G. Beale, *Chitty on Contracts*, Volume I, General Principles, Thomson Reuters (Legal) Limited, 2008.

Jusitinian, *The Digest of Justinian*, Latin Text edited by Theodor Mommsen, with the Aid of Paul Krueger, English Translation Editioned by Alan Watson, Vol. I, University of Pennsylvania Press, 1985.

Neil Andrews, *Contract Law*, Cambridge University Press, 2011.

P.S. Atiyah, Stephen A. Smith, *Atiyah's Introduction to the Law of Contract*, Oxford University Press, 2005.

Reinhard Zimmermann, *The Law of Obligations: Roman Foundations of the Civilian Tradition*, Oxford University Press, 1996.

Rudolf Sohm, *The Institutes of Roman Law*, Translated by James Crawford Ledlie, Oxford: At the Clarendon Press, 1892.

Samuel Freiherr von Pufendorf, *Of the Law of Nature and Nations*, Oxford: Printed by L. Lichfield, 1710.

Samuel Williston, *The Law of Contracts*, In Four Volumes, New York: Baker, Voorhis & Co., 1920.

T. Lambert Mears, *Institutes of Gaius and Justinian, the Tewlve Tables, and the CXVIIth and CXXVIIth Novels, with Introduction and Translation*, London: Stevens and Sons, 119, Chancery Lane, 1882.

Thomas Erskine Holland, *The Institutes of Justinian*, Oxford: At the Clarendon Press, 1873.

W. W. Buckland, *A Manual of Roman Private Law*, Cambridge: At the University Press, 1953.

(二) 论文类

Alan Watson, "From Legal Transplants to Legal Formants", *The American Journal of Comparative Law*, Vol.43, 1995.

Brbara Pozzo, "Italy", in Jan M.Smits eds., *Elgar Encyclopedia of Comparative Law*, Second Edition, The Editors and Contributors Severally, 2012.

C. J. Friedrich, "Law and History", *Vanderbilt Law Review*, Vol. 14, 1960-1961.

Edward M. Wise, "The Transplant of Legal Patterns", *The American Journal of Comparative Law Supplement*, Vol.38, 1990.

Elisabetta Grande, "Development of Comparative Law in Italy", in Mathias Reimann and Reinhard Zimmermann eds., *The Oxford Handbook of Comparative Law*, Oxford University Press, 2006,

John H. Beckstrom, "Transplantation of Legal Systems: An Early Report on the Reception of Western Laws in Ethiopia", *The American Journal of Comparative Law*, Vol.21, 1973.

Victor Windeyer, "History in Law and Law in History", *Alberta Law Review*, Vol.11, Issue 1, 1973.

五 日文类文献

H.シュロッサー『近世私法史要論』（有信堂，1991 年）。

ミッタイス、リーベッヒ『ドイツ法制史概説』（創文社，昭和 49 年）。

高森八四郎『民法總則』（法律文化社，1996 年）。

幾代通『現代法律学全集（5）民法總則』（青林書院，1969 年）。

加藤雅信『新民法大系 I 民法總則』（有斐閣，2005 年）。

林良平『民法總則』（青林書院，1986 年）。

内田貴『民法 I 総則・物権総論』（東京大学出版会，2008 年）。

石田穣『民法總則』（信山社，2014 年）。

石田喜久夫『現代民法講義 1 民法總則』（法律文化社，1985 年）。

四宮和夫『民法総則』（弘文堂，昭和 61 年）。

田山輝明『民法総則』（成文堂，2009 年）。

星野英一『民法概論Ⅰ 序論・総則』（良書普及会，1971 年）。

齋藤修『現代民法総論』（信山社，2013 年）。

六　法文类文献

（一）著作类

C. Aubry, C. Rau, Cours de droit civil français, Tome Quarième, Paris, Imprimerie et Librairie Générale de Jurisprudence, Marchal et Billard, Imprimeurs-Éditeurs, 1871.

Jean Domat, Les loix civiles dans leur ordre naturel, chez la veuve Savoye, 1767.

Joseph Timbal, De la Cause dans les contrats et les obligations en droitromain et en droit français: étude critique, Impr. Douladoure-Privat, 1882.

Robert Joseph Pothier, Traité des obligations, Tome Premier, A Paris, Chez Debure l'aîné, Quai des Augustins, à l'image S. Paul, A Orleans, Chez Rouzeau-Montaut, Imprimeuf du Roi, de la Ville, & de l'Université, 1761.

（二）法典类

Code Civil des Francais, A Toulouse, Chez Veuve Douladoure, Imprimeur-Libraire, rue St.-Rome., 1806.

七　拉丁文类文献

Bartoli A Saxoferrato, Opera: quae nunc extant omnia, Basileae: ex officina episcopiana, 1588.

后　　记

　　这本书缘起于我在意大利比萨大学一段短暂的留学时光。那时我还在厦门大学攻读博士学位。一日，在听完徐国栋教授的罗马法课后，徐老师问我是否愿意前往意大利留学，原因在于我当时选择了"私法拟制论"作为博士论文选题，徐老师担心我在国内可能会因为资料的匮乏而无法开展博士论文的研究与写作，而意大利无疑是非常理想的留学目的地，在那里能够接触到非常珍贵的意大利语、德语甚至拉丁语文献。意大利是罗马法的故乡，其独具特色的民商合一民法体系也闻名天下，因此，我十分开心地接受了徐老师的建议，开始准备前往意大利留学。后来，尽管中途颇有一番波折，但我还是顺利获得了意大利比萨大学的邀请函，前往意大利比萨大学法学院，在阿尔多·贝特鲁奇教授的指导下展开了自己的访学生涯。

　　意大利的比萨是托斯卡纳大区管辖下的一座著名小城，这座小城以比萨斜塔闻名天下，我到比萨的第一天，便前去瞻仰了它的真容。比萨斜塔塔如其名，确实斜得厉害，不过意大利的工程师不断通过外力加固，使得斜塔至今仍然斜而不倒，堪称奇迹。相传，意大利著名科学家伽利略曾经在比萨斜塔上做过使铁球与木球同时自由落体的实验（不过据考证，或许这只是一个传说），这无疑为比萨增加了一丝理性的色彩。

　　当然，比萨在私法史上最具影响力的一页，无疑与罗马法紧密相关。比萨城一直珍藏着一份珍贵的公元6世纪的《学说汇纂》手抄本，不过，1406年，佛罗伦萨与比萨交战，佛罗伦萨从比萨城劫掠了这份手抄本，后来这份手抄本就被称为"佛罗伦萨"手抄本（littera Florentina）。这份《学说汇纂》手抄本据说比"博洛尼亚"手抄本更为精确无误。正是因为这份珍贵的、源于比萨的《学说汇纂》手抄本，我们才有幸能够见识到完整而准确的优士丁尼《学说汇纂》全貌。

而意大利现代民法，其实也丝毫不逊色于罗马时代的荣光。《意大利民法典》可谓民商合一的典型代表，其在真正意义上将一切民法与商法规范尽量纳入一部法典之中，属于较为彻底的民商合一法典。在一系列具体制度与理论方面，尽管意大利深受法国民法与德国民法的影响，但也独具意大利自身的特色，非常值得深入研究。

在意大利的短暂留学时光里，我感叹于意大利民法的博大精深，萌生了撰写一系列书籍的想法，以便使自己能够较为深入地了解意大利民法。这本《意大利现代合同法研究》（第一卷）便是其中的一本。尽管在这本书里，并无太多理论创新，大多纯属作者在阅读意大利民法书籍时所获得的个人体验，但正如奥卢斯·革利乌斯所写就的《阿提卡之夜》一般，这本颇具读书笔记性质的专著，大多也是在深夜时分所写作的。在深沉的夜色里，研究意大利民法，总是让人回忆起在意大利比萨以及佛罗伦萨的美好时光，而这种回忆，正是支撑本书写作最为坚实而完满的动力。

是为记。

于融侨半岛双峰山无忧居书
2019 年 12 月 20 日